富山の祭り

町・人・季節輝く

阿南透・藤本武 編

桂書房

まえがき

富山県内には魅力的な祭りが多い。それは何より地元の方たちの祭りに対する並々ならぬ熱意と愛着によるのだろう。また、二〇一六（平成二八）年には三つの祭りがユネスコ無形文化遺産「山・鉾・屋台行事」に登録され、知名度も高まった。しかしながら、一部の著名な祭りをのぞけば、その多くはいまだ十分知られていないのではないかという印象もあった。そこで、富山大学関係者を中心に、県内の祭りを調べている者が集まり、富山の祭りの魅力を、祭りを担う人や町の様子とともに広く紹介する一般向けの書として企画したのが本書である。

本書は一二の章と八つのコラムからなる。一二の章では、第一章で富山の祭りを概観したあと、一一の祭りを取り上げている。おおまかに分類すると、曳山の祭りが四つ、行燈や提灯の祭りが四つ、踊りが二つ、作り物が一つである。

高岡御車山祭、城端曳山祭、伏木曳山祭、放生津（新湊）曳山祭は、優美な造形や花傘状の飾りが目を引く曳山の祭りである。優雅な囃子の調べにも特徴がある。福野夜高祭、岩瀬曳山車祭、となみ夜高まつり、魚津たてもん祭りは、行燈の造形やたくさんの提灯が美しい、光の山車の祭りである。全国的に見ても、行燈の祭りが集中している地域はさほど多くなく、青森県から秋田県にかけての「ねぶた」に匹敵する密度の濃さである。

ここで取り上げた曳山や行燈の祭りには、囃子を奏でながら静かに運行して細部に至る精巧な美しさや豪華絢爛さを誇示するタイプと、行燈を激しくぶつけあうことで勇壮さを競う喧嘩祭のタイプがある。後者の、行燈をぶつけあう福野や砺波、曳山がぶつかる伏木や岩瀬の祭りは、熱狂的ではあるが危険のより少ない祭りへと徐々に変化してきており、現在も創意工夫を重ねて移り変わっていく過程にある。二、三〇年したら今とはまた違った形におそらくなっているはずである。

踊りの祭りからは、おわら風の盆とさんさい踊りを取り上げた。おわら風の盆は全国的に著名な踊りの祭りで、観光客も非常に多い。一方、富山市のさんさい踊りは市指定無形民俗文化財ではあるがさほど知られていない。どちらも社会的要因を受けて大きく変容しながらも、地域で大切に伝承されている。さらに、全国的にもユニークな作り物の祭りである高岡市福岡町のつくりもんまつりを取り上げた。なお、あらかじめ断っておきたいが、これらは執筆者を確保できた祭りにすぎず、富山には魅力的な祭りがまだ他にいくらもある。

各章の執筆者は文化人類学や民俗学を専門とするあるいは学んだ者である。資料を読んだり地元の方にお話をうかがったりした上で、自ら祭りに参加したフィールドワークの経験に基づいていることが本書の特徴である。単に伝統文化の保存や伝承を言うのでなく、祭りにかかわる人たちの意識や行動に焦点を当て、現代社会の中でそれぞれの祭りがどのように変化しつつあるのか、つぶさに検討している。そして祭りを切り口に、地域の移り変わりにも目を向けている。これまでも富山の祭りを紹介した本はいくつかあるが、類書に見られない本書の特徴はこれら

邑町のサイ
入善町上野
放生津曳山祭
射水市新湊 第 12 章
氷見祇園祭
氷見市
第 1 章
伏木曳山祭
高岡市伏木
第 5 章
岩瀬曳山車祭
富山市岩瀬 第 6 章
子供曳山祭り
富山市四方
コラム①
築山神事
高岡市二上
第 1 章
高岡御車山祭
高岡市 第 2 章
ネブタ流し
滑川市
ヤンサンマ
射水市加茂 コラム⑧
つくりもんまつり
高岡市福岡町 第 11 章
さんさい踊り
富山市梅沢町 第 8 章
となみ夜高まつり
砺波市出町 第 7 章
高砂山願念坊祭り
富山市下大久保 コラム①
福野夜高祭
南砺市福野 第 3 章
おわら風の盆
富山市八尾町 第 10 章
布橋
八尾曳山祭
富山市八尾町 コラム①
城端曳山祭
南砺市城端 第 4 章
五箇山麦屋まつり
南砺市下梨 コラム②
こきりこ祭り
南砺市上梨 コラム②
本書で取り上げる祭り

の点にあるといえるだろう。

さらに、富山の祭りの多様性を踏まえて、一二の章だけでは意を尽くせない部分を八つのコラムに収録した。こちらは民俗学、歴史学、言語学など、多彩な分野の専門家に執筆をお願いした。

本書をきっかけに、より多くの人が富山の祭りに関心を持ち（あるいは理解を深めて）、実際に足を運んで祭りを楽しんでいただければ望外の喜びである。

（阿南透・藤本武）

#「富山の祭り　―町・人・季節輝く」　目次

築山（高岡市二上、射水神社

第一章　富山の祭りを概観する

森俊・阿南透

富山県内には多様な祭りがある。神を招き収穫を祈念し感謝する祭りもあれば、神祭りから発展した風流の行事も、曳山、大型のつくりもの、舞、踊りなど多彩である。寺院でも祭りが行われる。さらに、祭りから発展したイベントも人気を集めている。

本章では、前半で神を祭る行事を取り上げ、後半で曳山や風流の行事、イベントを紹介する。

神を祭る

昨今、商店街の特売セールが「〜祭」等で呼ばれることが多いが、本来祭りとは神仏を祭ることである。神を祭る祭りは、①もの忌み、②神迎え、③饗応、④饗宴、⑤神送りの五段階を踏むことが多いとされる。しかし、すべての祭りにおいてこれらの五段階が踏まれるわけではなく、いずれかの段階が極端に膨らむ反面、いずれかの段階が省略される傾向にある（池田一九八〇）。

以上のような神祭りの各段階が、個々の家の祭祀や地域社会の神社の祭礼に具体的にどのように表れているかを、富山県の事例で見てみよう。

目に見えぬ神をもてなす

時雨そぼ降る一一月二〇日、黒部市宇奈月町、入善町、魚津市等の下新川地方では、目に見えぬ稼ぎの神オーベッサマ（恵比寿様）をあたかもいますが如くもてなす「オーベッサマ迎え」が現在でもなされている。

一一月二〇日夕刻、オートグチ（大戸口、玄関のこと）に控えた当主が家人に「オーベッサマが帰ってこられたぞ」と告げた後、広間の神棚下（かつては囲炉裏のヨコザ［主人の座、上座］）に敷かれたウスベリ（薄縁）にオーベッサマを案内し、しばらく休んでいただく。ややあって、主婦が更のタオルを用意し、風呂場へ案内し、湯加減を見て入浴していただく。

この間、先の神棚下にはウスベリの上に座布団が敷かれ、その前に御膳を準備しておく。御膳の内容は以下のとおりである。

①飯　赤飯

②汁　具は豆腐（娘が白壁の家に嫁に行けるようにとの意をこめて）とカマス（叺に一杯儲かるようにとの意をこめて）

③煮しめ　油揚げ一枚・ダイコン・ニンジン・ゴボウ・コンニャク・サトイモ・イカ。野菜は「オーベッサマは何によらず大きいものがお好き」とのことから大振りに切り、また恵比寿・大黒と併称されることから二個ずつ盛る。さらにイカは、中に多くの財が入るようにとの願いを込めて手抜きにする。

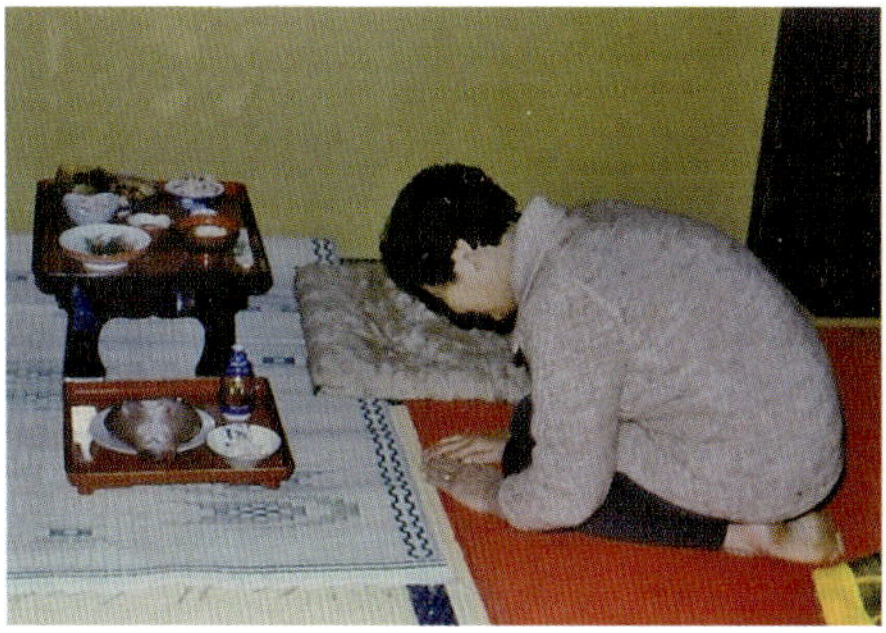

写真１　膳を据え、目に見えぬ神を礼拝する（黒部市下立）

写真２　左膳（汁と飯が逆になっている。黒部市下立）

④刺身　フクラギ（「福来」の意味）

⑤酢の物　大根ナマス

⑥酒　徳利《とくり》に入れる

この他、腹合わせにした小鯛二尾（＝エビス鯛）、二股ダイコン一本を本膳脇に据える。いずれも豊穣のシンボルである。食材全体にわたって豊かさを願い、縁起を担ぐ意識が濃厚である。また、オーベッサマは左利きなので、汁と飯の位置が左右逆、いわゆる「左《ひだり》膳《ぜん》」（エビス膳とも呼称）になっている例（写真１・２）、聖なる存在であることを示すため、通常の塗り箸や割り箸でなくクリ（栗）かカヤ（萱）製の箸を添える例が見受けられる。

さて、入浴が終わった頃合いを見計らって、主婦は風呂場へオーベッサマを迎えに行き、御膳が据えられた広間へと案内する。そこに控えた主人が「一年間どうもありがとうございました。どうぞゆっくりとお召し上がりください。」と言上し、お神酒を勧める。この間、家族は台所に静かに控えている。

主人がオーベッサマをもてなし、三〇分ばかり経った頃、御膳を台所へ下げ、家族みんなで分けて食べる。ただし、未婚の娘のみには「食べると婚期が遅れる（縁遠くなる）」といって食べさせない。このようにして迎え入れられたオーベッサマは、翌年一月二〇日に至るまで二ヶ月間各家にとどまることになる。

一月二〇日になされる「オーベッサマ送り」は、帰途の手土産に正月の鏡餅や握り飯を持たせる（供える）といった丁重な面も見受けられる一方、早朝そそくさとなされ、入浴、ダイコン、お神酒を欠くなど、「迎え」に比べて、簡素・簡略な面がある。これは、神迎えは丁重に行う反面、神送りを迅速かつ簡潔に済ませてしまうという日本の民間信仰の特性を如実に反映したものと見做せよう。

オーベッサマ迎えには、もの忌み以外は神迎え、饗応、饗宴、神送りの四段階がすべて揃っている。また、富山湾を挟んで対岸の能登半島にも類似のアエノコトがある。しかし、このように各家で行われる行事はもはや例外的なものになっており、どこの家でも行われるというわけではない。

山の神を迎える

宇奈月町下立《おりたて》では二月九日、屋敷裏の山田の路傍に、山神の祭礼のために、間口・奥行きとも一・五メートルの半球状の雪室、いわゆるドウグラを造る。雪室の入り口には、ろうそくを三本立て、雪室の頂には、御神酒を入れ杉葉を差した銚子一本を置く。

写真３　家族そろってドウグラに参る（黒部市下立）

日没とともに、家族そろって雪室に赴き、ろうそくに点灯し、山神を拝む（写真３）。帰宅後当主は、かねて準備の膳部を、窓を開け放った山側の部屋に、丁度山を背にした格好で据える。山より入り来る山神を餐応する心持ちである。

膳の配置は、山側より見て手前左に飯（サケもしくはサバの押し寿司）、手前右に汁（小鯛と豆腐のみそ汁）、飯の向こうに酢の物（ニンジン・ダイコン・カニ）、汁の向こうに煮物（ゼンマイ・ワラビ・フキ・ニンジン・ゴボウ・タケノコ・アゲ・ヤキドーフ）、そして膳部中央に御神酒といった具合である。また、二之膳には、焼き魚（ハチメ）、刺身（フクラギ）を載せた皿、各々一枚を置く（写真４）。

膳を据えると、当主は膳に向って柏手を打ち一礼し、心中で旧年中、山仕事に事故のなかったことを感謝し、併せて来たるべき年にも事故のないように祈念する（写真５）。そして、おもむろに神に食を勧める。ややあって、その場を退去し、自らも家族と食事を摂った後、再度その場へ戻り、心中でお粗末でしたと言上し撤膳する。お下がりは、当日、当主が箸をつけた後、家族全員で分けて食べる。これが、いわゆる「饗宴」である。

このように下立では、山神が「オーベッサマ迎え（送り）」の時と同様、終始神があたかもその場にいるような「如在《にょざい》の礼」をもって遇される点は、注目に値する。反面、神迎えの場所が屋外のドウグラ、及び窓を開け放った山側の部屋でほぼ同時間帯でなされること、神送りの要素が欠けている点が、「オーベッサマ迎え（送り）」と相違する。

写真４　山の神への膳（黒部市下立）

写真５　当主が山の神へ膳を供えて礼拝する（黒部市下立）

築山神事

二上《ふたがみ》射水《いみず》神社は、富山県の西部、二上山南麓に所在する平安初期の『延喜式神名帳』にも記載された古社である。

この神社では四月二三日（旧暦三月八日）二上山から神を招いて、神を祭る木製雛壇状構築物（いわゆる築山）に祭り、即日山へ返すという築山神事がなされている。

神事の流れは、以下の通りである。

①拝殿前に三体の神輿が並べられ、前夜、御旅所のゴヘイドン（山森家）に泊まられた二上山頂の日吉神が、向かって左の御舟代（船形の神輿）に入られる（写真6）。

②神主が本殿から、二上神を真ん中の御舟代にお移しして祝詞を奏上する。

③ゲンダイ（玄太夫）獅子及びゴヘイをもったゴヘイドン（山森家の主人）が先導して行列が進み、三体のうちの一体が御手洗橋を渡り、山麓の院内神をお迎えする。

④お迎え帰りの道中、日吉神と二上神との間へ二上射水神社の境内社である院内社が「院内割り込み」をする。この由来は定かでない。

⑤築山の前でゲンダイ獅子がお祓いの舞をし、神主が祝詞を奏上して、三体の御舟代の神々と共に祭りをする（章扉写真）。

⑥天の真名井の前でゲンダイ獅子がお払いの舞をし、神主が祝詞を奏上する。

⑦拝殿前で、神主が祝詞を奏上して祭りが終わる。

築山を午後四時までに片付けないと、祭りに招かれない中腹（前の御前）の悪王子の神が取り憑いて暴れ、その年は凶作に見舞われると言われている。そのためそそくさと築山を片付ける。

写真6　拝殿前に並べられた3体のみこし（高岡市、二上射水神社高岡市教育委員会提供）

このように、ゴヘイドンという特定の家柄が山頂に出向いて神を迎え、一夜御泊めしてお守りするという点、先払いするゲンダイ獅子は、鼻と頭頂部の高さが同じ「箱獅子」の形を取る点、早々と神送りをする点に古風な点が認められる。しかしそれよりも重要なのは、山の模型である築山に神を迎える点である。築山が移動するものが曳山であるとすれば、築山は曳山の原形を残す祭りであることになる。

富山の曳山

都市の祭りでは、迎えた神を神輿に載せて地域を回り、さまざまな出し物が神輿に付き従う。その一つに曳山がある（名称は地域によって山、鉾、屋台、山車、だんじりなど様々であるが、本稿では曳山と総称する）。曳山が大型化すると、神輿と離れ、独自の巡行をする場合がある。二〇一六（平成二八）年には「山・鉾・屋台行事」の名で三三の行事がユネスコ無形文化遺産に登録され、富山県からも三つの行事が選ばれた。

富山県は「曳山が盛んな地方」という印象があるかもしれない。しかし加越能の曳山を悉皆調査した宇野通氏は、越中の曳山九一輌、庵屋台一四基、行灯の山車約一〇〇基、これらを加えた総数は二〇〇ほどで、県レベルでは多い数ではないという（太平洋側には一県で五〇〇〜一〇〇〇輌というところがあるという）（宇野一九九七）。総数は多くないにもかかわらず、盛んな地方という印象を与えているのは、曳山が大きな町に集中しているためである。

これらの曳山は、京都の祇園祭の影響を受け、近世に全国の地方都市に普及していく。町々が風流と呼ばれる造形で当時の流行を表現し、祭り囃子を奏で、豪華絢爛たる装飾を競い合った。曳山のぶつかり合いを競う方向に発展する地域もあった。

曳山の形状は、小境卓治氏による五分類（小境二〇〇一）を表1にまとめた。高岡を初めとする「花笠鉾式人形山」の数が多く、また「行燈山車」が目立つのが富山の特徴ではないだろうか。

次に、曳山の動かし方を見てみよう。「花笠鉾式人形山」について、宇野通氏は曳き方にも注目して高岡系と放生津系に分けている。高岡系は高岡、大門、氷見、石動、福野にあり、主に内陸部の商業町・宿場町に分布する。装飾を重

表1　形状からみた富山県の曳山の分類

名称	場所	特徴
花笠鉾式人形山	高岡、放生津（新湊）、大門、海老江、伏木、石動、氷見、福野、四方（富山市）	心柱に花笠と籠を載せ、人形を置く
屋形式人形山	城端、八尾、下大久保（富山市）	鉾柱を立てずに人形を置く
庵屋台	城端、福野、福光、井波	囃子方が中に入って歩く
屋形式芸屋台	砺波、（石動）	曳山の上を舞台にして歌舞伎や踊りを披露する
行燈山車	福野、砺波、庄川、津沢、岩瀬、魚津	灯籠や行燈を曳山の形にする

小境（2001）を基に一部修正

視して曳き廻しが上品で、曳山の前部に人が乗らない。夜祭はないか、少しの提灯で飾る。一方、放生津系は放生津、海老江、伏木で、港町に分布する。曳き廻し重視で威勢が良く、曳き廻しの際に曳山の上に人が乗って合図を送る。伏木に至っては喧嘩仕様の曳山である。放生津系は曳き廻しが住人の楽しみになっており、曳き手が若い（宇野一九九七）。

伏木では、昼は「花笠鉾式人形山」でありながら、夜は提灯で飾り衝突させることから「けんか山」の通称を持つ。衝突させる点では、夜高行燈（福野、砺波、庄川、津沢）、そして岩瀬曳山車祭も同じである。このように形態は違っても、動かし方に共通点があるのは、「衝突」の魅力に、特に若者たちが熱中していることによると思われる。危険を避けるため、時間、場所、ぶつけ方などが決まり、いわば「競技化」し、しかも相互に影響を与え合っている可能性がある。

こうした影響は氷見にも及んでいる。氷見の祇園祭では、一九三八（昭和一三）年の大火で五町の曳山が消失し、残る五町の曳山は独自に曳き廻しをしている。これに代わって神輿に供奉するのが太鼓台で、現在は一一町が参加している。この太鼓台を、「ヨイヤサ」の掛け声とともにぶつけ合っている。現在は偶発的な衝突が主のようだが、今後の展開が注目される。

なお、行燈の祭りが集中しているのも、全国的に見ると珍しい。青森県から秋田県にかけて日本海側に分布する「ねぶた」、能登に分布する「キリコ」と並び、独自の文化圏を形成している。

イベント化した祭り

富山ではイベントも盛んである。表2は、富山県観光・交通・地域振興局観光推進室が集計した、二〇一六（平成二八）年のイベント・祭り入込客数ランキングである。観光の視点では、祭りとイベントは同じ表に並び、両者の区別はない。実際、多くの観光客は、祭りとイベントの区別など気にせずに楽しんでいるのではないだろうか。とはいえ表に登場するイベントは、何らかの形で祭りや年中行事と関連するものが多い。

表2　2016（平成28）年イベント・祭りの入込数ランキング

	名称	市町村	入込数
1	となみチューリップフェア	砺波市	311,000
2	山王まつり	富山市	250,000
3	おわら風の盆	富山市	240,000
4	富山まつり	富山市	220,000
5	とやまスノーピアード	富山市	213,200
6	高岡七夕まつり	高岡市	161,000
7	高岡御車山祭	高岡市	156,000
8	高岡古城公園桜まつり	高岡市	135,500
9	伏木曳山祭「けんか山」	高岡市	130,000
10	戸出七夕まつり	高岡市	130,000

富山県観光・交通・地域振興局観光推進室
「平成28年富山県観光客入込数（推計）」による

花見は古くから行われる年中行事だが、イベント化した花見が多くの観客を集めている。「となみチューリップフェア」は一九五二（昭和二七）年に始まり、四月下旬から五月上旬に、砺波チューリップ公園で三〇〇万本のチューリップを咲かせるイベントである。観客数では県内最大のイベントに成長している。「高岡古城公園桜まつり」は、「まつり」と称してはいるが特定の行事に人が集まるのではない。桜を見に多くの観客が集まるため、夜間も点灯して花見の場を提供する。

富山市の「山王まつり」は、富山市山王町に鎮座する日枝神社の春季例大祭である。江戸時代には曳山があったといわれるが廃絶し、現在は神輿渡御の祭りとして知られる。また、非常に多くの露店が立ち並び、富山県内の神社祭礼としては最も人出が多く、二五万人を集めた。このように近代以降、曳山や山車が廃絶して神輿渡御が中心になった祭りは、全国的には珍しくない。山王まつりもその典型と見ることができるだろう。

集団で踊る祭りも、徳島発の阿波踊り、高知発のよさこい系の祭り、神戸や浅草から広がったサンバ、沖縄発のエイサーなどが、起源や宗教性とは無関係に全国に普及している。これらは練習すれば誰でも踊れ、踊り手の資格を問わないことから、開催地も参加者も増加した。しかし富山では、こういった流行とは一線を画し、地域独自の唄と踊りの祭りが目に付く。「おわら風の盆」は、富山市八尾町で九月一日から三日まで行われる唄と踊りの祭りである。他に例のない独特の雰囲気を持つことから全国的な知名度があり、二四万人を集めている。独特の唄と踊りといえば、表にはないが南砺市の五箇山地方にも、こきりこ節、麦屋節など五箇山民謡と踊りが伝わり、国の「記録作成等の措置を講ずべき無形の民俗文化財」に指定されている。現在はイベントの要素も取り入れ、熱心な観光客を集めている。一方、富山市の「さんさい踊り」は、地元に伝わる民謡に、文化財指定を契機に新しい振りを付け、学校教育にも取り入れられるなど、伝統行事が現代的変容を遂げる最中にある。

行政が主催して市民に広く参加を呼びかける「市民祭」は、昭和初期に始まった神戸の「みなとの祭」、「大阪商工祭」などを端緒として、一九六〇（昭和三五）年頃以後は全国の都市部で広く行われている。富山でも「富山まつり」が一九六一年に始まり、二二万人の観客を集めた。内容は年により異なるが、民謡踊りの夕べ、越中おわら踊り、ロックフェスティバル、よさこいとやま等が行われている。市民参加により賑わいを創出する多様な催事が集まっている。

七夕は、笹竹に飾りつけをする年中行事として全国で行われており、仙台、平塚などが著名である。富山でも各地で行われ、なかでも七月の「戸出七夕まつり」、八月の「高岡七夕まつり」が人気を集めている。盛大な竹飾りだけでなく、民謡踊り、パレード、ステージショーなど、新しい企画を柔軟に取り入れて発展している。

なお、七夕の後に笹竹飾りを川に流す地域は各地にあるほか、舟や灯籠を流して罪穢れを払う行事（黒部市尾山、入善町吉原、南砺市福光のねつおくり七夕など）もある。名称は七夕ではないが、滑川のネブタ流しは大松明を燃やして流し、黒部市中陣のニブ流しは船を流す。青森県のねぶたも七夕の流れを汲む行事とされていることから、同系統の行事と考えられる。

「とやまスノーピアード」は、一二月から二月頃に富山駅周辺で行われるライトアップイベントである。冬のライトアップイベントは、日本では一九八一年に札幌で「札幌ホワイトイルミネーション」を始めたのが最初で、冬の集客策として各地で行われている。一方、表にはないが、夏の花火大会は全国的に人気を集めている。富山では「北日本新聞納涼花火」が、八月一日（富山会場）と四日（高岡会場）に行われている。一九四七年に富山空襲の犠牲者の鎮魂と戦後復興の願いから始まったという。

このほか、高岡市福岡町では、野菜や果物・穀物などで作った大型の造形を飾る「つくりもんまつり」が行われている。地蔵祭の供物から大型化したというが、西日本を中心に全国数十箇所に点在するという「造り物」（笹原他二〇一四）の中でも出色の出来で、大阪の国立民族学博物館にも展示されるなど、知名度が高い。また、四月上旬に富山市で行われる「全日本チンドンコンクール」も、全国から三〇組前後のチンドン屋が集結して縁起を競い合う人気イベントとして知られている。

以上、神を迎える祭りから新しいイベントまで、富山のさまざまな祭りとイベントを概観した。神を迎える祭りが風流化した結果、祭りは観客を意識し、見せるものに変化してきた。イベントもその延長上にあると考えれば、祭りとの境界線はあいまいで、共通点も多い。

富山の祭りの本

最後に、富山の祭りに関する書籍を紹介したい。

富山県内の祭りを広く紹介した書籍は一九七〇年代から出始める。『富山県史　民俗編』（富山県一九七三）は、民俗全般を扱っており、その中で祭りにも触れている。続いて、漆間元三・清原為芳編『富山の祭と行事―予祝祭・祖霊祭・新嘗祭』（漆間・清原一九七四）と、伊藤曙覧『とやまの民俗芸能』（伊藤一九七七）が登場する。一九九一年には、都道府県別に祭りを紹介するシリーズの富山県版を、桜楓社（現、おうふう）が出版した。高橋秀雄・漆間元三編『祭礼行事・富山県』は、三八の祭りを一～二ページで解説するほか、約三〇を写真で紹介している。富山県祭礼研究会編『祭礼事典・富山県』は、五十音順に祭りを配列した事典の構成を取っている。

次に登場する、宇野通『加越能の曳山祭』（宇野一九九七）は、富山と石川の曳山祭をすべて調査し、「北陸曳山文化圏」を提唱した名著である。本書でも各所で引用し、参考にさせていただいている。

二〇〇二年には、富山の民俗研究を代表する碩学二人が民俗学の大著を刊行した。佐伯安一『富山民俗の諸相―民家・料理・獅子舞・民具・年中行事・五箇山・その他』（佐伯二〇〇二）は、サブタイトルが示すとおり広範な分野をカバーするが、佐伯氏が各地の祭りを調査した報告を収録している。伊藤曙覧『越中の民俗宗教』（伊藤二〇〇二）は、聖（ひじり）を深く歴史的に分析した専門書だが、築山、稚児舞、獅子舞、盆踊りなどの祭りや踊りの歴史にも詳しい。

その後は県内の祭りを網羅してわかりやすく紹介する本が出ている。『とやま祭りガイド』（北日本新聞社二〇〇四）は、県内一〇〇の祭りを一頁ずつ紹介したガイドブック。『とやまの祭り』（富山県教育委員会生涯学習・文化財室二〇〇七。ウェブサイトからダウンロード可能）は、とやまの文化財百選シリーズの第三巻として刊行され、県内一〇三の祭りを一頁ずつ紹介している。

このほか、曳山に関する報告書として、『富山県の曳山』（富山県教育委員会一九七六）、『富山県の築山・曳山・行燈』（全国山・鉾・屋台保存連合会魚津大会実行委員会事務局二〇一二）などがある。

なお、富山大学文化人類学研究室では、毎年、富山県内各地（一部隣接県を含む）でフィールドワークを行い、『地域社会の文化人類学的調査』シリーズをすでに二六巻刊行している。祭りの調査報告も含まれており、貴重な事例報告になっている。

参考文献

池田弥三郎、一九八〇「神と芸能」『日本人の心の傾き』文藝春秋社。

伊藤曙覧、一九七七『とやまの民俗芸能』北日本新聞社。

伊藤曙覧、二〇〇二『越中の民俗宗教』岩田書院。

宇野通、一九九七『加越能の曳山祭』能登印刷出版部。

漆間元三・清原為芳編、一九七四『富山の祭と行事―予祝祭・祖霊祭・新嘗祭』巧玄出版。

北日本新聞社、二〇〇四『とやま祭りガイド』北日本新聞社。

小境卓治、二〇〇一「越中の曳山と氷見の曳山」『氷見市立博物館年報』一九。

佐伯安一、二〇〇二『富山民俗の諸相―民家・料理・獅子舞・民具・年中行事・五箇山・その他』桂書房。

笹原亮二・西岡陽子・福原敏男、二〇一四『ハレのかたち―造り物の歴史と民俗』岩田書院。

全国山・鉾・屋台保存連合会魚津大会実行委員会事務局・祭屋台等政策修理技術者会編、二〇一二『富山県の築山・曳山・行燈』全国山・鉾・屋台保存連合会魚津大会実行委員会事務局。

高橋秀雄・漆間元三編、一九九一『祭礼行事・富山県』桜楓社。

富山県、一九七三『富山県史　民俗編』富山県。

富山県観光・交通・地域振興局観光推進室、二〇一七『平成二八年富山県観光客入込数（推計）』。

富山県教育委員会、一九七六『富山県の曳山』富山県教育委員会。

富山県教育委員会生涯学習・文化財室、二〇〇七『とやまの祭り』。

富山県祭礼研究会編、一九九一『祭礼事典・富山県』桜楓社。

呉東の曳山行事

今年、山・鉾・屋台行事として全国三三件のうち富山県から高岡御車山祭の御車山行事、城端神明宮祭の曳山行事、魚津のタテモン行事がユネスコ無形文化遺産に登録された。このほかにも呉西（富山県西部）地区では、御車山の影響を受けた花傘山形式を持つ曳山が多く残っているが、呉東（富山県東部）地区でも曳山行事が広く行われていたことは意外と知られていない。ここに現存する行事や消滅、休止した行事についても紹介し、その理由について考えてみたい。

呉東の曳山行事の特色（文中の囲み数字は表中の番号と対応）

県東部の曳山は、歌舞伎や浄瑠璃を演じる屋台、神輿上部の鉾留またはダシから垂れ下がる花を基調とした花傘、沢山の提灯や行燈で飾り付けた行燈（タテモン）形式を持つ曳山が見られ、剣や長刀飾りを施した山鉾形式の曳山はほとんど見られない。富山城下の町に曳山行事に人形山を想起させるものが行列したことが江戸の記録から報告されている。

（一）現存する曳山行事

⑬魚津市のタテモン行事や⑥富山市東岩瀬の曳山は、「タテモン」と呼ばれる行燈型曳山の流れを汲むものである。②富山市（旧大沢野町）下大久保の願念坊祭りの高砂山は隣接する八尾町から曳山を譲り受けて創始されており、①八尾町曳山祭り同様、人形屋台形式の流れを汲む。④富山市四方の復活した曳山は花傘山形式の曳山である。

（二）消滅あるいは休止した曳山行事

⑦富山市内城下には一七〇七（宝永四）年一一月山王社祭礼神輿曳山につき覚書（前田文書より）には、曳山の造作について「・・猩々山、紫式部山、老莱子山、陣鼓山、織姫山、業平山、楊貴妃山、分銅山、梅松山、・・」九つの記述が有り、一七八〇（安永九）年祭礼にも「作り物六ツ」（曳山か？）出たことが記されている。また、⑧一八七七（明治一〇）年には中野新町白山神社からコレラ大流行に際し氏子から発生しなかったお礼にと曳山巡行が行われた。一九二八（昭和三）年御大典や紀元二千六百

年祭などに巡行した曳山の図柄は蓬莱山（一八九九（明治三二）年）、大黒様（御大典）、神武天皇（紀元二千六百年祭）であったということから山王社や中野新町もいずれも人形山に準じたものであったと思われる。⑫魚津には歌舞伎浄瑠璃が演じられた屋台形式の曳山が一一台あったが、昭和初期に消滅している。

入善へは魚津から指導者が出向き、屋台曳山の舞台に出演する者に、指導したと伝承されているため、⑭入善にあった曳山はこれも歌舞伎浄瑠璃屋台に近いものであったと推側され、明治年製と一九二九（昭和四）年頃製の曳山が二台あったが、いずれも昭和六〇年代には消滅したらしい。

三日市の火《ひ》燈《とぼ》し（山水図柄の消滅した曳山・昭和３年頃）　栃谷富士雄氏所蔵

⑮黒部市三日市には日露戦争戦勝記念としてヒトボシ（火燈）という大型行燈を巡行した記録が写真とともに残されている。この曳山は上野屋又八が作ったもので一九〇五（明治三八）年と一九一四（大正三）年の二回しか作られなかったのだが、曳山の蝋燭を消さないために町内の若者が数名入って付け替えし続けたという。大型行燈は高さ九メートルにも達し山水図柄を描いて凹凸をつけ装飾加工したものであった。岩瀬や魚津のタテモン等の行燈形式をとりながら曳山の原型である築山を彷彿とさせる構造となっており興味深い。この曳山は、一九二八（昭和三）年の御大典を最後に消滅し、⑯一九八三年に規模を縮小して、新三島商店会と三島町内会によって復活している。

⑰黒部市（旧宇奈月町）浦山にも屋台が三台あって、芝居が演じられたことが記されていることからも、これも屋台形式の流れを汲むことが分かるが、江戸年代に消滅した。

⑩滑川には最大九台の曳山があり、魚津の大町から曳山を譲り受け、振り付け指導者も魚津から来ていたこと等から歌舞伎浄瑠璃屋台型式の曳山であったようだが、⑪神家町の曳山もいずれも昭和初期ごろに消滅した。

この他市内では上小泉村や寺家町にも曳山があったことが伝え

（消滅・休止も含む）

目　的	台数・伝承等	創始年代・記年銘	存続・消滅	参考文献
巡行	6台 （元は花山、後に屋台）	寛保元年 (1741)	存続	『富山県の曳山』
巡行	3台 文久2年に購入	伝安永4年（1775）作	存続	『富山県の民俗芸能』
巡行	6台　曳山音頭	江戸中期	消滅（昭和20年）	『四方郷土史話』
巡行	9台	昭和20年	復活	『富山県の築山・曳山・行燈行事』
子ども芝居	2台	不詳	消滅 (昭和初期)	〃
巡行	13台	寛政8年 (1796)	存続	『富山県の築山・曳山・行燈行事』
巡行	6～9台	宝永4年 (1707)11月	消滅	(「前田文書」『富山県史史料篇』)
巡行	1台	明治10年 (1877)	消滅 (昭和初期)	『富山市星井町校下の歴史と文化』
巡行	1台	文久3年 (1863) 銘	休止 (昭和32年頃)	『富山県の曳山』
浄瑠璃	9台	享保12年 (1727)	消滅 (大正年代)	『滑川町誌』・『滑川の民俗』・「とやま民俗no,14」
浄瑠璃	不詳	不詳	消滅 (昭和初期)	同上
浄瑠璃・歌舞伎	11台 （日露戦争戦勝記念行事に行列）	明治10年頃	消滅 (昭和初期)	『魚津市史』
巡行	7台 贄を積んで奉納した。	不詳	存続	『富山県の曳山』
浄瑠璃・歌舞伎	2台	明治年製・昭和4年頃製作	消滅（昭和）	『富山県の曳山』
巡行	4,5台 上野又八初めて作る	明治38年・昭和3年挙行	消滅 (昭和初期)	『ふるさとのあれこれ』
設置	1台	昭和58年	復活（昭和)	〃
浄瑠璃・歌舞伎	3台 （上町・中町・下町）	江戸時代	消滅 (江戸期)	『宇奈月町史』

表1　呉東の曳山行事

番号	市　町	神　社	祭　日	名　称	呼び名	形態・様式
1	富山市	八尾八幡社	5月3日	八尾曳山祭り	ヒキヤマ	屋台（人形）
2		下大久保八幡宮	4月第2日曜日	高砂山願念坊祭り	高砂山・願念防山・蓬莱山	屋台（人形）
3		四方神社	4月13・14日	四方神社祭礼	ヒキヤマ	花傘
4		四方神社・神明社	4月29日・9月23日	子供曳山祭り	ヒキヤマ	花傘
5		西岩瀬諏訪神社	9月27日	諏訪神社秋季祭礼	ヒキヤマ	不詳
6		東岩瀬諏訪神社	5月17日	岩瀬曳山祭り	タテモン	行燈
7		日枝神社	11月2日	山王祭祭礼	ヒキヤマ	屋台（人形）
8		中野新町白山神社	5月6日・10月13日	不詳	ヒキヤマ	屋台（人形）
9	上市町	神明社	9月21日	神明神社祭礼	ダシ	当初鉾，後屋台
10	滑川市	櫟原神社	6月14日	櫟原神社祭礼	ダシ	大船・屋台
11		（神家町）	4月18日・9月5日	河南神社祭礼	ダシ	屋台
12	魚津市	神明社	6月4日	神明神社秋季祭礼	ダシ	屋台
13		諏訪神社	8月第1金土（昔17日18日）	たてもん祭り	タテモン	行燈
14	入善町	入善神社	4月15日・9月15日	歌舞伎曳山	ヒキヤマ	屋台
15	黒部市	（三日市）	5月5日・10月4日	火燈	ヒトボシ	行燈 (山水築山
16		（三島町内会）	5月5日・10月4日	火燈	ヒトボシ	行燈
17		（旧宇奈月町浦山）	10月17日?	? 野神社祭礼?	ヒキヤマ	屋台

られている。
⑨上市の曳山は文久三（一八六三）年銘のある鉾形式の曳山であったが一八七五（明治八）年改良されて屋台形式となり、一九五七（昭和三二）年ごろ休止した。
③富山市四方神社の曳山は、江戸期に創始され曳山音頭もある花傘山型の曳山であったが一九四五（昭和二〇）年焼失した。戦後、④神明社と合同で子供花傘山曳山となって復活している。
⑤富山市西岩瀬諏訪神社にも子供曳山があり子供芝居の出来る屋台のようであったが、昭和初期ごろに消滅している。
これらのことから、県東部には屋台形式の曳山が多く存在し、魚津の指導者が呉東各地へ振り付けの指導に赴いていたことが推測される。曳山巡行は祭礼だけでなく、祝賀行事の際、地域を挙げて催され、藩主の参勤交代や昭和の御大典行事にも登場していた。

屋台の曳山

屋台形式の曳山がなぜ呉東地区に多く見られたのか。私見を交えて考えてみたい。

初めは人形山や山鉾の曳山として始まり後に改修されて屋台形式の曳山になったもの（八尾・上市）があり、屋台形式の出現と改修は、時期的には富山県内で浄瑠璃歌舞伎の流行した時期と同調するのではないかと思われる。おそらく江戸末期に富山藩を中心に流行した浄瑠璃歌舞伎は曳山にも影響を与えたのではないかと推測する。ちなみに、嘉永年間に富山町には三味線太夫（一〇七人）や竹本派の浄瑠璃太夫（三一人）が数多くおり、浄瑠璃歌舞伎が隆盛を極めていたという（『富山県史』通史編Ⅳ近世下）。

また、魚津の屋台形式の曳山については、安永年間の曳山騒動の影響もあるのではないかと思う。曳山騒動は、一七七五（安永四）年曳山の形態をめぐる高岡町と今石動・城端・放生津との論争で、高岡側から取り締まる要望書が出され、最終的には魚津奉行所での検分裁定をすることになったものである。そのため、曳山が城端から海路で運ばれて、後に魚津町に城端の屋台曳山が置き残されてきた（『富山県史』通史編Ⅳ近世下）ことを見ると、魚津においては、早くから屋台曳山に親しむ機会があったのではないかと思う。

消滅の理由

曳山の運行には多大な経費が掛かり、地域の富裕層の協力が不可欠であった。運行には氏子の協力も必要で、地域を挙げての一大行事であった。紙面の都合から詳細は省くが、曳山団体の記録

（『富山県の曳山』）に依ると、明治になってからは、財政難のため運営組織に次第に町内会や行政が介入した組織に変貌しているとともに、一般市民にとって浄瑠璃歌舞伎芝居などの魅力が色あせてきたことが考えられる。また一九二八（昭和三）年の御大典時には各地で曳山巡行して地域を挙げて祝賀行事をしたが、それ以降昭和前期に消滅したものが多くあり、戦争に向かう世相を反映して自粛したのではないかと考えられる。

いずれにしろ、曳山の消滅原因を探ることが、後世継承に必要な示唆を与えてくれるように思える。

（白岩初志）

「勢揃い」地点の御車

第二章

高岡御車《みくるま》山《やま》祭《まつり》

―都市祭礼の宇宙の読み解き方

小馬徹

はじめに

御車山祭は、富山県西部（呉西）の中心地高岡を代表する都市祭礼である。毎年五月一日、この町の美意識の所産である伝統工芸の粋を集めた七基の曳山が、古式通りの順番で旧市街の順路を一日掛かりでゆっくりと巡行する。この祭りはいかにものんびりとして床しくて、美しく典雅だ。

かねてから加賀・越中・能登三州随一と称されてきた祭りの起源は開町と共に古く、一六〇九（慶長一四）年に原野関野ケ原の一角に高岡城を築いた加賀藩の初代藩主前田利長[1]が、豊臣秀吉から父利家に下された「鳳輦《ほうれん》」を高岡城下の（富裕な）大町に下賜したことに由来するとされる。しかし、高岡の町と御車山祭は、産声を挙げて程なく、突然絶望の淵に突き落とされる。一六一四年に利長が病没、翌年半ばには、幕府が追い打ちをかけるように「一国一城令」を発し、高岡城の廃城が決まったのだ。ところが、高岡はすぐに町人町に生まれ変わると繁栄を取り戻して発展を続け、市制及町村制が施行された一八八八（明治二一）年には、全国で僅か三六の市の一つとなった。救い主は、利長を敬慕して止まない、第二代加賀藩主で異母弟の前田利常である。一六二〇（元和六）年、利常は禁足令を敷いて高岡町人の転出を禁じる傍ら、格別に手厚い保護政策を講じて高岡を守り育てたのだった。

こうした来歴は、桃山の遺風を伝える曳山の工芸的な達成の高さ等、従来喧伝されてきた諸点を超えて、御車山祭の奥深い存在意義を予見させよう。天下の帰趨にも直結し得た草創期の加賀藩史とよく響き合うその独特の存在感の重さと高岡の自己主張が、金沢も含む加越能三国の町々の祭礼のあり方を大きく枠付けてきた歴史を読み解いてみたい。

曳山と御車山祭の概要

先ず曳山の構造を素描しよう。御車山祭は調査が重ねられ、資料の蓄積は豊かだ。特に市が、一九九一（平成三）～九九年に亘って、毎年一基ずつ部品や装飾品の実測と共に、工芸、古文書、口碑、組織・運営等を調査して、各曳山別の総合的で充実した大部な報告書を公刊している。以下では、読者の便宜のため、その「総集編」（高岡市教育委員会二〇〇〇）を主に参照する。

七基の曳山のうち、通町、御馬出町《おんまだしまち》、守山町、木舟町、一番街通（一番町・三番町・源平町）の五基は、図１に示した小馬出町《こんまだしまち》の曳山に酷似する構造と規模を持つ。同町の地山（曳山の下部）は、欅材の三重台八車輪（直径一六七〇㎜）四枚、欅材の車軸（長さ二九一七㎜×直径一九〇㎜）二本、囃子方六人を容れる草槙材の地山箱（正面幅一四二四㎜×側面幅二三六二㎜×高さ一四六三㎜）、車軸に取り付ける欅材の轅《ながえ》（長さ五三〇四㎜×幅一二四㎜×高さ二五〇㎜）二本の、四つの要素からなる。そして、地山のぐるり四面には京都で求めた幔幕を巻き、それを幕押で押さえ、その上から布裏と長押を取り付ける。なお、二番町の曳山だけは、欅材の特大の四重台八車輪（直径二〇五〇㎜）二枚を用いるという、特筆に値する相違点があり、それは、最も由緒ある曳山だからだと言われてきた。

地山の上の飾山のぐるりに高欄を立て回し、高欄に接する後正面内側に後屏を付ける。また、

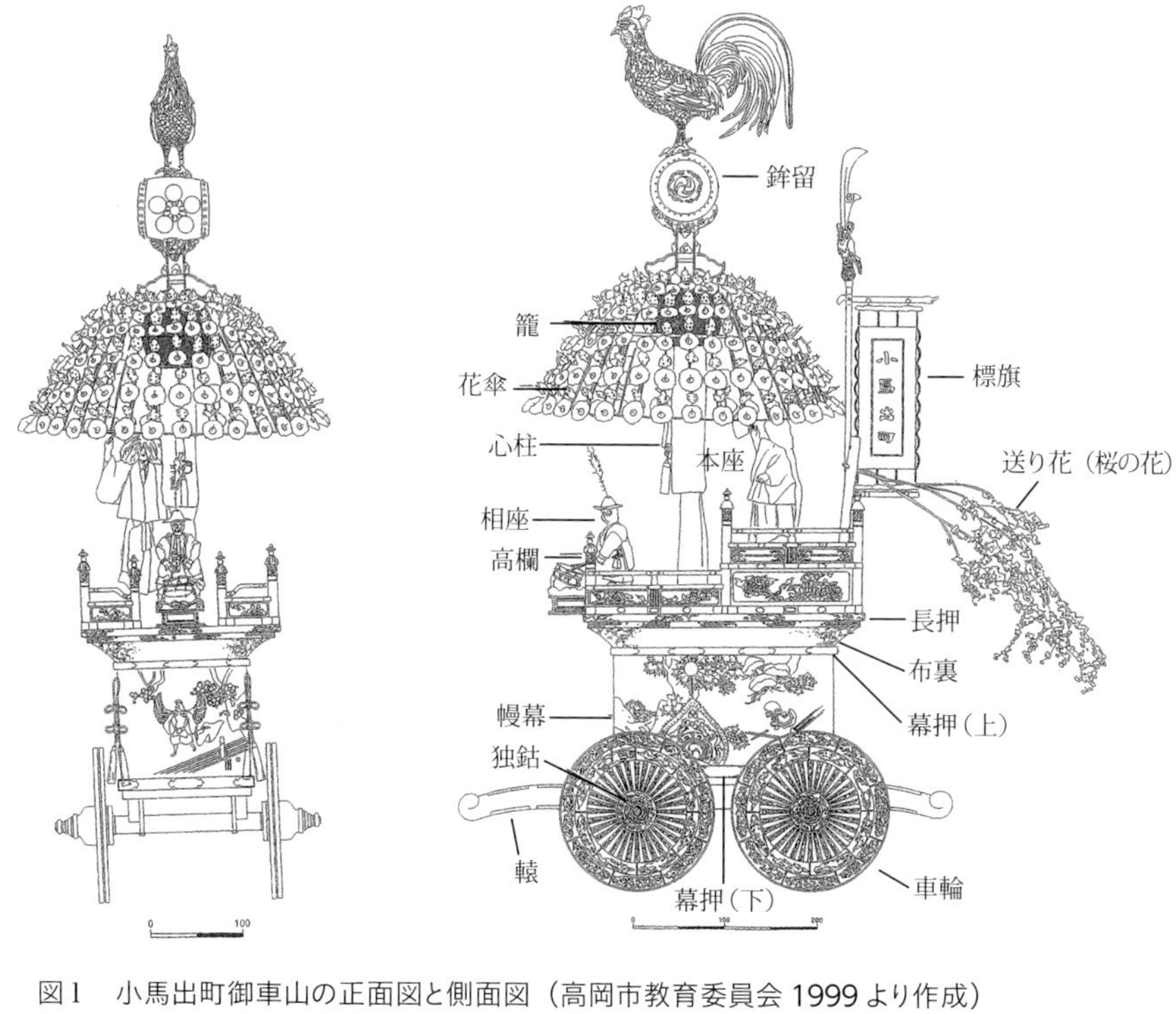

図１　小馬出町御車山の正面図と側面図（高岡市教育委員会 1999 より作成）

図２　木舟町御車山の鉾留と高花
（高岡市教育委員会　2000：38）

写真１　相座の絡繰り人形
（小馬出町）

後正面の一隅に町名を縫い取った標旗を立て、送り花（桜の造花の大枝）を後方へ下向きに取り付ける。中央部には太くて長い心柱（直径一二八㎜×長さ五六九〇㎜）を立て、それを袋状の柱巻（吹貫）で覆い、心柱の中程から袋入りの護符（鎮札）を吊り下げる。心柱上部には竹ひご製の大きな目籠を串刺し状に嵌め、その上端部辺りの心柱から、軸に緑色の和紙を巻いて和紙製の菊花五個（下から順に赤・黄・赤・白・赤）を取り付けた割竹（約二〇〇㎜）三六本を全ての方向に弓なりに垂らし、総数一八〇個の菊花を配した伏せ椀状の花傘を形作る。

小馬出町の曳山の場合、「太鼓に鶏」を桐材で象り、黒呂色（太鼓）や金箔押し（鶏）で仕上げた漆工品である鉾留を聳え立つ心柱の天辺に高く掲げるが、どの町も、鉾留の頂点は地上から約八メートル半の高さに達する。御馬出町・二番町・木舟町の曳山は、上部の鉾留に向けて、花傘の天辺部から割竹と和紙製の高花（前二者は菊花、木舟町は桃花）の束を漏斗状に取り付ける（図２）。ただし、小馬出町の曳山はこの高花を欠いている。飾り山の心柱の背後の本座には猩猩の人形が、飾り山正面中央の相座には絡繰《からくり》人形の猿（写真１）が安置されている。なお、各町曳山の本座、相座の人形、祭神、鉾留は表１の通りである。

高岡市の調査報告書「総集編」の力点は工芸的達成の高さに置かれ、高度に専門的な見地から、①後屏、高覧、鉾留の漆工、②車輪、独鈷《どっこ》、長押、幕押、布裏等の金具の金工、③幔幕、本座・相座の人形とその衣装、標旗、柱巻、護符

表1 各曳山の主要部の意匠

	通町	御馬出町	守山町	木舟町	小馬出町	一番町通	二番町
本座	布袋	佐野源左衛門	恵比須	大黒天	猩猩	尉と姥	千枚分銅
相座	唐子	—	—	唐子	猿	—	—
祭神	布袋	不動明王	恵比須	大黒天	?	住吉神	熊野神
鉾留	鳥兜	壺胡籙・矢	鈷鈴	胡　蝶	太鼓・鶏	釣　鐘	桐　花

袋の染織、④本座・相座の人形工芸の各項を詳述し、制作技術の由来と発展、及び高岡工芸の伝統との関連性を論じる。

御車山は結集し総合された高岡伝統工芸の粋を示す象徴だが、染織だけは高度な地場産業が育たず、代々京都に優品を求めてきた。一方、漆工は随伴する木彫の技量の高さと相まって独特の高岡漆器へと発展した。ただし、何といっても枢要なのは金工で、御車山の際立った特徴である車輪金具を初め、装飾金具関連の多彩な熟練の技が高岡鋳物独自の発展を導いた。そして明治期に、高岡の金工は万博への出展を機に国際的に高い評価を得た。

刮目すべきは、全国の曳山祭を遍く比較研究し、高岡にも在勤した『加越能の曳山』の著者の次の言明である。「曳山を形容する常套句として『絢爛豪華』という言葉が使われるが、御車山祭はその形容が最もふさわしい祭りだろう。全体のデザインから細部の装飾まで、すみずみに神経が行き届いており、しかも一つ一つの細工が優れている」（宇野一九九七：四五）。「御車山の美しさ、装飾の優秀さは、豪華なものが多い富山県の曳山の中でも際だっている。彫刻を多用せず、塗り、金工を中心とした装飾は品格にあふれている」（同：一五〇）と。木を見て森を見ない地元贔屓に忖度しない大局観が見事な評であろう。

写真2　御車山（守山町）全景

たとえば写真2のように各曳山の姿がすっきりとして典雅なのは、一つには地山を華美な彫刻で事々しく飾り立てず、敢えて幔幕で平面装飾し、巨大な外部車輪の金工の繊細さと優美さを浮上させているからだ。さらに、大ぶりな菊の造花が三色五層の円環でドームを象る花傘のくっきりと晴れやかな彩りが、空の青と鉾留の金に映え、鮮烈な美学的効果を生む。しかも、七基の曳山の全てが同じ意匠の花傘を冠し、各山車は明確な個性と快い統一感を両立させている。花傘は曳山の進行に連れて縦横に揺れ動いて、館型の上屋がある定番の曳山の狭苦しい閉鎖性や威圧的な生硬さとは対照的に、いかにも軽快で開放的な風趣を御車山祭に添えている。

曳山を出す各町（「山町」）の女衆手作りの花傘や高花等の造花は誠に庶民的で鷹揚な作りだが、高岡工芸の傑出した繊細さと調和して全く破綻がない。これが、一方的な足し算ではなく、引き算の美を大胆に織り込んだ桃山文化の遺風に通じる、御車山の美学の極致であろう。

祭礼としての御車山祭と巡行

次に、祭りの華、曳山巡行を見てみよう。御車山祭は堀上町《ほりかみまち》に鎮座する関野神社の春の例大祭だが、今日曳山の隊列は同神社の神輿に供奉せず、写真3のように旧市街目抜き通り（旧北国街道）を独自に巡行する。曳山は、本祭りの五月一日早朝から各町の（いわば年番の「頭屋」に当たる）山宿前で組み上げられて町内を巡る。その後、午前一一時に旧北国街道筋の坂下町の（今の）大仏坂下に集結して手打式を済ませると、通町を先頭に、御馬出町、守山町、木舟町、小馬出町、一番街通、二番町の順で坂の半ばまで曳き上っては神楽を捧げ、次いでそのまま後向きで曳き下がってくる。

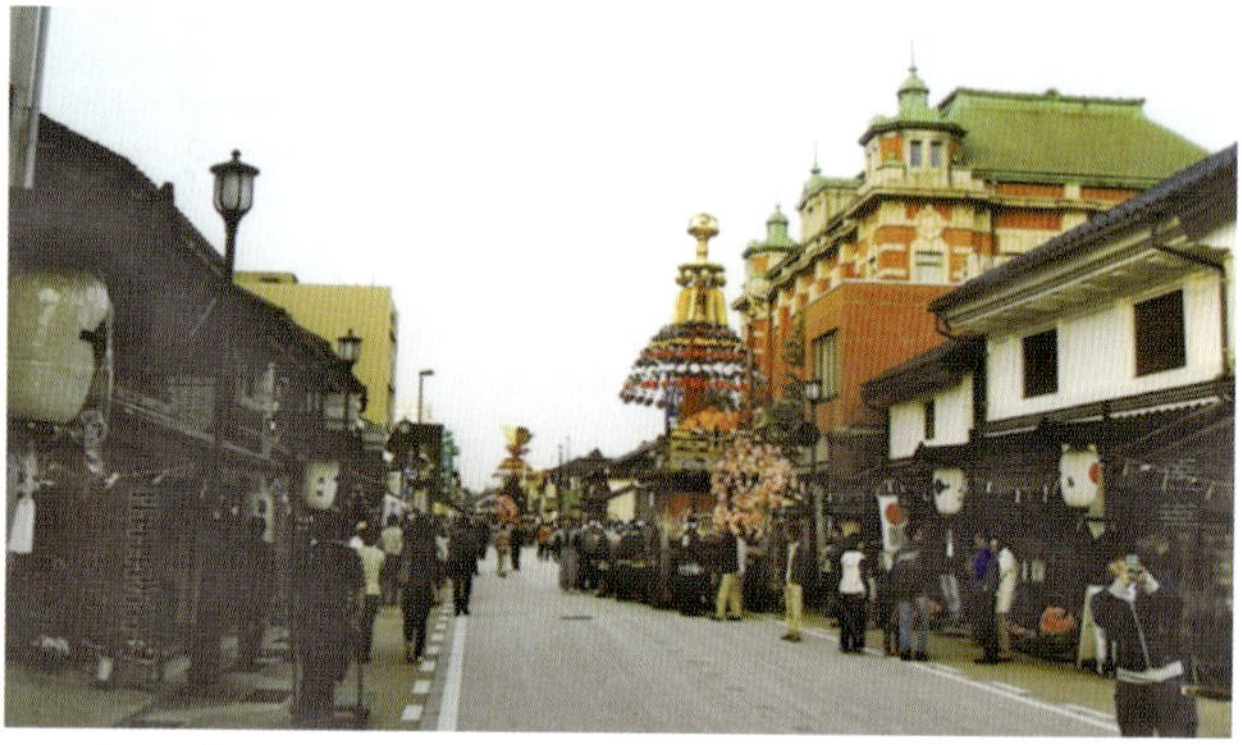

写真3　「通り筋」（北国街道枢要部）を行く御車山

図3　高岡御車山祭の舞台（太字は山町）

これを「曳き揃え」と呼ぶ。前田利長の在世中は、坂を登り切ってから左折して城内三の丸まで進み、七基打ち揃って一斉に利長の謁見を受けた。曳き揃えは、その故事を記念して（部分的に）なぞる儀礼行為だと言い伝えられている。

その後、曳山の隊列は旧市街の南北方向の三本（のみ）の平行な主要街路を一筆書き式に巡行し、最後に関野神社の坂下に出て、「曳き揃え」とほぼ同じ手順で坂上りと坂下りを反復する。この「曳き納め」が済むと、個々の曳山は地元の町の「山宿」に戻って解体され、その後各山町の宵祭りが行われる。なお、近年（「古式に則る」として）坂下町のゲンダイ獅子が隊列を先導し露払いを務めるようになったのは、歴史に徴すれば誠に興味深い変化である（36頁参照）。

この御車山の巡行は、一面では、江戸時代初期の高岡の地政学的な内部構成を今もよく映し出している。高岡の町（図3）は、南の飛騨山地西部に発し、富山県西部の砺波平野と射水平野を貫流して富山湾に出る越中の大河庄川の旧本流の一つである千保川東岸の低い河岸段丘（洪積台地）上に、一六〇九（慶長一四）年から建設され

表2　各山町の楽名と楽人の出自

町名	通町	御馬出町	守山町	木舟町	小馬出町	一番町通	二番町
楽名	越天楽・青海波	慶雲楽	振舞	胡蝶	迦陵頻	桃李花	還城楽
楽人	二塚	江尻	石塚	横田	米島	荻布	枇杷首

た。高岡城は、その段丘上段頂上部（標高一五メートル余）の北端を広く占める平城で、この上段南側一帯には沢山の武家屋敷が立ち並んでいた。

段丘上段の西側に帯状に広がる標高八～一〇メートル程の中段に、山町を初めとする本町三五町の多くが開かれ、今御車山がここを巡回する。中段のさらに西側には千保川沿いの標高五、六メートルの下段が控え、川港や魚市場が立地した河原町等の諸町が、またその対岸には高岡金工の拠点、金屋町が作られた。関野ケ原は、東側からは全く平坦な原野、西側からは紛う事なき段丘（つまり「高岡」）に見える。そして、市街地中心部（中段）から見ると、曳き揃え・曳き納め地点である大仏坂の頂（＝高岡城）と関野神社が、その小台地の北端・南端を歴然と画している。

御車山祭は、高岡五三ケ町の氏神である関野神社の春季例大祭だが、御車山に供奉する氏子は山町の町衆だけに限られる。他に、地山内で「雅楽」を奏する囃子方（楽人）と曳手がいる。山町の町衆がそれらの役割を担うことは決してなく、いずれも近隣（現高岡市内）の特定の村々から雇い入れてきた。この截然たる役割分担を今も維持している点に、祭りの組織と運営に関して、富山県内の他町の多くの祭りや現在の京都祇園祭等との違いを見出せる。なお、各山町の曳山が奏でる「雅楽」の曲と、楽人を出す地区は、表2のようになる。

民俗学から見た御車山祭とその淵源

御車山には洗練の極を成す専門工芸（金工・漆工）と質朴な民衆の手芸（花傘等の造花）の両極性の統合の妙があると先に指摘したが、民俗学は後者に御車山の淵源を見出している。

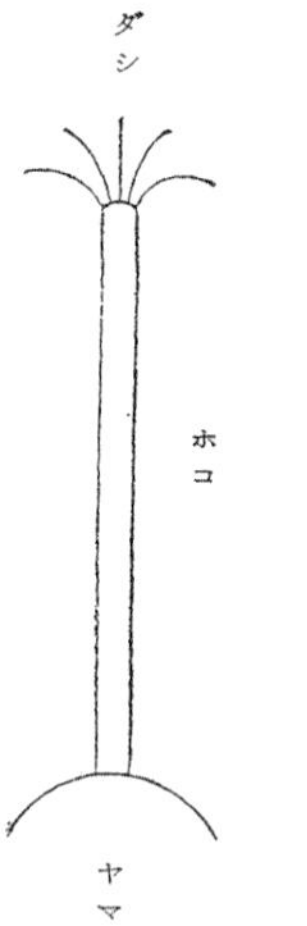

図4　ダシ・ホコ・ヤマ（折口1975：208）

民俗学者折口信夫は、神は祭りの時にのみ神社に来訪するとして、神が降臨する目印を意味する「依代《よりしろ》」を昭和前期に造語し、編み余しの部分が上向きに放射状に広がる髯籠《ひげこ》（中世以前の贈り物用の籠）に依代本来の姿を求めた。さらに、曳山（山車）は神社以外の場所に神を降臨させて神社に曳き入れるための装置だと解釈し、自然の山を模した大嘗会の（車付きの）「標《ひょう》の山《やま》」にその原型を見出す。その標の山の基本形は、図4のように、山型の作り物（①）の上に柱（②）を立て、それに依代として髯籠（③）を装着したもので、①をヤマ、②をホコ、③をダシと呼び、なかでも最も大切な要素である③ダシが曳山（山車）全体を指す名称になったのだと考えている（折口一九七五：一八二－二一一）。

御車山は、一九六〇（昭和三五）年、京都祇園祭の山鉾に先立って国の重要民俗資料（後に重要無形民俗文化財に改定）に指定された。文化財保護委員会記念物課民俗資料主査の祝宮静は、「御車山私考」で折口説を踏まえ、御車山は籠の髯を鉾留として装飾化しているが、特に「二番町・木舟町・御馬出町のはまだ古い姿の面影を残」すと述べた。また、「柱の先端に籠をつけたものと、花がさとを併せて一つにしたものが、御車山の上半身であって、その中心の柱こそは、まぎれもなく祇園祭の鉾と同じ意義を有する」と、評価の根拠を示した（『市史中巻』：三九七－三九八）。高岡市は、これを受けて、旧市街にほど近い二上射水神社の築山神事が御車山と重大な歴史関係を持つと見ている（同：三九八）。

標高二七四メートルの二上山は高岡の北西部に近接し、頂からは富山平野が一望できる。高岡（東側）から見て向かって右側の雄岳の麓にある射水神社は、二上山を神体として二上大神を祀り、越中一宮に擬せられる古社である。向かって左手の雌岳（城山）には、戦国期に畠山氏の被官、神保氏の守山城があり、山裾には城下町（守山町）が栄えた。豊臣秀吉は一五八五（天正一三）年越中に侵攻して佐々成政を下すと、戦功により前田利長に（新川郡を除く）越中三郡を与えた。利長は加賀松任城を後にして神保氏の旧居城守山城に入り、一五九七（慶長二）年まで本拠とした。彼は、翌年に家督を継ぐが、一六〇三年には弟利光（利常）にそれを譲り、富山城を築いて隠居する。一六〇九年に富山城の大火消失後、暫く魚津城に移り、次いで同年突貫工事で築いた高岡城に入城した。利長は、恐らく翌年か翌々年に御車山を高岡町民に与えたとされ、一六一四年、高岡城で没している。守山城時代はまさに利長の騎虎の勢いの時代、高岡城時代は病魔との戦いと徳川家による圧迫に苦しみ抜く、憂愁と懊悩の時代だったと言える。

さて、前田利長が足掛け一三年間居城とした守山城跡の麓近くに鎮座する二上射水神社の築山神事は、境内の三本杉の前（祭場）にヤマと称する櫓型の背の低い木製の構造物（山の概念的模型）を設え、三本杉を伝って二上、日吉、院内の三神を中央の三本の御幣に降ろすという、ごく簡素な祭りである。その祭壇（第一章章扉写真）両側に、桜の花枝と二つの竹籠に入れられた桜の造花の束が各々供えられ、前者が御車山の「送り花」、後者が「高花」に対応すると評され、もしこの築山に（大嘗会の標の山のごとく）車輪を付ければ曳山になるという観点から、築山御車山原型説が立てられている。つまり、高岡御車山は、二上射水神社の古代的な築山と重合するがゆえに、貴重な民俗文化財だという評価を受けたのであった。

ところが宇野通は、「髯籠のダシ」説が妥当なのは山車の源流についてだけだと言う。日本の山車の成立は主に江戸時代、古くても戦国時代で、髯籠のダシ由来の物以外の依代（傘鉾、纏、万灯等）が当時既に現れ、山車にも組み込まれた。また一方では、庶民の楽しみ本位の構想が勝って、明確な依代の無い「屋形作り」の山車も数多く生まれた。実際、山車の多くは複合型であり、傘鉾を原基として下部にヤマを組み込んで成立した御車山は、今も傘鉾の柱の天辺部に髯籠（依代）を残しているのだ（宇野一九九七：一二一―一二六）、と。

宇野は、現代の曳山の原型を、依代の性格が強い(a)山、(b)鉾、弱い(e)屋台、(f)太鼓台、中間的な(c)船、(d)行灯の、六類型に纏めると共に、この諸類型を横断して、曳山に「都市のシンボル」と「信仰のシンボル」の二側面を見る（同：一二二）。「都市のシンボル」としての側面を支えるのは、曳山を飾る多彩な工芸品、流行の芸能、祭りを運営する町衆の組織等である。それらの諸要素は、江戸時代の町人文化の発達と共に一層の進歩・発展を遂げ、一九世紀（江戸時代後期から明治時代）に至って一応の完成と安定を見たのであった。

表3　17世紀前半までに創始された曳山祭

都市	祭　名	所在地・属性	創始された（推定）年代	典　拠
高岡	御車山祭	富山・城下町	1610（慶長15）年	伝承
江戸	山王祭	東京・城下町	1615（元和元）年以前	伝承
名古屋	東照宮祭	愛知・城下町	1619（元和5）年	後世の記録
大津	大津祭	滋賀・城下町	1635（寛永12）年	当時の記録
犬山	犬山祭	愛知・城下町	1641（寛永18）年	後世の記録
大垣	大垣祭	岐阜・城下町	1648（慶安元）年	後世の記録
大坂	天神祭	大阪・城下町	1649（慶安2）年以前	当時の記録

（宇野1997より）

ただし、依代が巨大化しただけで、美術工芸的な装飾を欠いた「信仰のシンボル」としての素朴な曳山も各地に残る――民俗学は、これを曳山の古代性の根拠と見做す。その反面、先述の通り、都市には依代をほぼ失って「工芸品の塊」と化した曳山が多数存在する。だから、一方のアプローチだけでは不十分だと宇野は述べている（同：一三一）。

歴史学から見た御車山祭

では御車山は、そのいずれのシンボルなのか。宇野は、『築山』から『曳山』への変化は概念としてはあり、古代においては正しいのかも知れない。しかし、江戸時代に複雑に発達した曳山が、直接築山から変化して出来たとするのは、いかにも無理が」あり、両祭礼のシンボルも一貫した関連性はないと言う（宇野一九九七：三〇六―三〇八）。そして、江戸時代の都市祭礼には山車が出るのが一般的で、御車山を（高岡）一地方の独特の文化とみるよりも、むしろ江戸時代の一般的な町人文化と見るべきだと主張する。首肯すべき見解であろう。

都市文化としての最初の本格的な山車祭は、戦国時代に町衆の手で現在の山鉾形式が完成された祇園祭である。また、尾張津島の天神祭は一五二二（大永二）年以降の人形飾りの記録を残し、ルイス・フロイスが『日本史』で博多祇園山笠を描いている（同：一〇九―一一一）。江戸時代には、各地で一斉に山車祭が始まる。中でも、一七世紀前半までの創始が窺える記録や、時期的に無理のない伝承が残るのは、表3の祭り群である（同：一一二）。

つまり、「金沢などの例外はあるものの、全国の大都市で山車が曳かれてい

表4　17世紀後半に創始された曳山祭

都　市	祭　名	所在地・属性	創始された（推定）年代	典　拠
池鯉鮒（知立）	知立祭	愛知・宿場町	1653（承応2）年	後世の記録
放生津（新湊）	曳山祭	富山・港町	1692（元禄5）年	後世の記録
川　越	川越祭	埼玉・城下町	1698（元禄11）年	後世の記録

（宇野1997より）

て、「どこの町にも、祭りのために一年を過ごしているような人がたくさん」存在し、「山車を当時の最高の美術工芸で飾り、祭りを当時の流行の芸能で盛り上げてきた」。だから、「山車は都市住民にとって大きな関心事であり、都市のシンボルであった」と宇野は言う（同：一〇八―一〇九）。そして、これらは、いずれも「城下町の祭りであり、藩主との関係を強調するものが多い」（同：一一三）ことに重大な特徴があると主張している。

次に、一七世紀後半に始まった山車祭には表4に示す三つがある（同：一一二）。この時期に城下町ならぬ町々でも山車祭が始められている。

一八世紀にはその動きが顕著になるが、商業町五例〔年代順に、日野（滋賀）、高山（岐阜）、城端（富山）、八尾（同）、砺波出町（富山）〕、宿場町二例〔四日市（三重）、小松（石川）〕、港町二例〔半田（愛知）、半田乙川（同）〕、門前町一例〔津島（愛知）〕を挙げることができる（同：一一三―一一四）。しかも、全国の山車祭の「先進地域」と言える各地では周辺の農村部でも山車が曳かれ始め、文化文政期から明治に至る一九世紀に、この動きが全国に広く波及した（同：一一五）。

「山車祭の全盛期」であり、「町人が力を持ち、またあらゆる工芸分野が発達した」一九世紀のもう一つの顕著で重大な動きは、「古くから祭りを行ってきた町が、次々に山車を新造、大改造し、ほとんど作り替えたこと」だ（同：一一五）。宇野は、その例として、京都、高山、高岡の祭りを挙げる。祇園祭の山鉾は一七八八（天明八）年の大火で壊滅状態になり、現在曳かれている物のほとんどが江戸後期に再建された。また、高山では文化文政期に約半分の屋台を作り替えて、現在の盛行の基礎を作った（同：一一五―一一六）。

そして、高岡の各曳山の部品の銘文や箱書に徴すると、御車山祭の場合も「江戸後期の町人文化の発達に合わせて」「現在の豪華な御車山が作り上げられた」のだ。それゆえ、桃山美術を伝えると喧伝されてきたが、「むしろ江戸町人文化の粋を集めたもの」とするべきだという宇野の主張（同：一一六―一一七）は明快で、御車山を全国的な文脈に深く位置づける。そこで、御車山の由来・淵源・発展をこの視点から再考してみる必要が確かにあるだろう。

御車山の由来を、前田利家が豊臣秀吉から拝領した聚落第の鳳輦を、高岡開府に当って利長が「大町（本町のうちでも中心部を占める富裕な町／小馬注）之内七町」に与えたことに求める伝承は、一八一一（文化八）年三月に山町から、高岡町奉行に提出した書き上げを根拠とするものだが、確証はない。宇野も、古文書類を再検討して次の問題点を挙げ、額面通りには受け取れないと見る。①由来を具体的に記した最古の文書（一七六八［宝暦一二］年の「御所御車由緒之儀」や「高岡車山騒動記」）が祭りの創始から約一五〇年後に作成されたものであり、②関野神社が保管する前田利長（直筆／小馬注）の書状（「御車山の御書」）は御車山の存在を証するのみで、その具体的な台数や形態等が不明だし、③巨大な車輪をもつ御車山が鳳輦の改造物であるとは考えにくい、と（同：一三七―一三九）。

高岡の築城・開町用建設資材の荷揚げ港として作られて栄えた（千保川とその西側の小矢部川の合流点の）川港、高岡木町が一七六七（宝暦一一）年に曳山を作ろうとした際に異を唱えて高岡の山町が加賀藩庁に中止を訴え出た。その翌年の「高岡御車山記録」や、藩庁から下された申渡書は重要だ。それら、特に後者は、御車山祭が古い由緒と伝統をもつ特別の祭りだと公認している。だが宇野は、「御車山祭が、一七世紀の間（元禄以前）に、今の祭りの形をおおよそ完成していたことは間違いないが、史料でたどられるのはこのあたりまで」（同：一四二）だとして、全く別の、括目すべきアプローチを採っている。

ここで表3を再度参照しよう。宇野は、表3中に見られる都市のうち、「御車山の創始期の様子をうかがわせるものとして、同時期に始められた同規模の祭りで、創始期の状況が判っているもの」、つまり東照宮祭（名古屋祭）と大津祭を取り上げて両者を比較したうえで、「江戸前期の御車山の様子を想像してみたい」（同：一四三）と言う。

「名古屋は高岡と同じく、慶長時代に建設された新興の城下町」で、町を上げての大祭である東照宮祭の九基の山車の全ての創設時期が判っている。一方、大津祭は一四基の山車があり、その最初の物は一六二二（元和八）年に出来た「西行桜狸山」である。宇野は、両祭りの山車に飾られる人形の変更を経年的に比較検討した結果、「全く離れた地域の祭りでありながら、山車の増えてきた過程や、年代がかなり一致している」とし、次の諸点を列挙している。①一七世紀初頭に最初の山車ができ、②試行錯誤を経て山車の形態が定まり、③「一番最初に作られた山車は」「行列の先頭を進むなど」「特別な由緒を持つ」とされた。④元禄から享保にかけて多くの山車が創始され、⑤「山車をもつことがその町内の特権と認められ」、「一八世紀中期以降、山車の数が固定され」、⑥「飾られる人形は、初期には題材が変更されたが、一八世紀中期以降は限定された」（同：一四四―一四七）。

この整理の持つ発見性は、次に引く結論共々、括目に値する。「御車山祭も一七世紀初めに最初の曳山が造られたと伝えられ（これが二番町の御車山であろうか）、一八世紀中頃（宝暦年間）には現在の形を整えていたので、名古屋、大津とほとんど年代的に一致している。御車山も決して一気に造られたものではなく、右の①から⑥と良く似た発展経過をたどり、段階的に祭りの形を作り上げてきたものと考えられる。具体的には、御車山は前田利長の時代（江戸初期）に始められ、最初は山の数は少なく、御車山自身も素朴なものだったが、その後、百年ぐらいかけて（一七〇〇年頃までに）、徐々に数を増やし形が造り上げられてきたということになる」（同：一四七―一四八）。

江戸時代の最初期に創始された曳山祭の多くが、藩主の恩顧や特権と強く関連付けられていた。それらの祭りは、御車山祭に通じる権威主義的な自己主張戦略の下に、曳山が可視化する象徴的な世界観を構想していたと思われる。しかし、藩草創期の記憶が薄れて行くと、江戸文化の発展に伴って曳山祭の数が増え、城下町以外にも拡散して行った。すると、新興の曳山祭との競合過程で、往時の特権を再確認し、更新する必要性が痛感されるようになる。そして、江戸中期から後期に、祭りの原点に存在した特権的価値を一層鮮やかに印象付ける工夫の必要が生じ、ほぼ時を一にして古い由緒をもつ全国の城下町の祭りの山車の新造・改造が始まったのだ。今日の形になった高岡御車山も、この時期に現れたと考えるのが妥当だと言う。

この仮説は、かなりの一般性を持つ。すると御車山を、慶長時代創建の新興城下町、高岡の「都市のシンボル」として、また「藩主との関係を強調するものが多い」（同：一一三）江戸時代初期に創始された新興城下町の曳山祭の一つとして読み解く必要があるだろう。

無論、曳山人形や幔幕等の装飾品には変遷があっても、試行錯誤を経て江戸中期には安定し、他町のみならず高岡内の他地区に対しても或る種の特権を示すシンボルとして権威付けられて行っただろう。その権威と利権を巡る事象として実際に起こった高岡内外との激しい確執の背景には、無論、高岡独特の時代状況があった。次に、それを探りたい。

他町の曳山に抗う御車山

御車山祭の創建や発展の過程を詳らかにできる文書は数少なく、或る程度の充実した文書は、皮肉なことに、他の町の類似の祭りの執行の可否を巡る激しい紛争に関連する各種の記録なのである。高岡山町総代が高岡文化会に委託し、その幹事高野義太郎（元高岡射水神社宮司）が一九二八（昭和三）年に脱稿した稿本『高岡御所車曳山沿革史』によれば、貞享年間（一六八四―一六八八）に砺波郡井波町が「二輪車の臺八車を作り祭礼に曳き廻した事があったので、高岡は意見を以て抗議し遂に取り毀った」のが、最初の紛争である（高野一九二八：八四）。

一七四一（寛保元）年に関野神社の神輿三本が金沢に神幸した際に、御車山のうち通町・御馬出町・守山町の三基が供奉し、金沢町奉行所と改方奉行の厳重警護の下に上ノ山春日神社で金沢の武士や町人の見物に供された。これを先例と見て、高岡木町が御馬出町の御車山の貸与を山町に申し入れた。御馬出町は受諾したものの他の山町が反対し、山町との争論が続くうちに木町が一七六八（宝暦一二）年に御車山似寄りの曳山を作った。そこで、双方から加賀藩庁へ訴状を提出して裁断を仰ぐ。後日藩庁から高岡奉行へ届いた「裁断書」は、高岡木町には高岡本町のように往古から連綿と続いた由緒がないとして、曳山を明快に禁じたのであった。

一七七四（安永三）年には、砺波郡の今石動と城端、射水郡の放生津の三町の曳山が御車山に似寄りの物になっているると高岡が抗議し、藩庁は三町支配の各奉行に差し止めを命じたが徹底されず、宝暦の「裁断書」を楯に納得しない高岡側が当該奉行所に押しかけて狼藉に及んだ。事態を重く見た藩庁が、遠方、新川郡の魚津奉行に詮議を命じる。今石動と城端は渋々曳山巡行を断念したが、翌年八月の放生津八幡宮祭礼には曳山が出された。監視に出向いていた高岡二番町の若者頭津幡屋与四兵衛が蔦口を構えて激しく抗議したので大騒ぎになり、警戒に当たっていた魚津郡代付同心に捕縛され、子分数人と共に魚津に送られて牢獄に繋がれた。

四〇歳前の血気盛んな与四兵衛の頑な抗弁に辟易した郡代が吟味中に加えた拷問で与四兵衛が獄死し、高岡町民が憤激する。「高岡と金沢之道中、（中略）日夜早打駕籠ニ乗リ、町頭等の往復目さましく、実ニ高岡一体之騒動、商売も手ニつかず、協力同心願立たり」と、その様を小川・大野両高岡奉行は書き記している（『市史中巻』：四〇七‐四〇八）。

一七七六年二月に藩庁の裁断があった。近年当該三ケ町の祭礼では二ツ指車とか板車とか名付けて曳山を出すが、高岡の祭礼の曳山は由緒があり連綿と続いてきて格別であり、先程挙げたような曳山を曳くことは以後固く差し止める。ただし地車なら構わない、と。高岡側は全面勝利を受けて関野神社境内に小祠を建て、与四兵衛を祭神に祀った。今でも毎年、五月一日の御車山祭に先立って、四月三日に与四兵衛祭が営まれている。

実は、同じ年、高岡の中心部の大町の一つで「曳き揃え」地点でもある坂下町との間でも、上記三町と同様の紛争が起きた。坂下町は地車の「大神楽山車」を貞享年間（一六八四―八八）から出したが、一七一七（享保二）年に指車に改造して御車山に似通ってきたので紛争となり、藩庁は先の三町の場合と全く同様の裁断を下した（同：四〇六）。

さらに、一八一一（文化八）年三月に金沢でも指車の曳山が出、高岡奉行が金沢奉行に交渉し、同年五月、全く同じ判断から類似の曳山の制作を禁じる旨の回答を得た。金沢は「往年のゆゆしい騒ぎも回想した」のか、「それ以来高岡類似のものをつくらなかった」（同：四〇九）。くわえて、能登国七尾町とも同様の争いを起こし、やはり高岡町は藩庁から完全勝利の裁断を得ている。くわえて、一八五七（安政四）年、婦負郡四方町とも摩擦が生じた。同町が高岡守山町の有名な大工、石塚屋長三郎に山車を誂えたことが発覚し、山町衆は先方の町役人に書簡を送って計画を中止させたのだった（高野一九二八：八五）。

高岡は前田利常の破格の厚遇のお蔭で、廃城後も繁栄を続けた。だから、町民は利長の恩顧と利長に寄せる利常の無限の報恩の遺志を年々歳々事新たに喧伝し、事あるごとに生存競争上の切り札として用いてきた。御車山祭は、その歴史の原点へと毎年永劫回帰する儀礼であって、町民（村民）自らが身を以て楽しむ共同体的な（予祝や収穫の）歓喜の宴ではない。高岡のこの強く実存的な歴史の前提が、御車山祭の飽くまでも静謐な独特の雰囲気の基底にある。

だから、利長譲りの伝承を持つ御車山の雅びな桃山趣味に何処までも追随し、また利長が当初から「拝領地」特権を与えて保護した金屋町の金工技術の粋である台八車の装飾を前面に押し出すべく御車山全体の意匠を統一的に定め、加越能三国内で確固たる権威を担保しようとした。中でも、精細華麗な金具で全面を装飾した外輪の台八車を他町に禁じる思いは強烈だった。それが、利長が金屋町に与えた特権を際立たせる何よりも鮮明な象徴だからである。

他の町々は、高岡の度重なる強硬な反撃を恐れて、今日見られるような金具で美麗に装飾した外輪で大径の台八車の採用を、藩政期は自制した。各町の曳山が今日のように御車山にごく似寄りの形態を公然と採るようになるのは、早くとも一八七一（明治四）年の廃藩置県以後のことであった。

江戸初期に出来た新興の大きな城下町で曳山祭を持たなかった例外的な町である金沢の事情も、高岡の強烈な特権意識と好戦的な姿勢に帰すことができよう。藩の礎を築いた利長と利常の権威は、一面では加賀藩庁さえも威圧し続けたと言える。利長父子が構想したように、一朝事があれば華奢な金沢城ではなく高岡の城に拠る必要があり、廃城後もそうした藩の深謀遠慮を背景に栄え続ける加賀藩領第二の都市の地政学的な意義が担保されたと言えるだろう。

外見が似る祭りの異なる指向性

さて、高岡のこうした時代精神の産物は、御車山祭だけではない。宇野の指摘通り、高岡開町以前の中世越中の中心地だった放生津は、強い対抗心から当初は御車山似寄りの曳山制作を追求した。だが、高岡に頑強に拒まれ続けると、祭礼の格式を鼓吹する御車山とは逆の方向に舵を切り、賑やかな雰囲気をもつ庶民的な祭りの形態を創造したと言える。

さて、ここで宇野が「高岡型」に分類する富山県西部の曳山祭を概観してみよう。大径の外車輪（通常は四枚）を取り付けた箱型の地山に巨大な傘鉾状の花傘を立て、さらに花傘の天辺に独特の巨大な鉾留を掲げた曳山祭が、富山県西部（呉西）には八例ある。宇野は、これらを「花山車」と名付け、それをさらに(a)高岡系と、(b)放生津系に二分する。彼は、大局的に見れば、内陸部の商業町・宿場町が(a)、港町が(b)だと言う――港町の氷見が(a)の例外。その主な分類基準は、次の三点にある。①車輪のすぐ上に高欄がない(a)／ある(b)。②曳き回しは、装飾ほど重視しない(a)／重視し威勢がよい(b)。③曳き回しの際に曳山の前部に人が乗らない(a)／乗って合図を送る(b)。そして、(a)には高岡、大門、氷見、石動、福野を、(b)には放生津、海老江、伏木を割り振っている（宇野一九九七：一五八）。

宇野が、「花山車の祭りは曳山の形こそ共通するが、それぞれに囃子も曳き方も祭りの雰囲気も全く違っている」（同：四八）と述べたのは適切だ。両系統を代表し、起源が最も古い高岡と放生津の現在の曳山は外形的に近似し、他の町の曳山も大差がない。それにも拘わらず、祭りの雰囲気、或いは臨場感には、正反対とも言える程の違いがある。

高岡ではどの曳山の囃子も町ごとに（原則）一曲の雅楽（が崩れた曲）に固定され、鷹揚且つ静謐で、しめやかだ。他方、放生津や伏木では、近年の数々の俗謡が取り入れられて曲数が多く、曳山の前後に設えられた足場上に若衆が群れ、盛んに「イヤサー、イヤサー」と囃し立て、煽り立てる。両町は、各々の曳山の（高岡の相座に当たる）台座正面前部に絡操人形（前人形）を置き、「イヤサー、イヤサー」の囃子に合わせて手足を激しく上下させ続ける。一方高岡では、相座の絡操人形は如何にもおっとりと長い合間の後に徐に太鼓を一、二度打ち、或いは棒上で前転する。高岡では、人が殊更に何か声を挙げることはない。代わりに、巨大な重い車輪を思い切り大きく、強く軋ませるのである。

宇野も、高岡では「御車山のすばらしさを引き立てることに重点が置かれているようだ。囃子方も曳き手も目立つことなく、御車山の豪華さ、優雅さを引き立てるようにつとめている」（同：一五〇―一五一）と述べ、「曳山が主役の御車山に対し、放生津では人間が主役」だ（同：一五八）と対照している。そして、次の指摘を付け加える。「高岡の一部の町は、現在でも曳き手を近郷に依存する古い形を残しており、全般的に担い手の年齢層が高い。一方、放生津、伏木なども、明治以前は曳き手を外部から集めていたが、曳き回しが盛り上がったことから、早い時期に町の住人自らが曳くようになった。これらの祭りでは、曳き手を務めることが住人の楽しみであり、曳き手が若いのである。これが祭りの雰囲気を変える一つの要因になっている」（同：一五八）。祭りの臨場感を伝える適切な指摘である。

御馬出町出身の筆者には、また別の知見もある。「イヤサー、イヤサー」の囃子は、越中各地の農村で盛んな獅子舞のものと全く同じなのだ。同じ花山車ではあっても、高岡系は御車山の由来が体現する通り「都市祭礼」のシンボルなのだが、放生津系は農村的な「信仰のシンボル」にも親和的で、折衷的、或いは移行的な側面があると言える。さらに、高岡系と対比した場合の放生津系の花山車の特徴の一つは、「花」（祝儀、心付け）の趣を大きな紙に食紅や墨で描いた「目録」を、曳山の地山の各面に何枚も張り出すことだが、この花と目録もまた獅子祭に付き物だ。各家を回って獅子舞を披露するのに先立ち、目録を両手で恭しく掲げて「トザイ、トーザイ、モークロク一つ、人気エイトウエイトウ…」と切り出し、「…右は、以上！」で締め括る。この陽気で快活な決まり文句と威勢のよい節回しで各家の心意気（花）を称え、観客の喝采と拍手を一斉に誘って場の気分を高揚させ、心を一つにするのだ。

花や目録は、加越能三国ばかりか、例えば「江戸勝り」と讃えられた佐原（本町）の大祭の山車祭り等、全国の祭りでも普通に見られる。しかし、高岡系、少なくとも御車山には花や目録の影もない。御車山祭の都市祭礼としての独特の意義とエートス（規範的精神）が、花や目録を重用する他の多くの祭りと根底から異なることが窺えよう。御車山祭の「宇宙」を読み解くには、この点を無視できない。

第二代目加賀藩主前田利常は、親子程も年の離れた異腹の弟である自分を藩主に抜擢した兄利長に対して、終生並々ならぬ敬慕の念を抱き続けた。家祖利家の恩は単に親であるばかりだが、利長の恩は表しようもないと述べた故事が知られる。利常は、利長の菩提を弔うために、いずれも有事の際の城郭に擬せられ、二重の堀と各々三万坪と五万坪の境域をもつ利長の菩提寺瑞龍寺と廟所（「お墓」）を高岡城址に隣接して造営した。[2] 加賀藩にとって、高岡は、豊臣秀吉恩顧の武将の筆頭としての羽柴筑前（利長）が、自己犠牲に徹して松平（前田）利常に家督を譲り、またその利常が改作法によって統治基盤を確立するに至る艱難辛苦に満ちた危機的な過渡期を記念し、反芻する「聖地」であったろう。

その二人が、将来の有事に備えて精根を込めて建設し、保護し、育成した高岡の町と、その来歴を象徴する御車山（祭）は、藩政期を通して固有のカリスマ性を帯びたと言える。ただし、伝統は絶えず主張し、確認することでかろうじて確保され、維持されるものなのだ。だから、津幡屋与四兵衛に代表される高岡町衆の権威主義的な姿勢は、一貫して特異な強度を保っていた。宇野は、江戸初期に曳山祭を創始した全国七つの町（表3）の属性を全て（新興の）「城下町」とする。だが、開城の直後に俄に廃城に追い込まれてしまった高岡だけは、やはり町人町とするのが妥当なのだ。都市としての高岡のこの際立った特異性が、都市祭礼としての御車山祭の性格を大きく規定したのである。

おわりに

その高岡は、江戸初期の新興城下町としては例外的な、金沢の「曳山不在文化」をも「作った」のだった。宇野は、「なぜ金沢に曳山がなかったのかと言うところまで突っ込むとよく判らない。可能性として、加賀藩の意向が働いた、曳山以外のものに対する関心が高かった、などの理由があるかも知れない」（宇野一九九七：一九八）と書いた。しかし、金沢が他町と同様、歴史的に御車山祭に強い関心を示し続けたことは、既に明らかにした通りである。

さらに、高岡と近辺の諸町との間のみならず、高岡の町の内部の（木町や坂下町を初めとする）山町以外の地域との間に、曳山祭を巡って、歴史的に非宥和的な関係が繰り返し見られた事実も無視できない。それが、少なくとも呉西地域の、或いは富山県の近代の社会状況のあり方に、（現在に至るまで）少なからぬ影響を与えてきたと言えるだろう。

以上のように、御車山祭は、高岡の町と人が形作る都市的な「宇宙」を民俗と歴史の両面から深く読み解くうえでまたと無い鍵となってくれる、豊穣で興味の尽きない都市祭礼なのである。

注

（1）金沢や高岡を初め、旧加賀藩領に当たる地域では、加賀前田家の鼻祖である利家を加賀藩の初代藩主とするのが一般的だ。だが、徳川家康が征夷大将軍に就任して江戸に中央集権的な武家政権を樹立する一六〇三（慶長八）年を待たずに、利家は一五九九年に没している。ゆえに、利家の家督を嗣いだ長子、前田利長を加賀藩の初代当主とするべきである。

（2）たとえば、東北の雄、仙台藩の藩祖伊達政宗以下三代の各霊廟（瑞鳳殿、感仙殿、善応殿）は色漆で彩色されて誠に壮麗だが、ごくごく小さな建築物である。政宗の菩提寺瑞鳳寺もまたこじんまりとしている。いや、金沢城自体が知行所の石高に比して至って控えめな規模である。これらを勘案すれば、前田利長の菩提寺と墓所の規模は実に桁外れで、恐れ知らずの壮大さと言うしかあるまい。

参考文献

宇野通、一九九七『加越能の曳山祭』能登印刷出版部。

折口信夫、一九七五『折口信夫全集　第二巻』（古代研究〔民俗学篇一〕）中公文庫。

菊池健策、二〇〇九『山車』（日本の美術 第五一六号）ぎょうせい。

小馬徹、二〇一八「猿と猩猩が守る都市宇宙　―高岡御車山祭のコスモロジー―」、神奈川大学日本常民文化研究所編『歴史と民俗』三四、平凡社。

城端曳山史編纂委員会編、一九七八『城端曳山史』城端町。

神保成伍編、二〇一五『高岡御車山　名工の技、町衆の誇り』文苑堂書店。

高岡市編、一九七二『高岡史料』（上・下）名著出版。

高岡市教育委員会編、一九九九『小馬出町御車山』（重要有形・無形文化財高岡御車山調査報告〔六〕）高岡市教育委員会。

同、二〇〇〇『高岡御車山』高岡市教育委員会。(「総集編」と略記)
高岡市史編纂委員会編、一九五九『高岡市史　上巻』高岡市。(『市史上巻』と略記)
同、一九六三『高岡市史 中巻』高岡市。(『市史中巻』と略記)
高野義太郎、一九五七(一九二八)「高岡御所車曳山沿革史」、伊勢宗治編『高岡の曳山と日本の曳山』自費出版。
田中喜男、一九九〇「越中高岡町と周辺在郷町の曳山紛争」、地方史研究協議会編『都市周辺の地方史』雄山閣出版。

互いの行燈を壊し合う引き合い（5月2日深夜）

第三章

福野夜高祭

―神を迎える壮麗な行燈

藤本武

行燈の祭りは全国に数多くあるが、そのなかでも砺波平野一帯で行われる行燈を夜に高く掲げる夜高祭は優美なものとして知られる。その南部に位置する南砺市福野の夜高祭は「引き合い」とよばれる互いの行燈を激しく壊す勇壮な儀礼的喧嘩で有名である。同じ夜高祭でも近隣の砺波や津沢、庄川のものとはまた違う独特の喧嘩祭りである。毎年五月二日の晩には「銀行四つ角」として知られる中心部に大勢の見物客が詰めかけ、大変な賑わいとなる。しかしこの祭りには引き合いにとどまらない奥深い魅力がある。引き合いにかかわらない行燈の方が数は多いし、夜高祭の原点ともいうべき町のなかを行燈が回る練り回しをみると、夜高祭は地域の人たちに支えられて行われているのがよくわかる。この祭りは一七世紀半ばの福野の町の成立後まもなく始まり、その発展とともに歩んできた。祭りの仕方は時代とともに移り変わってきたが、福野の人たちにとってこの祭りは今も特別なものであり続けている。この章では福野夜高祭の魅力を紹介したい。

なお、福野夜高祭として知られるものは、正確には五月一日から三日にかけて行われる福野神明社春季祭礼の宵祭りの部分であり、本祭りは三日に行われる曳山祭である。[1] ここでは宵祭りだけでなく、曳山祭もあわせてとりあげる。

以下では、まず今日、福野夜高祭がどのように行われているのかをみていく。といっても後述するように、三六〇年以上の歴史のなかで無数の工夫・変更を重ねて現在の複雑な形が築かれてきており、そのすべてを理解することは容易でない。したがって以下ではあくまで概略を紹介する。

現在の夜高祭

福野夜高祭は福野神明社の氏子である上町《かんまち》、七津屋《ななつや》、新町、御蔵町《おくらまち》、横町《よこちょ》、浦町、辰巳町《たつみちょう》の七つの町内の人たちにより主に行われる祭りである。それらの町の中央に位置する「銀行四つ角」として知られる上町交差点を中心に行われる(図1)。この四つ角は町の成立以来、福野の中心であり、今日七町のほぼ実物大の大行燈を描いた壁画がある。

この交差点周辺を各町の制作した大小さまざまな二〇ほどの優美な行燈が五月一日と二日の夕方から深夜にかけて賑

やかに行きかう。御所車や宝船、花車などをかたどった山車《だし》を上にのせ、前後に大きな吊物《つりもん》と呼ばれる飾り物をつけた行燈は夜の闇のなかで幻想的な美しさをたたえる。子供たちの繰り出す小さな行燈は早いうちに回り終えるが、若者や大人の繰り出す大型の行燈は夜遅くまで町中を練り歩く。いずれの日も最後に目抜き通りの上町通りで七町の行燈が上り行燈と下り行燈の二組に分かれて順番にすれ違う。その際に他町を挑発する掛け合いが行われ、周囲は熱気に包まれる。とりわけ二日目は実際に他町の行燈を互いに容赦なく壊し合うため、大変な盛り上がりとなる。あくまで相手の行燈を壊すのがねらいとはいえ、双方が激しくぶつかりあうため、半ば喧嘩のような状態になる。やりあうなかで行燈がバランスを崩して傾き、人が押されることがあり、上町通りの商店や家々はシャッターやガラス戸が人垣で壊されないよう雪囲いのように頑丈な板囲いを立てて自衛しているほどである（写真1）。また街灯も一部取り外される。

図1　福野夜高祭の舞台

写真1　板囲いをして「自衛」する上町通りの家々

（一）行燈の構造・制作・種類

ここで夜高行燈の構造を簡単に説明しよう。今日の夜高行燈は複数の行燈が組み合わさってできている（図2）。

まず一番上に山車とよばれる最も目立つ大きな行燈がついている。

その下に傘鉾《かさぼこ》という幕を丸く巡らす傘状の構造物がある。

中心部には四角い縦長の大きな行燈がある。芯木《しんぎ》という丸太が中央を貫く串刺し状の形から田楽が連想され、それが訛って連楽《れんがく》とよ

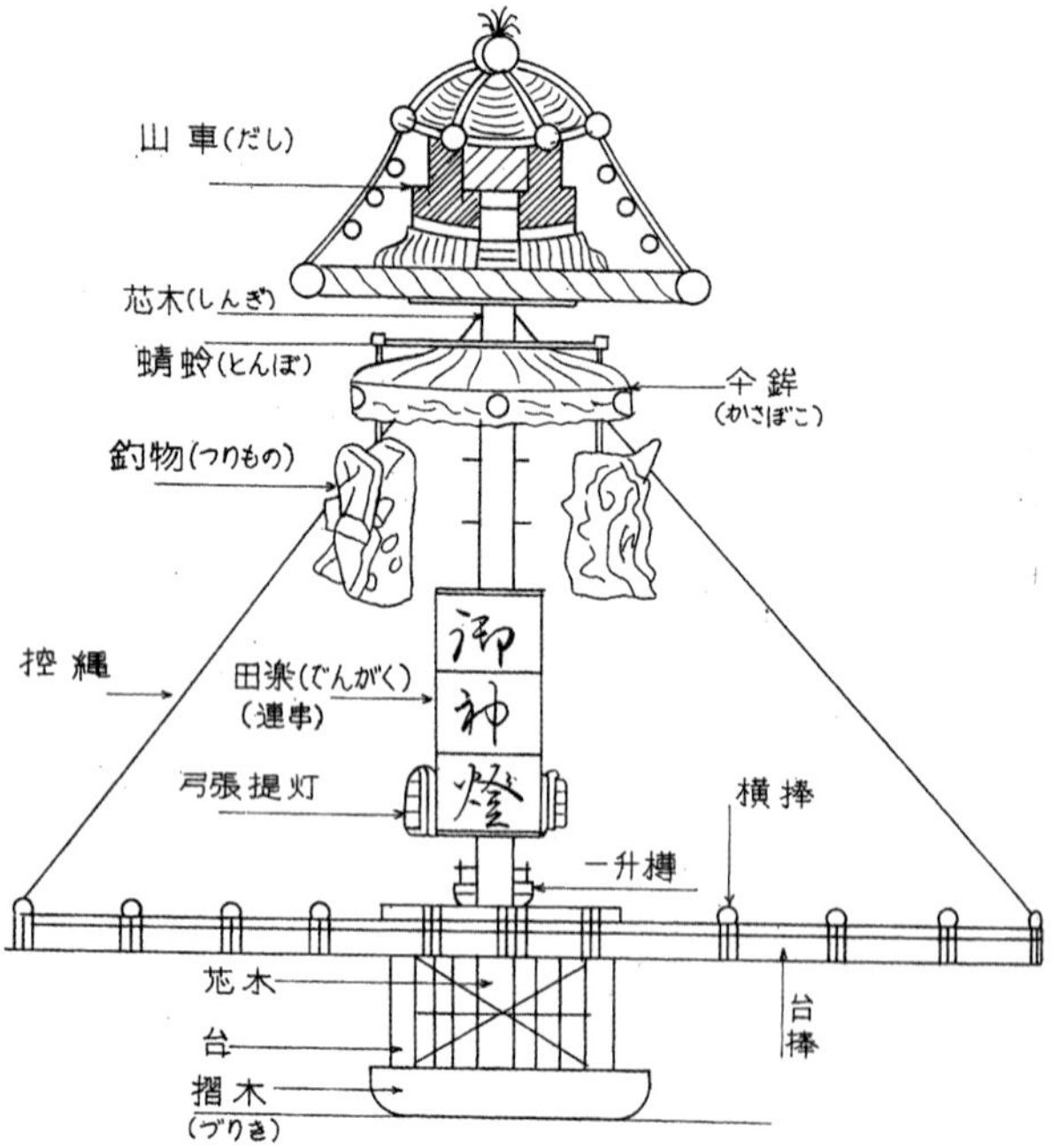

図2　夜高行燈の構造（長岡1970より）

ばれる（図2では田楽・連串と表記）。正面に武者絵が描かれ、左横に「御神燈」と大書されている。神の宿る神聖な部分とされ、引き合いの際も壊されることはない。

その前後に吊物という飾り物の行燈が一つずつ蜻蛉《とんぼ》と呼ばれる道具からぶら下がっている。今日の夜高行燈はこのツリモンが大型化し、レンガクはほとんど覆われるまでになっている。

その下に木を組んで番線と縄で縛って作った台がある。なお、見えにくいが、その一番下の摺木《ずりき》の後部の底に一対の車輪がついている。

これらのうちダシとツリモンの行燈は毎年各町で制作する。町により少しずつ違うが、多くは三月初めごろから制作にとりかかる。町ごとに公民館など行燈を制作・保管する施設があり、そこに平日の夜や週末に集まって作業する。まず、行燈の骨組みとなる竹細工のうち前年傷んだ個所を補修するが、新しい骨組みを作る場合もある。豆電球をとりつける配線をすませたら竹細工の骨組みに糊で和紙を貼り付けていく。ついで熱で溶かした蝋《ろう》で和紙に線を引き、図柄を描いていく。この作業を蝋引きというが、蝋が固まらないうちに素早く行う必要があり、熟練者が行う。最後に紅色を中心に十色程度で和紙に色を付けていく。どの行燈も毎年作り直すが、形や意匠を変えることはめったにない。

　これらの作業を担うのは主に若衆あるいは若連中とよばれる一八歳から二五歳くらいまでの各町の若い男性たちである。ただし近年はそれだけでは人手を確保できなくなっており、若衆に加わる年齢を下げたり、引退する年齢をあげたり、町になじみのある人に加わってもらったり、あるいは女性に一部手伝ってもらったりしている町がほとんどである。ＯＢの協力も欠かせない。いずれにせよ、この若衆が行燈制作の担い手の中心で、彼らとそのＯＢが当日夜高節を唄いながら夜高行燈を練り回し、引き合いも行う。そのまとめ役に若衆頭が複数おり、そのうちの一名は本頭《ほんがしら》などと呼ばれ、行燈制作はもちろん、練り回しの際も前方に立って拍子木を打ちながら行燈を導く。若衆頭は毎年交代し、一度務めると若衆を引退するが、その後もＯＢとして協力する。なお夜高祭には厄年（数え四二歳）前後の人が務める裁許とよばれる役職者が各町二〜四名おり、特にその代表の一名は裁許長とよばれ、責任者として重要な役割を果たす。練り回しの際は先頭に太鼓打ち、提灯を持って進む裁許、行燈を見ながら後ろ向きに進む若衆頭（本頭）、そして行燈を担ぐ若衆の順である。本頭以外の若衆頭（副頭などと呼ばれる）は行燈の前後左右について、行燈が人や家、電線などに当たらないように注意を払う。

　祭りの数日前に、四角い台に八メートル弱の台棒をとりつける台締めとよばれる作業を、行燈を制作した施設の前の道路などで行う。番線で締め、縄で縛っていくが、人手と経験がいる作業で、町内総出で行われる。そして祭り当日（五月一日）か前日の朝に若衆やそのＯＢで組み立てる。台に垂直に芯木を差して固定し、ついで芯木に連楽、傘鉾、山車などを通し、最後に吊物をぶらさげる。また台の底に車輪もとりつける。台締めは今もすべて人力で行うが、組み立てはクレーンやレッカー車を使って行うところが多くなっている。

　なお、行燈には大行燈・中行燈・小行燈・ちび行燈の四種類がある。大行燈は一八歳以上の若者や大人、中行燈は高校生と中学生、小行燈は小学生、ちび行燈は幼児など、それぞれの行燈の主たる担い手に応じて制作される。ただし各町がこれらをすべて作っているわけではなく、四つとも出す町もあれば、二つだけの町もあり、平均すると各町三つほど作っている。大行燈はどの町も必ず出す一方、中行燈は半分ほどの町しか作っていない。これは各町の子供の人数も関係するが、それ以上に行燈の作り手の人数によっている。ちび行燈は比較的最近作られるようになったもので、かたどるものも幼児が喜びそうな題材から選ばれることもある。中・小・ちび行燈（これらをまとめて子供行燈という）に女の子が当日乗ったり、その制作に女性が携わることも今日見られるようになっているが、引き合いを行う大行燈は現在もまったく男性のものであり、女性がかかわることはない(2)。

（二）練り回し（五月一日、二日）

祭りのハイライトともいうべき二日深夜の引き合いがもっぱら注目されるが、地元の人たちには一日と二日の練り回しとよばれる行燈の曳きまわしも重要である（写真2）。引き合いと関係ない子供行燈を曳く子供たちやその両親・祖父母にとってはとりわけそうである。

まずすべての行燈は夕方六時ごろ町内を出発し銀行四つ角付近に集まってくる。行燈を先導する夜高太鼓があちこちで打ち鳴らされる。じつはその前、五時ごろから各町で大行燈の出陣式が行われている。場所を聞いてどこかの町のものを見に行ってみるのもいい。四つ角から歩いていずれも十分かからずに行ける範囲で行われる。そして六時半から氏神である神明社に七町のちび・小・中の子供行燈が順番に参る。ついで七時半すぎから大行燈が参拝する。大行燈は子供行燈より大きいため参道を進む際も屋台に詰めかけた客を退避させ、また行燈が電線や木に接触しないようするなど大変である。大行燈の参拝は、町ごとに儀式化された形で行われており、見に来る人は多くないが、見ごたえあるものもある。

なお、どの町から参拝するかあらかじめ順番が決められている。毎年四月初めに開かれる全体裁許会とよばれる各町

写真2　四つ角で向きを回転させて練り回しを行う辰巳町の大行燈

の裁許の集まる会合でくじ引きによって順が決定される。部外者の立ち入ることが許されない厳粛な会合で、かつては警察署で行われていた。なぜこの参拝順が大きな意味を持つのかというと、二日目最後の引き合いの際のポジションにこの順が影響するからである（後述）。なお、一日と二日で参拝する順番は反対となる。(3)

それぞれの行燈は宮参りの後、他町を決まったルートで回る。横町以外の六つの町の行燈は初めに横町を回って銀行四つ角にいったん戻り、ついで四つ角からみて時計回りに次々と他町を回っていく（その際自らの町はとばして回る）。子供行燈の場合はそのまま最後に町内を回るが、大行燈の場合、上町通りですり替え・引き合いをしてから自分たちの町内を回る。たとえば、御蔵町であれば、神明社参拝後、横町→銀行四つ角→浦町→辰巳町→銀行四つ角→新町→七津屋→上町→銀行四つ角→御蔵町といった具合である。(4)

ただし練り回しのルートは同じ町の行燈どうしでも同じではない。先に回る子供行燈は他町を回るのは最小限にとどめる一方、自分の町内は細い道まで丁寧に回る。それと反対に、大行燈は大きいため、路地に入ったりできない代わりに他町を広く回る。大行燈はふれ太鼓とよばれる太鼓打ちが前を行き、大行燈の到来を通りの人たちに知らせるだけでなく、大行燈が入れない細い路地ではその角に止まり、行燈をその路地に向け、皆で夜高節を唄う。また自町を回る際には区長宅の前で止まるなどより丁寧に回る。子供行燈が町内を回り、大行燈が他町を練り回すのは遅い時間でないこともあり、通りに家の人たちが出迎える。他方、大行燈が自町内を回るのはすり替え・引き合いが終わってからの深夜あるいは翌日未明だが、そのような時間でも家の前で出迎える人たちもいる。また一日と二日で比較した場合、一日の練り回しはコースも長く、より丁寧に行われる傾向がある。(5) 見物客の大半は引き合いを見に来ており、四つ角周辺に集中するが、夜高祭の重要な部分に町内の練り回しがあり、年配の人たちにとってはこちらの方が楽しみだったりする。練り回しが行われるのにはいくつかの意味があるだろうが、最も大きいのは地元の方たちに大きな負担をお願いしていることに対する謝意を伝える意味だろう。できればどこかの町の行燈の後ろについて練り回しをみてみることをすすめたい。地元の人たちに支えられて夜高祭が行われていることが感じられるはずである。休憩時には曳き手と一緒に写真を撮ってもらうこともできるはずである（ただしその後に曳き合いがある二日は控えたほうがいいが）。

なお、一日は行燈の優美さを競うコンクールが行われ、練り回しの後の夜九時すぎにその審査結果が銀行四つ角で発表される。

（三）すり替え（五月一日）・引き合い（五月二日）

他町を回った各町の行燈は上町通りですれ違う際に、一日はすり替え、二日は引き合いとよばれる挑発的な掛け合いをする。この際、上り行燈と下り行燈という二つの組に分かれて行う。具体的には上町、七津屋、新町が上り行燈、横町、浦町、辰巳町が下り行燈である。御蔵町はそのいずれにも属さず中立とされ、すり替え・引き合いに参加することはない。この「上り」と「下り」は、神明社に参拝に向かうことと参拝後練り回して自町に戻ることをいう言葉だが、上り行燈と下り行燈という時はそれに必ずしも対応しているわけではない。下り行燈の三町の行燈が上町通りで一基ずつ待ち構えているところを、上り行燈の三町の行燈が一基ずつ銀行四つ角を出発し、上町通りを通過していく際に、すり替え・引き合いが行われる。すり替え・引き合いの間、御蔵町の行燈は下り行燈の後方（南側）で待機する。開始に際しては何度も裁許が招集されて裁許会が執り行われ、安全確認が綿密に行われる。とりわけ下り行燈が道の中央に寄っていないか厳しくチェックされる。そのため下り行燈が車輪を外して配置についてからも実際にすり替え・引き合いが始まるまで時間がかかる。見物客は警備の警察官の張ったロープで規制され移動もままならなくなり、人ごみのなか立ち続けて今か今かと待ちわびるが、当の若衆たちは円陣を組んで歌い踊り、めでたいことがあった人に酒で手荒く祝福するなどして大いに盛り上がる。かつてはこうして何時間もすごし、遅くなることが多かったが、近年は夜一一時ごろには始まるようになっている（それでも十分遅いが）。

すでに述べたように、一日のすり替えではすり抜ける際に挑発行為は見られるものの、実際に手を出すようなことはまずない（写真3）。行燈に手をかける一歩手前で双方抑制している。これはまだ翌日があるからだろう。しかし二日にはこうした自重はなく、互いの行燈を遠慮なく破壊しあう（章扉写真）。優美な行燈が見る影もなく次々壊れていくのを見るのは忍びない気もするが、何より空中での激しい応酬は人の目を奪う迫力である。相手のダシに上から飛び乗ったり、ツリモンを引っ張って叩き壊したり…。多少とも酔っぱらっているなかで行われることもあってか、興奮状態になることもあり、これまで引き合いで大勢の人がけがを負っている。

こうした激しい引き合いが今も熱く行われる理由は何だろうか。まず、若衆たちは行燈制作に二か月近く打ち込み、静かに傾けてきた努力をここで一気に発散していることがある。また自らの町の勇壮さを誇示する意味合いもまちがいなくあるだろう。さらには、この行燈の激しいつぶしあいは神様を喜ばせるためともいわれる。

写真３　5月1日深夜に行われるすり替え

（四）シャンシャンの儀（五月三日未明）

引き合いが終わると、各町の行燈は自町の練り回しを深夜に行い、その後、大行燈の解体作業を未明から明け方にかけて若衆たちで一気に行う。

その一方、自町での練り回しが終わる頃（三日午前一、二時ごろ）、各町の裁許は銀行四つ角に集結し、祭壇の周りに自町を背にする形で円形に立ち並んで、シャンシャンの儀と呼ばれる手打ち式を行う。七町のうち福野の町立て当初からある四町（新町、上町、横町、浦町）が毎年順番に当番裁許として仕切るが、上町の時は七津屋、浦町の時は辰巳町も補佐する。祭壇に供えてあったお神酒をまいて清めた後、当番裁許と来賓が挨拶を述べる。深夜にもかかわらず市長や警察関係者が挨拶を述べたりする。ついで全員でシャンシャンシャンと手打ちを行う。当番町の若衆が来賓や裁許にお神酒をふるまい、乾杯する。そして当番裁許が当番を翌年の町に引き継ぎ、挨拶して宵祭りは終了となる。引き合いの激しい応酬から一転して、厳粛な儀式がきびきび執り行われることから、近年はここにも見物客が集まるようになっている。

（五）曳山祭・神輿巡行（五月三日）

五月三日に行われる曳山祭が本祭りにあたるが、前日までの夜高祭では神明社の氏子七町の若い人たちを中心に夜にぎやかに行われるのに対し、三日の曳山は福野の由緒ある町の年長者を中心に優雅にとりおこなわれ、動と静の対照的な趣がある。

具体的には上町・七津屋、新町、浦町・辰巳町、横町が曳山を出しているが、この四基の曳山が出るようになったのは二〇〇五年（平成一七）からである。それまでは上町と横町の二町が出すだけで、新町と浦町・辰巳町の曳山は長く休止していた。各町の蔵を出発した高さ約五メートルの曳山はギーギーと車輪のきしむ音を響かせながら銀行四つ角に集結する。長く蔵に保管されていた屋台（庵屋台）も近年修復され、二〇一五年から上町の屋台が出るようになった。一〇時からの出発式では、関係者のあいさつの後、庵唄が披露される（写真4）。その後、四町の曳山が屋台に先導されて神明社に順に参拝する（写真5）。そこでお祓いを受けた後、昼前に各曳山は自分の町内に戻り、午後町内を巡行する。その際には裁許が家々からご祝儀をいただいて回る。曳山を四辻で回す際、皆で力を合わせて押し回すのが多くの祭りで目玉のひとつになっているが、ここの曳山は老朽化が著しいこともあり、ジャッキで持ち上げて回転させる。

写真4　近年修復された庵屋台の前での庵唄の披露

写真5　神明社に参拝する曳山

また午後には神輿の巡行も行われる。五旗、台旗、傘鉾、獅子舞に先導され、車に載せられた神輿が神明社から浦町→辰巳町→御蔵町→新町→上町→七津屋→横町の順に家々を回り、夕方神明社に戻る。人びとは家の前に清めの塩を一列にまいて出迎え、ご祝儀を奉納する。

夜高祭の由来と変化

以上のような形で現在行われる福野夜高祭であるが、この祭りはどのようにして始まったのだろうか。じつは町の成り立ちと密接にかかわる。野尻野とよばれる原野にすぎなかったこの地に町が初めて作られたのは江戸初期の一六五〇(慶安三)年であった。その年のうちに五七軒の家が建ち、翌年にはさらに七軒増えた。町が順調に立ち上がりつつあるかに見えた矢先の一六五二年の春、大火が発生し、全戸消失する不幸に見舞われた。町は存亡の危機に直面し、伊勢神宮の分霊を勧請し福野神明社を建立した。それにまつわる有名な逸話が知られる。伊勢で分霊を受けた使者が福野への帰途、倶利伽羅峠付近で日没となった。それを知った町民が手に手に行燈を持って出迎えた。福野夜高祭はこれにちなんで行われるようになったとされる。町民の復興・安寧への願いが込められたものであっただろう。当時の夜高行燈は今のものと異なり、片手で持って歩く角行燈などと呼ばれる小さな連楽のみのシンプルなものだったとみられる。

その後、レンガクは大型化するとともに、複数人で台棒を担いで運ぶかたちになり、やがてレンガクの上に傘鉾を立てる形になったと推測される。幕末の文久年間(一八六一~六四)には一二メートルをこえる高さにまでなった。またその少し前の文政年間(一八一八~三一)に曳山の曳き回しも始まった。

一八九二(明治二五)年に電信線が張られると高さ制限が設けられた。すぐ守られたわけでなかったが、高さは七メートルあまりに抑えられ、レンガクの上にダシの行燈がのり、また前後にツリモンの行燈がつけられるようになった。さらに一九〇九年には電話線がかけられ、六メートルあまりに高さが制限された。今日の夜高行燈の優美さはダシやツリモンによっているが、これらは三六〇年以上の夜高祭の歴史のなかでは新しい伝統といえる。図3は夜高行燈発

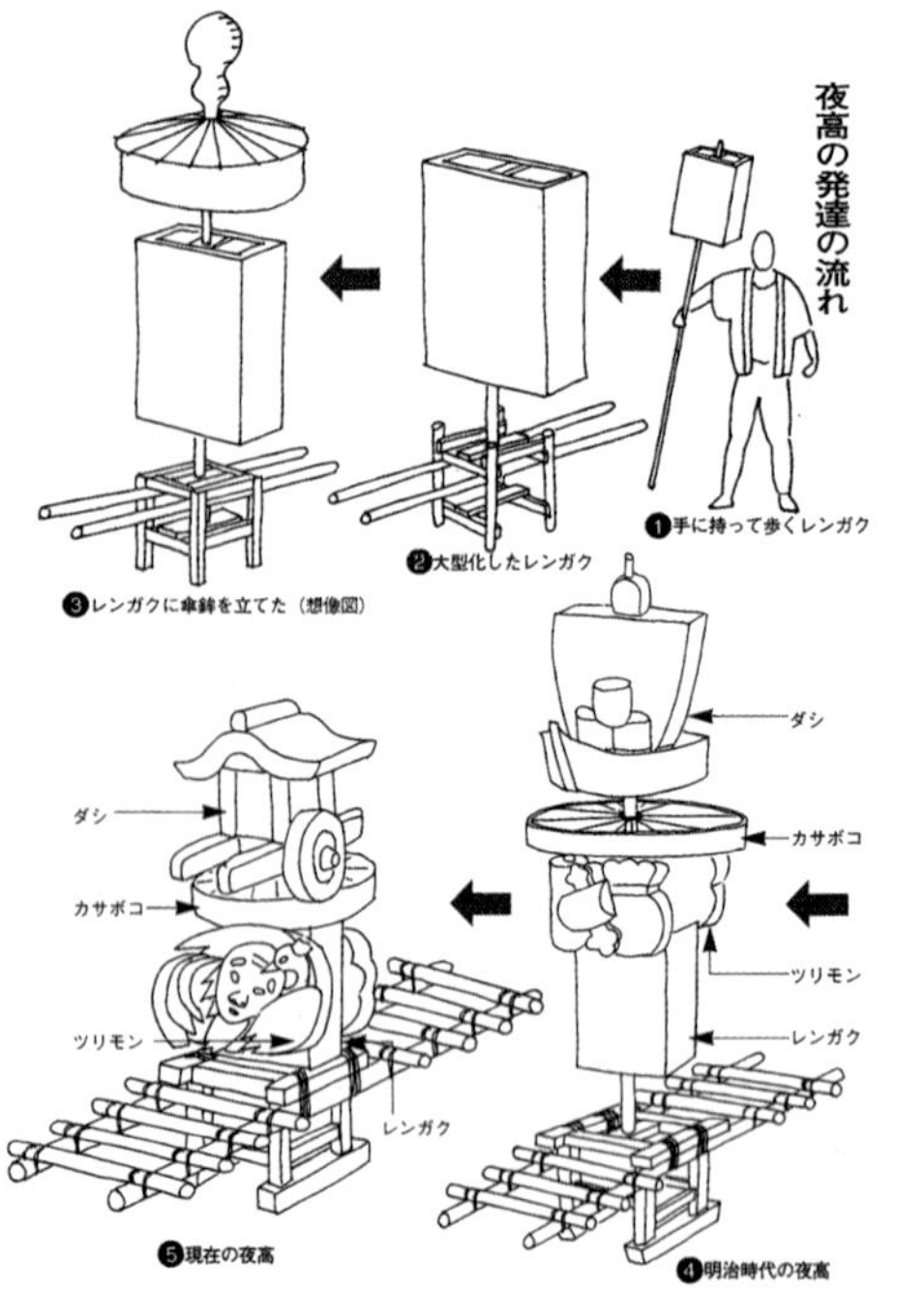

図３　夜高発達の流れ（宇野1997より）

達の推定図だが、シンプルな行燈で始まった夜高行燈は江戸時代に大型化し、明治期に高さ制限が設けられてから飾り物の行燈をつけるかたちで発展してきたと考えられる。

また大正の末から昭和の初めごろに、台の下に車輪がとりつけられるようになったことで、それまで引きずりながら担いで運行していた夜高行燈は、前の人が引き、後ろの人が押すものになった。また以前はろうそくで灯していたが、バッテリーに接続した電球で光らせるものに変わった。

対抗意識による発展

このような行燈の形・大きさの変化を促してきた原動力は何だっただろうか。おそらくは福野各町の他町に対する対抗心や競争意識が大きかっただろう。他町に対する対抗心から行燈は競って大型化が進められるとともに、優美さを競ってきたとみられる。

また引き合いと呼ばれる儀礼的喧嘩もおそらく同様に理解できる。かつて通りがもっと狭かった時代、大行燈がすれ違う際にしばしば接触して喧嘩となり、それが定式化して行われるようになってきたのだとみられる。明治中期の記録ですでに当時参拝順をきめるのが警察署で行われるなど大きな緊張関係があったことがうかがわれ、そのころから引き合いがあった可能性もあるだろう。ただし、一九五五（昭和三〇）年ごろまでの引き合いは今のように行燈の壊し合いではなく、自分の行燈につけた綱を引っ張って相手の行燈を担ぎあげたり押し戻したりするもので（そのため「引き合い」といった）、時間も三日未明から明け方にかけて行われていた。当然ながら見物人もほとんど地元の人にかぎられていた。それが警察の規制や各町の裁許の集まりで少しずつ取り決めがなされ、徐々に今日の形へ整えられ、大勢の人が見に来るようになってきた。いずれにしても引き合いも自町への誇りとその裏返しともいえる他町への競争心によって築かれてきたものであることはまちがいあるまい。

駆け引きの世界

ほとんど知られていないが、夜高行燈の練り回しは一見平穏に行われているが、じつは他町との駆け引きのなかで行われている。引き合いのように目立つものではないが、行燈を担う人たちにとっては威信にかかわることであったりする。この祭りの魅力のひとつといえるかもしれないので、以下紹介しよう。

すでに述べたように、上り行燈と下り行燈を構成する町は神明社との位置関係で決まっており、年によって変わることはない。しかし上り行燈と下り行燈のなかでの順番や立ち位置までは決まっていない。年によって変わるだけでなく、引き合い直前までじつは決まっていない。実際どこにも書かれていない。とはいえ、引き合いの順番や立ち位置は最も注目を集める引き合いの仕方に大きな影響のあるもので各町にとって抜き差しならない関心事である。端的に言えば、どの町も早く引き合いを行う順番（上り行燈）と立ち位置（下り行燈）につきたい。ではこれらはどのようにして決まるのだろうか。

毎年四月初めに開かれる裁許の集まりで各町の行燈が神明社に参拝する順が決められると述べた。しかしそれによって引き合いの際の立ち位置や順番が決まるわけではない。そうではなく、自町以外を練り回して銀行四つ角・上町通りに戻ってきた順で決まる。もちろん参拝を早く行い、他町を早く回り始めた行燈が早く戻ってくる可能性が高いことはたしかだが、他町を回り始める順と他町を回り終えて戻ってくる順が一致するとは限らない。つまり練り回しをしているなかで順番の逆転が起こる場合があるのである。そのため練り回しの際には他町（とりわけ同じ上りまたは下りの町）の行燈の動きに警戒するとともに、他町の行燈の動きに隙があれば、追い抜きを仕掛けるのである。とはいえ、これがあるのは引き合いが行われる二日目（五月二日）だけである。またその年の当番裁許の町の行燈は最初に参拝するだけでなく、最初に戻ってくる、つまり逆転されることはなく、最初に引き合いを行う順番・立ち位置が与えられるのが慣例となっている。他にも複雑なルールがあるため、実際に逆転が起こることはめったにない。行燈を練り回す人たち以外はほとんど気づくこともなく、逆転が起こっても目立つこともないが、当事者たちのメンツにかかわることである。一日目と二日目で練り回しの様子が同じでないのはこうした事情も関係している。引き合いの位置取り・順番をめぐって水面下で駆け引きがあることを知ったうえで二日目の練り回しを見れば、祭りの魅力はいっそう増すかもしれない(6)。

もちろん実際の引き合いも単に喧嘩の迫力を見て楽しむ以外に魅力はある。まず上り行燈にはほとんど接触を避けてすり抜ける戦略をとるのを基本とする町がある一方、反対にどこことも激しくやりあう町もある。このあたりはその町の伝統によるところもあるだろうし、その年の若衆頭らの意向によるところもあるだろう。実際のところは、内部の一部の人たちにしかわからないが、いずれにしても、町ごとに一様でないことはたしかで、見物客のなかにはそれを予想したり揶揄したりして楽しむ人もいる。また町立て当初の町から分かれて成立してきた新しい町は「あばれ行燈」といわれ、激しい喧嘩をする傾向があるといわれる。引き合いに勝ち負けがあるわけではないが、行燈が壊される程度に違いがあるのはたしかで、果敢にやりあい行燈を激しく壊したところが見物客からたたえられるのに対し、喧嘩を避けてばかりいると揶揄されがちである。

さらに、長年の引き合いのなかで築かれてきた町と町の関係性も引き合いの仕方に影響を及ぼしていることもある。ある町とは激しくやりあう一方、その同じ行燈が別の町とは通り抜けるだけだったりすることもあるからである。祭りの当事者はもちろん、見物に何度も足を運んでいる人たちのなかにはどの町とどの町は云々といった過去の出来事を思い起こして解釈を加えたり、予想しながら見物している人もいる。

引き合いの今昔

昔の引き合いは行燈がすれ違う際に綱を引いて行燈を担ぎあげたり押し戻したりする綱の引っ張り合いを中心としたものだったのが、その後行燈を壊すものに変わってきたことを述べた。昔の引き合いは行燈に乗る人は数名にすぎなかったが（大半の人は綱を引いていた）、今日の引き合いは一〇名以上の大勢の若者が台にのぼって相手の行燈を壊そうとする。

他にも、引き合いに参加するのは行燈を制作する各町の若衆（若連中）やそのOBであるが、昔からずっと同じだったかというと必ずしもそうではなかったようである。戦後しばらくは今よりもっと多数の大行燈がでており（たとえば横町はそのなかでさらに六つに分かれ、六本の大行燈を出したりしていた）、町内の若者ばかりでなく、その町とつながりのある周辺の農村の若者も人足で加わって引き合いが行われていた。これには福野の織物の町としての賑わいが背景にあった。戦後、福野は織物の町としては衰退し、夜高行燈も自町の人たちですべてまかなう七町の枠組みへと再編されてきた。昭和三〇年代から法被が着られるようになったのも町内の者であることを示すためだった。しかし平成になる頃から程度の差はあれ、担い手不足が起こるようになり、町民だけでなく、町とつながりのある外部の人たちも加えて行われるようになってきている。このあたりの担い手の変化も引き合いの仕方におそらく影響を及ぼしてきているだろう。

また各町を代表する大行燈以外の子供行燈が今日多数みられるが、これは昭和になってから多く登場してきたものである。子供行燈やふれ太鼓での女子の参加・活躍も重要な変化である。大行燈しかなかった時代の練り回しとはその意味や役割が変わってきていることは明らかだろう。近年の展開は他町に対する対抗心・競争意識だけで起こってきているものではない。

福野全体の祭りへ

町ごとの競争意識によって行燈が壮麗になるとともに引き合いが見ごたえのあるものとなり、福野夜高祭は大勢の見物客が訪れるものになってきたといえるだろう。今も町ごとの競争意識は当然あるが、これがすべてでは決してない。むしろ夜高祭全体を盛り上げていこうとする機運も見逃せない。

まず二〇〇〇（平成一二）年より文久の大行燈とよばれる高さ一二メートルをこえるかつて最も大型だった頃の行燈が有志により制作され、夜高祭を盛り上げるものとして毎年復元展示されるようになった。二〇〇七年から四月三〇日に前夜祭が行われるようになると、そのメインイベントとして文久の大行燈の練り回しが行われるようになった。

さらに二〇〇四年に福野夜高祭が県の無形民俗文化財に、また曳山祭の曳山が市の有形民俗文化財に指定されると、それまで二基だった曳山が二〇〇五年から四基出されるようになり、翌年からは現在のように銀行四つ角で曳山祭の開会式が行われ、そこで庵唄が披露されるようになった。二〇一五年からは屋台（庵屋台）も復活した。

また以前から夜高行燈は東京、名古屋、京都、神戸など各地に遠征してきたが、近年は二〇〇二年より伊勢神宮へ三回、二〇一一年にはフランス・リヨン市の「光の祭典」へ海外遠征を行い、さらに震災後の福島県南相馬市にも二〇一三年と二〇一七年の二度、相馬野馬追前夜祭に参加している。行燈を作り直して臨み、現地で練り回しを披露するが、復興を願う被災地への積極的な遠征活動が伝統の保存継承活動とともに高く評価され、二〇一七年末、日本ユネスコ協会連盟のプロジェクト未来遺産に選ばれた。富山県内からは布橋灌頂会に続いて二件目となる。

こうした背景には、福野町が二〇〇四年に南砺市に合併するころから今日の福野夜高祭連絡協議会が調整役として活動してきたことが大きいが、同時にその活動に対する町民の理解や支援があって進んできているものであることもたしかである。おそらく今後も福野の夜高祭全体をもりあげていこうとするさまざまな展開があることだろう。

神迎え神事としての夜高祭

このように長い歴史のなかでさまざまな変化が起こってきた福野夜高祭であるが、現在に至るまで人びとに強く受け継がれてきているものがある。

夜高祭は砺波をはじめ、津沢など砺波平野各地で広く見られるが、時期が福野の夜高祭のみ五月一、二日と他の夜高祭より一カ月以上早い。これはなぜだろうか。夜高祭は福野で始められ、それがよそに広がっていったとされるが、もしそうならば、なぜ時期がこれほど異なっているのだろうか。

すでに述べたように、伝承によれば福野夜高祭は福野の町立て直後に始まり、三六〇年以上行われてきた。始まったのは伊勢神宮の分霊を受けた使者を迎えに倶利伽羅峠へ行燈を灯していったことに由来するとされる。それが四月一日であったため、その故事にちなんで長く四月一日と二日に行われてきた。それが明治の改暦に際し、時期を変えないよう今日の五月一、二日に行われる形になったとみられる。他の地域では田植えの作業が一段落した六月の田休みの時期の祭りとして行われており、ここと時期や由来が異なっている。

福野の夜高祭は他の夜高祭と似たように見えても由来や目的が別のもので、自分たちの夜高祭は神事としての祭りだという意識を福野の人たちは強く持っている。この祭りは福野の人たちの重要なアイデンティティーを形づくるものとなっている。人びとのこうした意識はそれぞれの行燈にも現れている。昔ながらの作り方やデザインを継承し、大きく変えようとしない。奇抜なデザインやテクノロジーを駆使して人びとをあっといわせるようなパフォーマンスとしての行燈は福野夜高祭には皆無である。むしろ昔ながらのやり方を踏襲しながら時代にあったものを多少取り入れるというくらいである。これは夜高行燈が観光客向けのものではなく、福野の人たちのものであり、そして何より神様を迎えるものという意識が強く受け継がれているからであろう。

注

（1）福野では曳山のことをヤマと言い、軸という字で記すが、本章では曳山と記す。
（2）これら練り回す行燈と別に、展示用のミニチュアの行燈（ミニ行燈）も近年制作されており、祭り当日には上町通りのギャラリーや商店などで鑑賞できる。
（3）正確には本家と分家の関係にある上町と七津屋、浦町と辰巳町については、上町の後に七津屋、浦町の前に辰巳町という順は決まっており、日によって変わることはない。また御蔵町の順番も事実上固定されている。
（4）横町は町内に神明社があるため、例外的に祭り当日ではなく、事前に参拝を済ませておく。当日は自町を出発したのち、銀行四つ角→浦町→辰巳町→銀行四つ角→御蔵町→銀行四つ角→新町→七津屋→上町（すり替え・引き合い）→銀行四つ角→横町である。
（5）ただし五月一日でも天候が不順な場合は二日の短縮ルートで回る。
（6）上り行燈側の三町は回るルートがほとんど同じため逆転は事実上なく、逆転が起こりうるのは引き合いの際に下り行燈となる町のほうだけである。

参考文献

阿南透・広部直子、二〇一三「福野夜高行燈のリヨン遠征と「光の祭典」」『江戸川大学紀要』二三。

宇野通、一九九七『加越能の曳山祭』能登印刷出版部。

佐伯安一、二〇〇二『富山民俗の位相』桂書房。

長岡一忠、一九七〇『福野の夜高あんどん雑考』。

野原久仁、二〇〇三『船鉾』。

福野夜高保存会・福野夜高三五〇周年記念事業推進実行委員会編、二〇〇三『万燈』。

藤本武・野澤豊一編、二〇一六『伝統と現代が重なり合うまち：南砺市福野・井波・福光』富山大学文化人類学研究室。

生涯に一度、曳山の人形を家の座敷に飾る「飾り山」

第四章

城端曳山祭

—男たちの熱い想い

安カ川恵子

写真１　神輿のあとに続く曳山の列

富山の春は曳山の春、とでもいいたくなるような曳山祭目白押しの富山の四月から五月。四月末の石動に始まり、五月一日高岡御車山、一・二日の福野の夜高、三日八尾、五日城端、一五日伏木のケンカ山、一八日岩瀬など。とりわけ二〇一七（平成二九）年は城端に人々の注目が集まった。前年二〇一六年一二月に国連教育科学文化機関（ユネスコ）の無形文化遺産「山・鉾・屋台行事」に日本全国で三三件が登録され、富山県内からは高岡御車山と魚津のたてもん、城端の曳山がその中に入った。そして二〇一七年五月四日、城端曳山祭に合わせて、「全国山・鉾・屋台保存連合会」の総会が南砺市城端の伝統芸能会館「じょうはな座」で開かれ、文化庁長官から各祭り保存団体へ登録認定書が伝達されたのだ。全国の山鉾関係者四〇〇余名の出席があり、城端曳山祭も見学され、盛会であった。

城端曳山祭は五月四日の宵祭りと五日の本祭りの二日間にわたって行われる城端神明宮の神事である。四日には城端町の西南端に位置する城端神明宮から三基の神輿が市街地の御旅所（現在は「じょうはな座」）に遷座し、山町《やまちょう》六町の各町では曳山と庵屋《いおりや》台《たい》が各町の目抜き通りに置かれてライトアップされる。各町の曳山の人形（御神像）は、その晩「山宿《やまやど》」となった家の座敷に飾られ、「飾り山」として公開される。翌五日の本祭りには三基の神輿が各町を巡行する。神輿の先導として獅子舞、剱鉾《けんぼこ》、傘鉾《かさぼこ》などが行列し、さらに神輿のあとを六基の庵屋台・曳山が供奉する形をとる（写真１）。曳山の上には、前日山宿に飾られていた御神像が移されており、庵屋台では若連中の庵唄《いおりうた》が披露される。

富山県内だけでなく全国各地に曳山祭は多いが、城端曳山祭は次のような点に特徴がある。

１、神輿と共に獅子舞・剱鉾・傘鉾・曳山・庵屋台がセットで巡行すること、

2、宵祭りには、神様とみなされる曳山の人形が「山宿」と呼ばれる民家に飾られること、
3、若連中による庵唄が、「所望《しょもう》」する家の座敷の前で披露されること、
などである。

本稿では以上の点に留意しながら城端曳山祭を紹介したい。

城端曳山祭の舞台　南砺市城端

この祭りの舞台である富山県南砺市城端は、富山県の西部、散居景観で知られる砺波平野の南端、越中五箇山の山麓に位置する。歴史的には、一五五九（永禄二）年に浄土真宗善徳寺の寺内町《じないちょう》として開かれ、門前町であると同時に市場町として発展してきた町である。背後に位置する五箇山で生産される生糸を原料とした絹織物業を中心として、元禄期（一六八八〜一七〇四）に大いに繁栄し、この絹織物を媒介として古くから京・大坂などの上方や江戸と結びついていた。この町人の豊かな経済力を背景に、城端神明宮の祭礼として始まったのが城端曳山祭であり、その時期は享保初年（一七一〇年代）のこととされる。

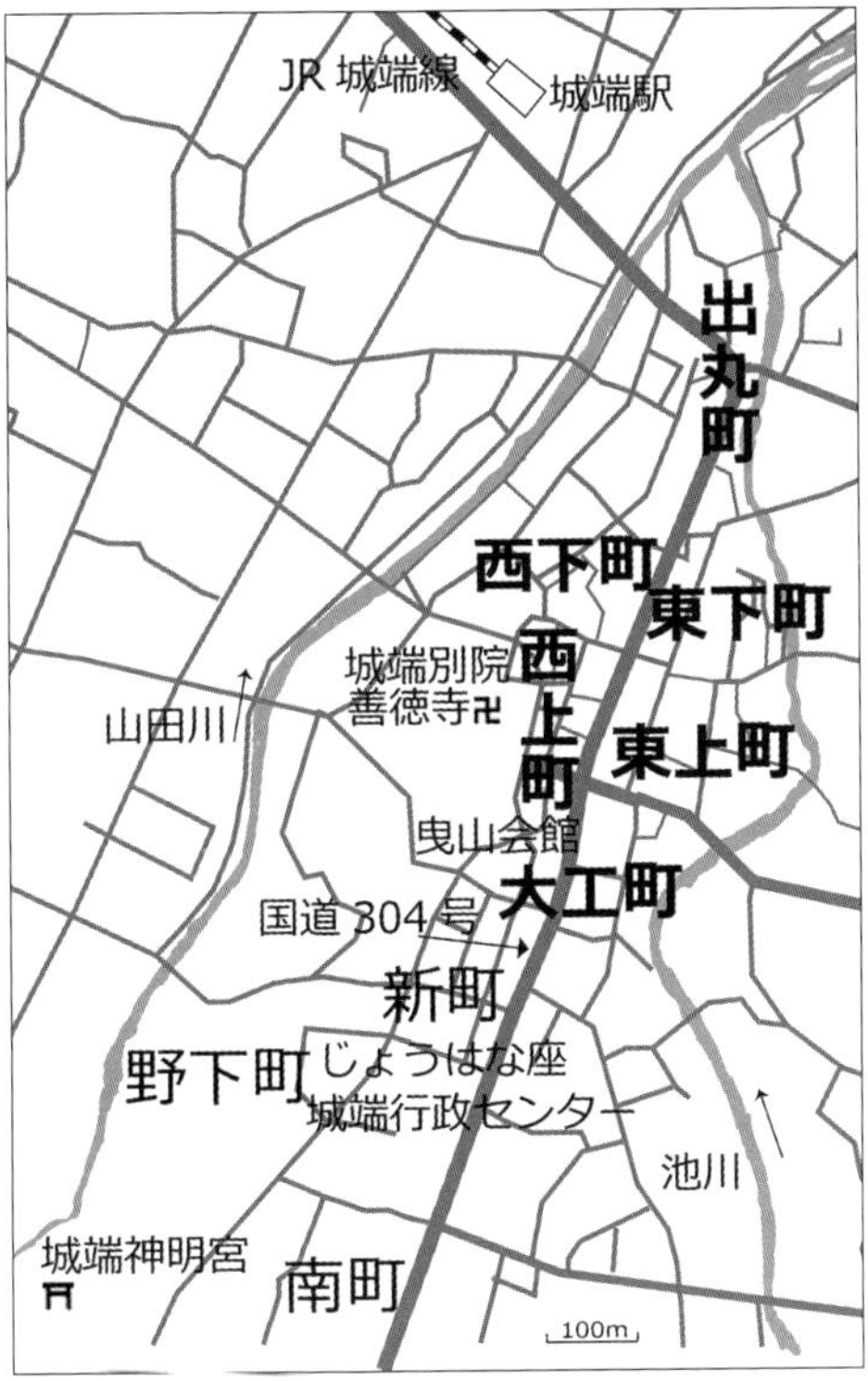

図1　城端曳山祭の舞台（太字は山町）

城端にはほかにも宮はあるが、この曳山祭に参加するのは城端神明宮の氏子町で、具体的に

は西上町・西下町・東上町・東下町・出丸町・大工町・新町・野下《のげ》町・南町の九町である（図1）。このうち、曳山と庵屋台を持つのは西上町・西下町・東上町・東下町・出丸町・大工町の六町であり、これらをまとめて「山町」という。これらの町々は古くから城端を形成してきた中心となる町といっていい。この山町の六町に、新町と野下町を加えた八町は傘鉾を持つ。新町はほかに劍鉾も持つ。野下町は南町とともに獅子舞でも参加する。

このように、城端曳山祭は氏子各町がそれぞれの町の出し物をもって参加する祭りである。

五月四日　宵祭り

この日、城端神明宮では春季大祭が執行され、境内の神輿堂から一年ぶりに引き出された神明・八幡・春日の三基の神輿が、市街地の御旅所へと遷座する。かつては新町と野下町が交替で、それぞれ所定の場所に仮設の御旅所を設営していたが、二〇〇六（平成一八）年にじょうはな座ができてからは、そこが御旅所となっている。三基の神輿がじょうはな座ステージ上に安置され、獅子舞が奉納される。敬神会の理事による玉串奉奠《ほうてん》、宮司の祝詞奏上、少女四人による「浦安の舞」奉納と続く。一連の神事が終了すると、紋付・袴の各町の若連中が庵唄を奉納する。一町ずつ登壇し、その年の庵唄を披露する。

四日の午後、神明宮側ではこのような神事が行なわれる一方で、山町の町内では朝から曳山巡行にかかわる準備が進められている。

一九八二（昭和五七）年に開館した城端曳山会館には、毎年三町内三基ずつの曳山と庵屋台が展示されている。そのため、その年に展示されていた曳山と庵屋台は、この日それぞれの町内へ返される。それ以外の三町の曳山と庵屋台、人形などは、それぞれの町の山蔵に分解してしまわれているので、山蔵から引き出して組み立てられる。庵屋台は若連中、曳山は壮・老年層の男たちが担当する。

曳山の上に飾られる人形だけは山宿となる家へ運ばれる。城端の人々はこの人形を「御神像」と見なしている。そのため町内でもごく限られた担当者だけが組み立てに関わる。区長経験者や長老などである場合が多い。さらにその作業時には、まわりに屏風を立てて一般の人からは見えないようにする。それほど御神像は神聖視されている。

組み立ての終わった曳山と庵屋台は、夕方にはそれぞれの町内の駐車場や通りの片隅に置かれ、ライトアップされる。一般民家や商店にも家紋の入った祭りの幔幕が張り巡らされ、提灯も吊るされる。こうして町全体が祭りの雰囲気となる。

山番は一生に一度の男の栄誉

五月四日の宵祭りの晩、「御神像」は民家の座敷に飾られる。御神像を預かる家のことを「山宿」といい、その家の主人を「山番」という。御神像を座敷に飾り付けて一般の人々に公開することを「飾り山」という。

山宿になった家の主人は、誰もが一生に一度の栄誉ととらえ、少なくとも一年前から準備に取りかかる。どのような飾り付けをすれば山宿としてもっともふさわしいものになるか、経験者に聞いたり、業者と相談したりと、さまざまに工夫をこらす。それに応じて家の内部を改装したり、調度品の手配なども行なう。

山宿のしつらえは次のようである。

当日はふすまや障子を取り払い、できるだけ広い一続きの座敷を作り、左右の壁面には金屏風もしくは絵屏風を立てまわす。神様である御神像を最も奥まった所に安置し、酒・魚・赤飯・野菜などをお供えする。そして、前面には大きな生花、たとえば香りの良いホオノキを大ぶりの枝ごと生ける。こうして夕方には「飾り山」として一般の人々に公開する（章扉写真）。

城端の男たちは、この栄誉に際して、日頃の感謝の気持ちから親戚縁者や今までお世話になった人々を招待して、飾り山を見てもらい、料亭で宴を催す人が多い。御神像と共に一族で記念撮影をし、一生の記念として額に入れて座敷に飾っている人もいる。

そしてその晩、主人は御神像の前で一夜をすごす。身を清め、真新しい下着・着物に身を包み、布団を新調する人もいる。寝る前は特に火元には気をつける。「神様の番をする」という意識が強く、緊張からほとんど寝られないという。

誰が山番となるか

毎年、誰が山番になるかを選ぶのはそれぞれの町の区長や協議員などである。もちろん本人の希望も入れられるが、各町では、その家の主人の年齢や人望、経済力、社会的地位、曳山の巡行順や順路なども勘案して、その年の山番を選ぶ。一般的には、家を新築したり、祝い事があったりした家が選ばれることが多い。年齢的には還暦がひとつの目安とされているが、それぞれの家の事情により三〇代、四〇代で引き受ける人もある。どの町も三～六年先までほぼ決めている。

区長から打診されても、実際に山番を引き受けるにはそれなりの覚悟がいる。経費がかかるのである。かつては座敷すべての畳を入れ替えることが慣習になっていたが、今では御神像の下二畳分だけでいいという町内も出てきた。といってもせっかく神様に来ていただくからには失礼なことはできないと、それぞれの人が精一杯のしつらえをする。普通は二、三十万円から百万円、中には数百万円をかける人もいる。

城端に生まれた男である以上、一度は山番をつとめなければならないと、ある程度の年齢になると多くの男たちは覚悟するという。父親がするのを見て自分もいつかはと自覚する。町内の戸数が四〇戸なら四〇年後、三〇戸の町なら三〇年後というふうにだいたい決まってくる。ある家では、一九三二（昭和七）年に祖父が、それから四二年後の一九七四年に父親が、さらに三七年後の二〇一一（平成二三）年には本人がつとめた。二〇五〇年頃が息子の番になるだろうと予測している。

町内で適当な人が見つからない年には、他地区へ出て行った人に山番を依頼することもある。後述するように、国道拡幅により戸数減少が著しい出丸町の場合、二〇一六・二〇一七年と二年続けて他地区へ出て行った人に山番を引き受けてもらったという。さらに、もともと城端に生まれた人ではないが、一時期だけ山町に住まいしていた人に依頼した町もある。このような人たちには公民館を利用して山番をつとめてもらう。それでも、どうしても引き受け手のない年や、予定していた家に急に不幸があった場合などは、公民館や空き家を利用して、町内全体で共同して山宿を行なうこともある。これを「町内山番」という。また、自分の家が曳山の通る順路にない時にはよその家の座敷を借りたり、公民館を利用したりすることもある。これも立派な山番である。

このようにさまざまな方策を講じて、山町六町では毎年飾り山を行なっている。

なお、毎年行なわれる飾り山の場所は、現地で配布されるパンフレットに書いてあるので、観光客も問題なく見に行くことができる。

五月五日　本祭り　獅子舞・神輿と庵屋台・曳山

五月五日の本祭り当日は、朝早くから、各町では山宿に飾られていた御神像を曳山の上に移し、巡行の準備を整える。庵屋台と曳山は神輿行列のあとに続くのが原則であるが、実際にはそのようにはならない。獅子舞・神輿組と庵屋台・曳山組は最初から別々に出発する。曳山は大きな通りしか移動できないので、その経路は自ずから決まってくるが、神輿や獅子舞は小さな通りへも入り込むことができるという違いもある。しかしそれよりも、庵屋台・曳山組が受けている「庵唄所望」の数はほぼ四〇〜五〇だが、獅子舞・神輿組が受ける「御神楽料献納」の数は二五〇〜三〇〇軒もあるという違いのほうが大きい。庵屋台・曳山の行列は、午前九時半に善徳寺前の通りに並び出発するが、獅子舞・神輿組はそれより前、午前八時半過ぎにはすでに各町へ出発している。露払い役の獅子舞、劔鉾、各町の傘鉾を先に、子供神輿と三基の神輿が行列する。あらかじめ納められている「御神楽料献納」の家々を順々に廻り、各家の前で神職が除災招福を祈祷する。

写真2　所望宿・庵屋台・曳山（写真提供：城端曳山会館）

庵唄を座敷で聞く「庵唄所望」

庵屋台と曳山は、あらかじめ決められた順路を一緒に巡行する。庵屋台はお囃子をかなでながら道行きし、「庵唄所望」の家（「所望宿」という）の前で止まって庵唄を披露する。曳山はそのあとに続く（写真２）。

庵屋台とは、江戸時代の京・江戸の代表的な料亭や茶屋などの模型（「庵《いおり》」と呼ばれる）の下に枠組（「重《じゅう》」と呼ばれる）を設けて、回りに水引幕を垂らした屋台のことである。「庵」の部分は町ごとに異なる。たとえば西下町のものは江戸新吉原の揚屋《あげや》を、大工町のものは在原業平《ありわらのなりひら》の別荘六条河原院を、それぞれ模したといわれる。二階建て・平屋建て・料亭造り・数寄屋《すきや》造りなど、それぞれの町で工夫を凝らして作り上げてきたものである。

水引幕で囲われた重の中に、三味線三・四人、太鼓一人、篠笛二・三人の囃子方と唄い手三・四人の合計八〜九人が入り、お囃子をかなでながら練り歩く。交代要員の若者がその廻りにつく。

前もって、庵唄を聞くことを希望した「庵唄所望」の家では、通りに面した座敷に簾《すだれ》が垂らされており、あらかじめ若連中から案内された時間が近づくと、簾が巻き上げられる。座敷内は、屏風をめぐらせて山宿に準じたようなしつらえがなされ、主人夫婦や招待された親戚縁者などが正装して若連中を待ち受けている。まず、若連中の代表が主人に挨拶し、その日披露する庵唄の歌詞の書かれた短冊を手渡す。先頭の当番町の代表は、その年披露される六町の庵唄が録音されているＣＤとパンフレットを渡す。挨拶が終わると、庵屋台が近づいてきて座敷の前に横付けされ、幕を垂らしたままの屋台の中から、その町のその年の庵唄が披露されるのである。座敷の中では、並べられた座布団に正座した主人夫婦や招かれた客たちが、その声にじっと耳を傾ける。

一曲が終わり、庵屋台が座敷を離れると、今度はギュウギュウと車輪をきしませて大きな曳山がゆっくりと座敷の前を通り過ぎてゆく。そしてまたしばらくすると次の町の若連中の挨拶があり、引き続き庵唄が披露され、さらに曳山が通り過ぎて行くのを見送るという順になる。

このようにして、六町全部の庵唄を耳で聞き、きしりながら動いてゆく六町の曳山を目の前で見てゆっくりあじわう。これが「庵唄所望」である。

庵屋台の中へ入り庵唄を披露する若連中

このような庵唄を担当しているのが山町各町の「若連中」である。

「若連中」は山町に生まれた若者の男たちから成る。各町によって事情は異なるが、学校を卒業した町内の男性のほとんどが入る。かつては三五歳までという年齢制限があったが、徐々に延長して四二歳まで、四五歳までとなり、今ではその年齢を卒業してもOBとして応援参加している人が多い。三味線をひき、太鼓をたたき、篠笛を吹き、庵唄を唄うためにはどうしても一〇人、さらに交代要員も含めると一五人前後の人数が必要となるからである。町内の男だけではこれだけの人数を確保できず、町内から他所へ引っ越した人や、職場の同僚、嫁いだ娘の婿など、興味関心のある他地区の若者が参加している町もある。メンバーは常に不足気味だが、どの町も女性は入れない。

若連中に入って何を担当するかは、本人の希望による。ある若者は、中学生のとき、「ふるさと研究会」で三味線を練習していたので、本当は三味線をひきたかったけれど、個人で買わないといけないといわれ、お金がかからない唄にしたという。また、ある若者は、自分の声が低いことから、高い声を出すことが必要な唄はできないので笛にしたという。こうしてそれぞれの役割分担が決まる。

各町にはそれぞれの持ち唄として一〇〜一七、八曲がある。その年の祭りに何を唄うかは、各町の若連中の会長が師匠に聞いて正月初めごろに決める。それを連合会へ持ち寄って、それぞれの町の唄が重ならないように決定する。練習は、寒稽古として、二月から三月にかけて四、五日〜一週間くらい、中稽古《なかげいこ》として三月に四、五日、そして、祭りの二週間ほど前から本稽古にかかる。公民館や会長の家に集まり、師匠やOBから指導を受ける。このほぼ一月《ひとつき》足らずの練習で本番にのぞむのである。

城端で唄われている庵唄は、歌謡曲や演歌などの音楽とは異なり、リズムが非常にとりにくい。しかも男にとっては音程が高い。しかしだれもが、ほかの人の足を引っ張ることのないよう、他町に負けないよう、祭りの日まで死にものぐるいで練習する。人によって異なるが、屋台の中に入ってほかの人と一緒にやっていけるようになるまで三年はかかり、さらに一〇年ほど唄い込んではじめて慣れ、二〇〜三〇年たってようやく味わいがわかるようになるという。それほど庵唄はむつかしい。しかし、ある若者は言う。「城端にいて庵唄もできんようでは男がすたる」と。城端に男として生まれた以上、若連中に入って庵唄を担当することは当然であるという意識が強い。

「庵唄所望」の希望取りも若連中の仕事

若連中は唄うだけではない。庵唄を聞いてもらう「所望」の希望をとって回ることも大事な仕事である。ほぼ毎年決まっている「所望」は、山宿六軒、町内会長六軒、庵唄保存会長はじめ有力会員三、四軒、市会議員四、五軒、銀行や有力企業八〇〜九〇軒などである。城端町内の企業はもちろん、城端とかかわりがあるような他の市町村の企業へも頼みに行く。また、家の新築、子どもや孫の結婚、子どもの誕生など、めでたいことがあった家などへも依頼にまわる。

一日にできる庵唄披露は最大で五〇回であるが、所望そのものはだいたい一一〇〜一二〇軒はお願いして集めてくる。庵唄所望のための宿を「所望宿」というが、曳山の巡行順路に面しており、それなりの座敷の造りを持っている家であることが必要なので、ほぼ毎年お願いする家は決まってくる。曳山巡行の時間帯を考えて、なるべく依頼主の希望に添うようにそれぞれの所望宿を手配する。複数の依頼主に集まってもらい、一軒の所望宿で一緒に聞いてもらうことになる。

以上のように、若連中に課せられる仕事は多い。若者の中には自営業の者もいるが、多くは勤め人である。忙しい人は庵唄の練習日さえ出られないこともある。それでも、ほとんどの若者が若連中に入っている。そして必死に与えられた責務をこなしている。

この情熱の元は何ですか、との問いに、ある若者は「熱くなれるから」と答えた。だれもが「今、自分が引き継いでいかなければなくなってしまう」という危機感を持っている。しかしそれ以上に、ある一定の期間、仲間と共に師匠の厳しい指導に耐え、祭り当日、真剣に耳を傾けてくれる人々の前で練習の成果を披露し、観光客からの熱い視線を感じながら町内を練り回ることに、それなりの誇りを持っている。そして、その気持ちの頂点は「帰り山」の時にやってくるという（後述）。

絢爛華麗な曳山を作り、支えてきたのは城端の職人たち

曳山の創始は一七一九（享保四）年とされるが、当初から今のような形であったのではない。今に至る三〇〇年の間に、改造・増築・修復を繰り返して今日見られる絢爛豪華な曳山になったのである。人形はすべて城端の人形師荒木和助（一八世紀中頃～後期に活躍）が作ったものであるが、ほかにも大工・指物師《さしものし》・彫刻師・塗師・絵師など、多くの地元の職人の協力のもとに、曳山は維持されてきた。各時代の改造は、城端塗の蒔絵師である歴代の小原治五右衛門が仕切っていたといわれる。城端の人々の誇りは、三〇〇年の曳山文化の多くを、地元城端の職人が支えてきたという点にある。

この「動く芸術品」である曳山を、かつての狭い路地や坂の多い城端の町を安全にかつ破損しないように曳き回すため、ちょっとした仕掛けが施されている。たとえば、曳山の屋根は、左右の軒をせり上げるか、折り上げるなどして屋根幅を縮めることができる。また、屋根を支える四本柱の根元の穴に「ゆとり」があり、屋根全体を二〇～三〇センチ

も傾けることができる。急な坂道の上り下りや回転の際、重心のバランスをとるための工夫である。このように臨機応変に操作するため、巡行中は必ず四本柱に一人ずつ専門の大工がついている。

曳山を曳く法被姿の男たち

山町の男たちは紋付・袴で曳山の前後を供奉し、若者たちは庵唄で手一杯である。曳山も庵屋台も、曳くのはすべて人足として頼んでいる他地域からの男たちである。各町そろいの法被に地下足袋、鉢巻きを締めて曳山を曳く（写真3）。一つの町の曳山と庵屋台を曳くのに、三〇～四〇人（曳山に三五、六人、庵屋台に四人）の人足が必要である。かつてはどこの町はどこの村部の人々に頼むということがほぼ決まっており、必要な人足を手配する人足頭がいたが、今ではそのようなことはなくなった。どの町もそれぞれ独自の方法で人集めを行なっている。従来のように村部に依頼している町、職場の仲間や他町の同級生などを頼んでいる町もある。珍しいところでは、城端を訪れた観光客が曳方を希望し毎年来ている人もいる。また、数年前に城端を舞台としたアニメを制作した会社の社員が、それを機縁に曳方として参加している町もある。

写真3　曳山を曳く男たち

「提灯山」と祭りの最後を飾る「帰り山」

曳山と庵屋台の行列は、朝、善徳寺前を出発して曳山の通れる道はことごとく巡回し、夕方、出丸町の坂を下ったところでUターンして再び上ってくる。そこからのちは提灯山となる。城端の提灯山は伏木や八尾と異なり、曳山に四〇

写真４　夜の提灯山

から五〇の弓張り提灯を差し込むだけである。曳山が動くと、暗闇の中にいくつもの提灯がゆらゆら揺れて格別な風情が生まれる（写真４）。

これらの行列は、午後一〇時頃には城端行政センター前で勢揃いする。ここで、各町の山宿をした山番は曳山に上がり、御神像の正面に座って前を向く。高い曳山の上に座り、下から見上げている多くの観光客や近所の人々を見るのは、それはなんとも言えない気持ちだという。「城端に生まれてよかった」「山番をやってよかった」「もういっぺんでもやってみたい」とさえ思うという。

また、若連中たちの庵屋台では、それまで覆っていた水引幕をあげ、初めて若連中が顔を見せる。若者たちは、寒稽古から始まって、中稽古、本稽古と、この祭り当日の本番に備えて必死に練習してきた。そして今、ようやく長い一日が終わりに近づいている。どうやら今年も無事につとめることができたと安堵する瞬間である。なかには気持ちがいっぱいになり涙を流す者もいるという。

曳山は車輪をギュウギュウきしませて、庵屋台では囃子をかなでながら、それぞれの町内へ帰って行く。これが「帰り山」である。こうして祭りは終わる。

城端曳山祭は町内最大の大仕事

城端の山町にとって、町内最大の仕事が曳山祭執行である。神事を担当する敬神会の役員も、曳山を担当する曳山連合会の役員も、ほとんどが町内会の役員と重なる。経費的にも、町内予算のほぼ半分以上が曳山祭関係である。また、直接の曳山祭の支出だけでなく、どの町も曳山や庵屋台の修理費を特別会計として積み立てている。二〇〇二（平成一四）年に国の重要無形民俗文化財に指定されてからは、国から五割、県と市からそれぞれ二割の補助があり、所有者負担は一割になった。それでも修理費そのものが数百万円から、ものによっては数千万円になることもある。文化財指定以前は、ちょっとした破損は手前で修理していたが、文化財に指定されてからは安易な補修は厳禁された。すべて市へ申請し、専門家による保存修理委員会にかけ、緊急性のあるものから計画的に修理しなければならなくなったのである。

町並み整備と世帯・人口の減少

城端の中心街が現在のような広々とした国道沿いに見られる町並みになったのは、実はそんなに昔のことではない。市街地を南北に貫く国道三〇四号線は、かつてはせいぜい幅員五メートルで、おまけに交通の要所にクランクがあり一方通行に規制されているところもあった。一九九五（平成七）年に幅員一七メートルの国道改良事業が決定され、二〇〇五年度まで一〇年間を費やして国道拡幅と、それに伴う商店街の大改造がすすめられた。

その結果、道路は広くなり、店舗が近代化してすばらしい町並みに整備されたが、世帯・人口の減少には歯止めがかからなかった。山町六町の合計世帯数と人口は、取り壊しの始まる直前の一九九七年には、三〇五戸、一〇四七人だったが、拡幅工事終了後の二〇〇五年には二六一戸、七六九人、さらに、二〇一七年には二一四戸、五六七人となった。世帯数では一九九七年の七割、人口ではほぼ半分になってしまった。

六町のうちもっとも大きな影響をこうむったのが出丸町である。この町は細長い段丘上に立地していて、国道の拡幅により多くの家々は移転を余儀なくされた。世帯の減少率は六町の中でもっとも大きく、一九九七年の六〇戸から二〇一七年には三〇戸へ半減した。

現在の城端にはこのような厳しい現実がある。

城端曳山祭にかける男たちの熱い想い

どこをみても曳山祭をめぐる状況はきびしい。しかし、城端の男たちには曳山祭にかける熱い想いがある。

「城端に生まれて庵唄も唄えんようでは男がすたる」と語った若者。

「帰り山」の時、御神像を背にして「城端の男に生まれてよかった」としみじみ思ったという山番経験者。

「城端の町から祭りとってしもたらなんか残るもんあるけ」

「曳山祭は城端の誇り、町のみんなの力のもとや」

「祭りがあるから町内が団結できる、仲良くできる。負担でもあるが喜びでもある」

「秋のむぎや祭りはやめる町もあるが、曳山祭はどこの町もやめるとは決して言わん」

「曳山祭は単なるイベントではない。伝統ある「神事」だ。だからやめれん」

話を聞いただれもがこのような言葉を口にする。

実は、町内で会合があるたびに人々は、「こんなもん、いつまで続くこっちゃ」と口々に言う。けれどもそう発言した本人でさえ、本当に祭りができなくなる日が現実に来るとは決して思ってはいない。

曳山会館の山下茂樹館長は言う。「みんな口では危機的なことばかり言うが、本当に自分たちの代でこの祭りを途絶えさせることができるか。人は本当の危機に陥ったときには必ず何らかの行動を起こすことができる、そう信じている」と言い切る。

実際、全国の山鉾連合会の会合でも毎年のように存続の危機が叫ばれている。しかし、どの町も知恵をしぼってどうにか祭りを存続させている。特にこの城端の祭りは、全国に数ある山・鉾・屋台の祭りの中でも、特に、情緒豊かな山宿と、若者たちによる庵唄という伝統文化が継承されている。この貴重な祭りをなくすわけにはいかない、そんな男たちの心意気が城端にはまだまだいっぱい詰まっている。

参考文献

岩間香・西岡暢子編、二〇〇八『祭りのしつらい　町家とまち並み』思文閣出版。

金子千章・細川健太郎、一九八七『端唄の流れる里　城端曳山祭と庵唄』桂書房。

河合恵子、一九八五「城端曳山祭」『砺波散村地域研究所研究紀要』第二号。

城端町史編集委員会編、二〇〇四『城端町の歴史と文化』。

城端曳山史編纂委員会編、一九七八『城端曳山史』。

竹内潔編、二〇一二『平野の小宇宙　富山県南砺市城端の生活文化』富山大学文化人類学研究室。

南砺市編、二〇〇五『城端町　行政史』。

五箇山の祭り

五箇山は富山県南砺市南部の山岳地域、旧平・上平・利賀村の三村を合わせた中世以来の地名である。庄川・利賀川・百瀬川の三河川沿いに七〇の集落が点在し、豪雪・高冷地ならではの文化が育まれてきた。

村々の中で中心的な役割を担ってきた下梨地区では、古くから九月二三・二四日の地主神社の秋季祭礼日に、住民がこぞって麦屋節を唄い踊る習慣があった。昭和四〇年代までは、地元住民や帰省者だけの楽しみであったが、道路整備が進んだ一九七九（昭和五四）年からは、観光客にもこの祭りが開放されることとなった。現在は「五箇山麦屋まつり」と称し、獅子舞奉納や、五箇山及び白川の民謡保存団体の競演が実施される。また、麦屋節のど自慢コンクールや笠踊りコンクールも開催され、郷土芸能の保存・伝承に一役買っている。

翌二五・二六日は、南隣の上梨集落にある白山宮の祭礼日となり、境内で「こきりこ祭り」が開催される。江戸時代の刊本『北国奇談巡杖記』[1]には「毎仲秋のころ、こきりこ踊りといへるを催す」とあり、こきりこの歌詞が紹介されている。また『二十四

図1　『二十四輩巡拝図会』「筑子躍」（富山大学附属図書館所蔵）

輩巡拝図会』[2]には、「筑子躍」と称して多くの民衆が踊りに興じる光景が描かれている（図1）。月日が流れ、昭和初年にはこの唄や踊りが忘れ去られた存在となってしまったが、かろうじて唯一の伝承者が見つかって採譜に成功し、以来さまざまな場面でこきりこ節が披露されるようになっていった。そして、一九七四（昭和四九）年から、往時の賑わいを再現すべく「こきりこ祭り」が開催されるようになった。現在は社殿での獅子舞・こきりこ踊り奉納のほか、舞台では五箇山民謡の競演なども行われ、五箇山の秋の風物詩となっている。

このほか「五箇山和紙祭り」「利賀の山祭り」「利賀そば祭り」でも五箇山民謡の競演や「石かち」「丑曳き」など民俗行事の再現が行われ、伝統文化の保存・伝承が図られている。

（浦辻一成）

注

（1）鳥翠台北茎著、一八〇六（文化三）年。

（2）了貞著、竹原春泉齋画、一八〇三（享和三）年。

山と山をぶつけあうかっち

第五章

伏木曳山祭

―熱狂と信仰と

谷部真吾

写真１　伏木の山（花山車）

写真２　伏木の山（提灯山）

五月中旬。晴れると日中は汗ばむような陽気になるが、日が落ちるとまだ肌寒さを感じるころである。そのような季候の中、北陸の人々を熱狂させる祭りが、高岡市の海沿いの町で行われる。それが「けんか山」とも称される、伏木曳山祭である。この祭りでは現在、七台の山《やま》が引き回される。[1] 伏木の山は、きわめて興味深いことに、昼と夜とでその様相が大きく異なる。昼は高岡の御車山のような外観をしており、この状態を「花山車」と呼ぶ（写真１）。夜は四面とも提灯で覆われた姿となり、「提灯山」という（写真２）。筆者は、この祭りの調査を二〇一一（平成二三）年から続けている。そこで、本章では、伏木曳山祭の特徴について述べていきたい。

伏木曳山祭の概要

（一）地区と神社

高岡市伏木地区は、市内を流れる小矢部川の河口部に位置している。ここは、古くから港町として栄えた。特に近世期には北前船の寄港地であったことから、大きな廻船問屋が現れ、大いに繁栄した。伏木曳山祭は、この地区中央部の小高い丘の上に鎮座する伏木神社の春祭りである。天照皇大御神と豊受大御神を祭神とする伏木神社が、その名で呼ばれるようになったのは一八八三（明治一六）年からのことである（京谷一九四九：一〇四）。それまでは「伏木神明社」と呼ばれていた。また、社伝によると、この社はもともと、現在地よりもさらに海岸近くに鎮座していたようである（尾崎一九三六：一八―一九）。しかし、海水によって社地が浸食されたため、三度遷座し、現在地にいたったという。三度目の遷座は一八一三（文化一〇）年九月二四日であったとされている。

（二）祭日と山

伏木曳山祭は、毎年五月一五日に実施される。この日程で山が引き回されるようになったのは一九一七（大正六）年からであり（京谷一九四九：一四九）、それまでは九月二五日の秋祭りに山を出していた（正和一九九八：一三）。もともと秋祭りに出していた山を、春に引き回すようになった理由について、直為範は、前年の秋祭りの際にコレラが発生したことと、九月下旬には雨の降る日が多かったことをあげている（直一九六八：三九）。

山は、本町、上町、中町、寶路《ほろ》町、石坂町、湊町、十七軒町より

図１　伏木曳山祭の舞台

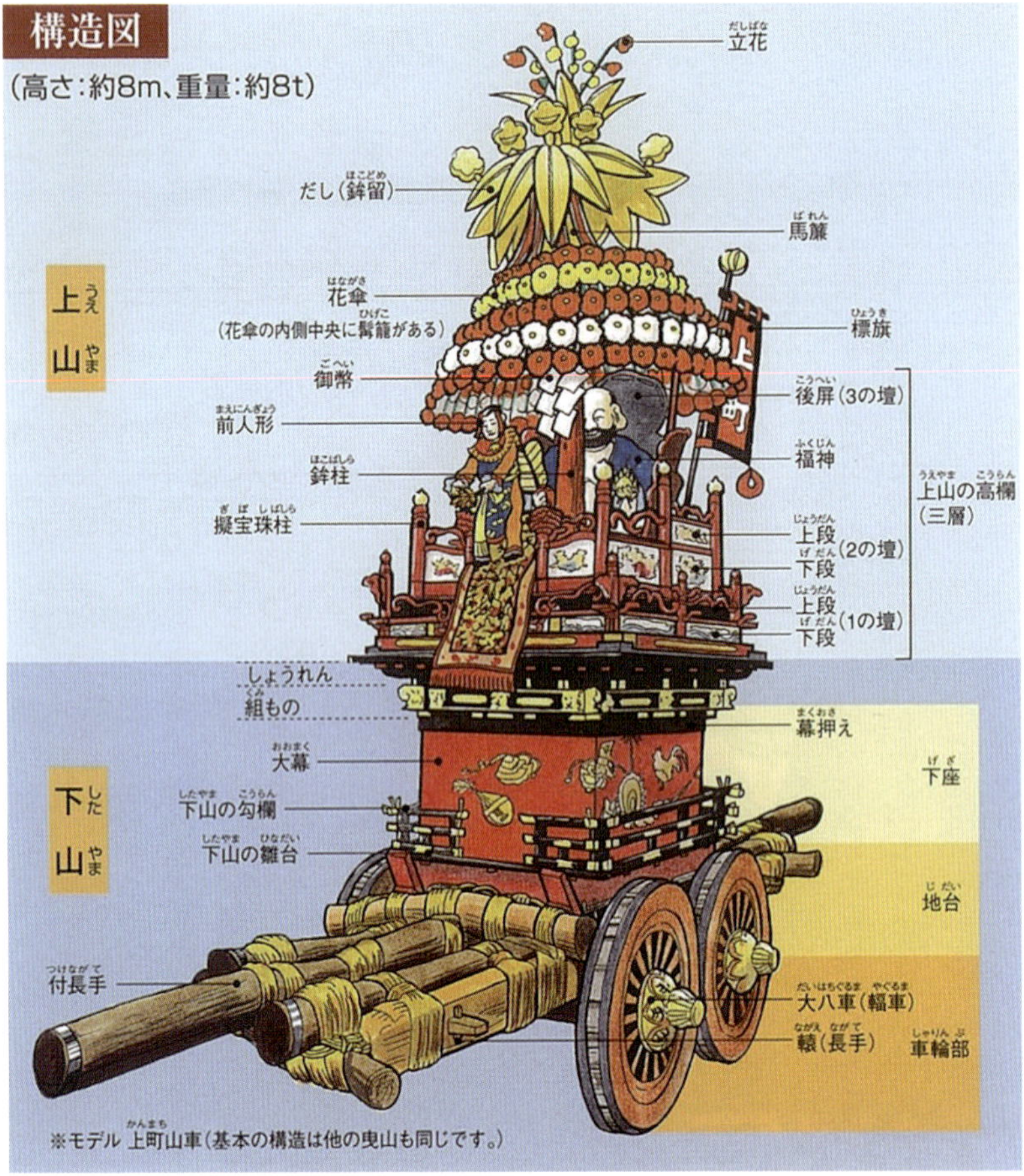

図2　山の構造（高岡市観光交流課2017より。高岡市の許可を得て掲載）

一台ずつ出される（図1、本図は町内のおよその位置をわかりやすく示したものに過ぎない）。このうち、十七軒町の山は、一八八〇（明治一三）年の火災により焼失したものの（正和一九九八：三〇）、二〇一五（平成二七）年に再建された。但し、明治の火災の後、十七軒町という町内自体が消滅してしまったこともあり、再建された山を担う人々がおらず、現在のところ他の六台の山から応援を頼んで人員を確保している。さらに、山に関していうと、石坂町と湊町の山の建造は遅かったとされている。両町は新開地であったため、他の町内よりも成立が遅かった。このため、山の建造も遅れたのである（直一九六八：一〇、正和一九九八：二四—三二）。ここでは、

表1　各山の前人形・福神・だし

山	前人形	福神	だし
本町	和子	弁財天	鈷鈴
上町	唐子	布袋	笹竜胆
中町	唐子	福禄寿	千成瓢箪
寶路町	唐子	恵比須	重ね分銅
石坂町	唐子	大黒天	「壽」
湊町	唐子	毘沙門天	胡蝶
十七軒町	唐子	寿老人	法螺貝

（正和 1998 より）

そうした歴史性を踏まえ、新たに再建された十七軒町を除く六台の山を、便宜的に次のように分類しておく。すなわち、本町・上町・中町・寶路町の四台を「旧伏木本村系の山」、石坂町・湊町の二台を「新開地系の山」と呼ぶことにする（直一九六八：一〇、富山大学文化人類学研究室一九八八：一四四）。

伏木の山の最大の特徴は、山の下部に「付長手《つけながて》」と呼ばれる丸太が取り付けられている点である（図2）。付長手は直径三〇センチメートル弱、長さ約五メートルの樫からなる。後に述べる「かっちゃ」の際には、この付長手を互いにぶつけ合う。但し、かっちゃにおいてぶつけ合うのは、山の前方ではなく後方に取り付けられた付長手である。また、山には二体の人形が乗せられる。一体は「前人形」と呼ばれる小ぶりの人形であり、簡単な操り人形となっている。前人形は、本町のみ三番叟の姿をした和子人形であるが、他の山は唐子人形である[2]（表1）。山に乗せられるもう一体の人形は「福神」であり、山ごとに異なる。各山の福神を列挙すると、本町は弁財天、上町・布袋、中町・福禄寿、寶路町・恵比須、石坂町・大黒天、湊町・毘沙門天、十七軒町・寿老人であり（正和一九九八）、要するに七台の山に七福神が一体ずつ乗るのである。さらに、山の上部には「だし」という飾りがつけられる。これもまた山ごとに異なり、本町・鈷鈴《これい》、上町・笹竜胆、中町・千成瓢箪、寶路町・重ね分銅、石坂町は「壽」の文字、湊町・胡蝶、十七軒町・法螺貝となっている（同）。

（三）運営について

次に、祭りの運営に関わる役職について、ごく簡単に触れておきたい。祭り全体、とりわけ山の引き回しに関して

写真３　巡行する神輿

は、基本的に山を出す町内が一年ごとの回り順で全体を取り仕切ることになっている。その年、全体の運営にあたる町内のことを「当番山」といい、当番山より出される当年の総責任者を「総々代」と呼ぶ。他方、各山の代表者は「総代」と呼ばれる。また、現在では、祭り全体の運営に携わる組織として「伏木曳山祭実行委員会」もある。実行委員会は、祭りを実施するために必要となる、警察や行政といった外部諸機関との折衝などを主に担う。

主要行事

（一）倉出しと宵山ライトアップ

五月一五日の本祭りに先だち、五月三日には「倉出し」と呼ばれる行事が行われる。文字通り、格納してある倉（山倉）から、山を引き出す行事である。このとき、付長手などは、仮止めされた状態である。本格的な取り付けは、倉出し終了後、再度、山を格納してから行われる。このような付長手などの取り付け作業のことを「算段」という。現在、算段は、一九九一（平成三）年に新築された山倉の中で行われる。

また、本祭り前日の五月一四日には、一九時から「宵山ライトアップ」というイベントが行われる。このとき、山倉前にすべての山が並べられる。山は花山車の姿をしている。本祭りでは、この姿を夜間に見ることはないため、貴重な機会である。宵山ライトアップでは、お囃子の演奏や当年の役員紹介などが行われ、二時間ほどで終了となる。このイベントは、一九九九年より始められた。

(二)本祭り

これらの諸行事を経て、いよいよ五月一五日の本祭り当日を迎える。本祭りの行事は、神輿の巡行と、山の巡行の二つに大別することができる。そこで、まずは前者から見ていくことにする。

神輿の出発に先立ち、伏木神社にて神事が執り行われる。九時ごろ、鳳輦《ほうれん》に乗せられた神輿にご神体が移されると、巡行開始となる(写真3)。順路に関して、町の右側(南東側)から回り始めるか、それとも左側(北西側)から回り始めるかは、一年ごとに変わる。今年右側から回ったのであれば、来年は左側から回り始めるといった具合である。ちなみに、二〇一七年は、右側から回り始めた。神輿には、小学生および幼稚園・保育園の園児、計一二名からなる母衣《ほろ》武者行列が供奉する。母衣武者行列は、昭和四〇年代前半から半ばごろに一度途絶えたが、一九八一(昭和五六)年に「伏木神社氏子青年会水垣会」の手によって復活した。神輿の巡行中、あらかじめ申請のあった氏子の家々を神職が訪れ、玄関先で祝詞を奏上し、その家の幸運を祈念する。興味深いのは、祝詞をあげる際、神職は家の中ではなく外を向いていることである。考えてみれば、祝詞は神に対して奏上するものであるから、家の外を通過する神輿に向かってあげるのは、当然といえば当然である。神輿が氏子地区を回り終え、伏木神社に帰ってくるのは一六時ごろである。

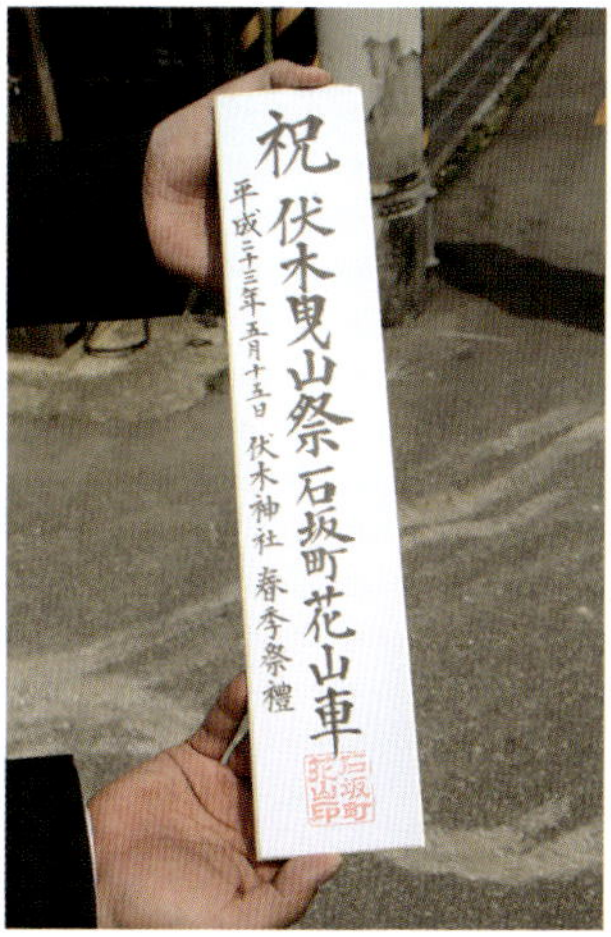

写真4　伏木神社に渡す札

神輿の巡行中、山と出会うと、山は引き回しをやめ、神輿が過ぎるまで「神楽」と呼ばれる囃子を囃す。このとき、山の関係者は鉢巻をとって低頭する。彼らの神に対する敬意を見てとることができよう。

次いで、山の巡行についてであるが、筆者は二〇一七年の祭りにおいて石坂町の山について回った。そこで、ここでは石坂町の事例を中心に、伏木曳山祭における山の巡行を記すことにする。本祭り当日となる五月一五日の早朝、石坂町では山倉に人々が集まり手早く準備を整え、

写真５　狭い路地を進む山

七時ごろ、上述した神楽を囃してから町内回りへと出発する。途中、山宿により[3]、同町の福神である大黒天を山に乗せる。町内回りの際、山が入れる道であれば山を入れ、山が入れない狭い路地の場合は、その路地の前で山を一旦停止させる。そうすることで、山を入れたとみなすのであろう。町内回りを終えると、伏木神社に向かう。同社へと続く参道の途中に踏切があるが、その手前で山を止め、代表者を神社へ走らせる。代表者は神社にいる神職に、自らの山の名を記した札を渡し（写真４）、代わりに神社から御幣をいただく。この御幣は、山の鉾柱に括りつけられる。その間、山は、踏切の手前で別の神職によるお祓いを受ける。お祓いが終わると本町広場に移動し、しばし待機となる。

本町広場には、お祓いを終えた山が続々と集まってくる。七台の山が集合すると、一〇時四五分より出発式が行われる。伏木曳山祭実行委員会々長や来賓の挨拶が終わると、いよいよ奉曳（町内巡行）となる。一台ずつ、「イヤサー、イヤサー」の掛け声とともに、本町広場を後にする。この掛け声は、いよいよ栄えることを意味する「弥栄（いやさか）」に由来するともいわれている。なお、二〇一七年の伏木曳山祭における出発順は、一・本町、二・上町、三・中町、四・湊町、五・石坂町、六・寳路町、七・十七軒町、であった。このうち、十七軒町はこの年の奉曳に参加せず、出発式終了後、後述する餅まきイベントの会場となるＪＲ伏木駅前に直行し、同イベントが終わると早々に山を格納したという。

奉曳の順路は、神輿の巡行と同様、町の左右どちらを先に回るかに関して、一年ごとに異なる。神輿の順路と山の順路は、ぴたりと一致するわけではないが、町の左右のどちらから回り始めるのかについては共通している。そのため、二〇一七年の場合、奉曳も右側から回り始めた。奉曳の順路は各山とも同じである。また、奉曳では、朝の町内回り同様、山が入れる道であればどんなに狭くても山を入れる。周囲の家屋や電柱などの障害物にぶつけることなく山を動かす様子は、見事というほかない（写真5）。正午、各山はJR伏木駅前で動きを止める。ここで餅まきイベントが行われる。多くの観光客が集まっており、にぎやかであった。イベント終了後、奉曳が再開される。奉曳は深夜にまでおよぶ。奉曳を終え、山を倉にしまい終えたのは一六日の午前三時近くであった。

以上のような奉曳において、特筆すべきことは三つある。一つめは、他の山の山宿前を通過する際、自らの山を止め、神楽を囃すことである。その際、神輿とすれ違ったときと同じように、山の関係者は鉢巻をとって低頭する。また、山宿に、伏木神社へ収めたものと同じような札を手渡す。二つめも、同じく神楽に関するものであるが、山が伏木神社、金毘羅神社、魚取神社の前を通過するときも一旦止め、神楽を囃す。上述した山宿は、福神の安置される場所であったことを考慮すると、神楽とは読んで字の如く、神に関する場面で囃される楽であるといえる。奉曳において特筆すべきことの三つめは、各山とも一六時過ぎに一度山倉に戻り、昼の花山車から夜の提灯山に衣替えすることである。すっかり姿を変えた山が、提灯に火を入れて再び奉曳に出発するのは、一八時三〇分過ぎである。山の関係者たちによると、夜にはかっちゃが行われるせいか、提灯山を見ると気持ちが昂るという。また、山は夜の方が軽く感じると語る人もいる。夜の伏木曳山祭は、昼と異なる雰囲気に包まれるのである。

かっちゃ

（一）かっちゃの様子

夜の奉曳の最中、一九時三〇分と二二時三〇分に、本町広場と伏木支所前の二ヵ所の通りでかっちゃが行われる。かっちゃとは、余興とも呼ばれ、山と山とをぶつけ合う行事のことをいう（章扉写真）。「かっちゃ」の語は、「ぶつけ合う、ぶつけ合い」を意味するこの地方の方言「かっつけ合う、かっつけ合い」が転訛したものとされる（正和一九九八‥一九六)。この行事こそ伏木曳山祭が「けんか山」とも称される所以である。

かっちゃについて、もう少し詳しく説明しておきたい。既述の通り、現在のかっちゃは九時三〇分と二二時三〇分に、本町広場と伏木支所前の二ヵ所で行われる。時間になると、二つの会場で同時にかっちゃが始まる。それぞれの会場では何組かの対戦が組まれており、各山は自分たちの番になると、所定の場所に山を配置し、しばし相手と対峙する。山と山との距離は二五メートルである。この間、二つの山の代表者、すなわち総代は、本年の曳山祭の総責任者である総々代もしくは副総々代を間に挟み、今回の対戦で何回山をぶつけ合うのかを話し合う。ぶつけ合いの回数は、五回ほどであることが多い。話がまとまると、いよいよかっちゃの始まりである。各総代の合図で互いに走りより、山と山をぶつける。一度ぶつけると、すぐに引き離し、再度対峙する。その後、総代の合図でまたぶつけ合う。これを所定の回数繰り返すと、一つの対戦が終わる。対戦後、互いに山と山とを近づけて止め、総代が付長手の上に立ち、健闘をたたえ合う。このとき、まだぶつけ足りないと思うのであれば、対戦の延長を願い出る。その交渉が成立すると、さらに合意した回数だけ山をぶつけ合う。ぶつけ合いの上限は、一〇回程度を目安にしているという。「今回のかっちゃは、これで十分」となった際には、両総代が付長手の上で握手をする。すると、若者たちが付長手の上に乗り、各山に伝わる歌を歌う。あたかも勝どきのように見え、何とも勇ましい。

かっちゃにおいて、山は一対一でぶつかり合う。その際、何時に、どちらの会場で、どこの山とぶつかるのかについては、事前に決められている。逆にいえば、祭り前に詳細な対戦プログラムが作成され、当日のかっちゃはそのプログラムにもとづいて実施されるのである。なお、毎年最後の対戦は、寳路町と湊町との間で繰り広げられることになっている。二つの山は、七台の中でも重いとされているため、いつのころからか、重量級同士の対戦がかっちゃのトリを飾ることになったものと思われる。

かっちゃでは、総重量およそ八トンともいわれる山同士が、二五メートルの距離を互いに走りより、スピードに乗った状態でぶつかり合う。そのため、ぶつかったときの迫力はなかなかのものである。鈍い衝突音とともに、山が一瞬浮き上がり、提灯が大きく揺れる。その光景を見ていた観光客からは大きな歓声が上がり、通りは祝祭的な空間となる。他方、山への衝撃はすさまじく、ぶつかるたびに付長手の木片が周囲に飛び散る。この木片は「縁起がいい」あるいは「勝負ごとにご利益がある」ともいわれているため、持ち帰る人もいる。また、当たり所が悪ければ、山が破損してしまうこともある。ときには付長手が衝撃に耐えきれず、砕けてしまうこともある。かっちゃの激しさを、このような点からも、理解できよう。

現在、本町広場には、三九五席の桟敷席が設けられている。桟敷席は、北陸新幹線開通にあわせて二〇一五年に設置された。また、二回目のかっちゃ終了後、少し急いでJR伏木駅に向かうと、高岡駅に向かう最終のシャトルバス（二四時発）に間に合う。高岡駅周辺に宿泊する観光客でも、かっちゃを最後まで味わうことができるよう、配慮されている。

（二）かっちゃの今昔

ここまで見てきたかっちゃのやり方は、実のところ、かつての姿と少々異なっている。最大の違いはかっちゃを行う時間と場所である。もとは伏木のいたるところで実施されていたようであり、奉曳の最中に突然かっちゃが始まったという。それが、一九六三（昭和三八）年ごろから、徐々に場所と時間が限定されるようになっていった（直一九六八：四七）。また、山のぶつけ方に関しても、かつては一度ぶつかるとすぐに引き離さず、しばらく互いに押し合ったようである。このため、一方の山が大きく押し込まれると、その結果として民家の塀を破損してしまうこともあったとされている（同：三七）。さらに、山をぶつけ合う際の相手についても、違いが見られる。現在、ある山は、他のすべての山とぶつけることが可能である。しかし、こうしたぶつけ合いは一九九〇年代後半から始まったものであり、それ以前は、必ず「旧伏木本村系」対「新開地系」でぶつかり合っていた。このようなぶつけ合いを、伏木の人々は『四対二』のぶつけ合い」と呼んでいる。四対二のぶつけ合いが崩れたのは一九九六（平成八）年であった。この年、寳路町が旧伏木本村系を抜けたことで巴戦となる。さらに、一九九八年より、現在のような、すべての山とぶつけ合うやり方（「総当たり戦」といわれる）になった（上町花山車保存会二〇一四：七一）。

ところで、終戦直後には、本来夜にしか行われないはずのかっちゃが昼に行われたり、交差点や三叉路などで二台の山がぶつかっているところに、三台目の山が姿を現し、どちらかの山の側面に付長手をぶつける、「横山」もしくは「横ナグリ戦法」といわれるぶつけ方が見られたりしたといわれている。昼のかっちゃも横山も、戦前には見られなかったことである。このため、伏木では、戦後すぐの祭りについて、「戦争の影響で荒っぽくなった」といわれることがある。しかし、本町の古老（大正一三年生まれ）によると、「戦後の物不足の中、十分な数のろうそくを確保できなかったため、夜に満足のいくかっちゃができるか不安だった。そこで昼からかっちゃを始めることにした」という[4]。同じようなことは、石坂町の古老（昭和三年生まれ）も話していた。また、本町の古老によると、横山は、「側面にぶつける」といっても激しくぶつけるわけではなく、ゆっくり近づいていって軽くあてるといった感じであり、どちらかというと示威的行為としての意味あいが強かったそうである。当時のかっちゃは四対二で行われていたため、対抗関係にある山にプレッシャーを与えようとして、横山は行われたともいう。もっとも、「横山はよくない」というイメージがあったため、実際にはほとんど行われなかったらしい。このように、本町・石坂町の両古老の話からすると、終戦直後の伏木の祭りは必ずしも荒っぽくなったわけではないのかもしれない。

伏木曳山祭で、かっちゃがいつごろから始まったのか、詳しいことはわかっていない。正和勝之助は、その時期を一九世紀末から二〇世紀初頭ごろではないかと推測している（正和一九九八：二〇二）。他方、一九六七（昭和四二）年五月一一日の『富山新聞』には、「一九一六年の大正五年までひき山車を町内でねり歩くという祭りだったがこの翌年の大正六年からけんか山車祭りとして港町独特の荒っぽい気風で、豪快に山車をぶつけ合う祭りに変わった」とある。これらの指摘からすると、伏木曳山祭のかっちゃは、どうやら近代に入ってから始められたようである。

「けんか山」をめぐって

このようなかっちゃは、伏木の人々のみならず観光客をも魅了する行事である。上述のように、かっちゃがあるからこそ、伏木曳山祭は「けんか山」と別称されているといってよい。では、この「けんか山」という呼び方は、いつごろから用いられ始めたのであろうか。その起源については定かでないが、管見の限り、もっとも古い使用例は一九三五(昭和一〇)年五月一五日の『北陸タイムス』に掲載された記事であり、そこには次のように記されている。

尚伏木町警部補派出所では十四日午後一時各町の代表者を招集して**喧嘩山**は神事の一つとは言え、余り手荒に、観衆や山曳き連中に怪我させぬ様と警告をなし、警戒に万全を期してゐる(太字は引用者)

記事には「喧嘩山」の文字が見え、遅くとも昭和初期にはこのようないい方がなされていたと指摘できる。これ以降、この別称がもっぱら用いられたのかといえば、そういうわけでもなかった。例えば一九七一年(昭和四六)から一九七四年までのポスターを見てみると、「勇み曳山」と書かれている(正和一九九八:二二六)。だが、けんか山にしろ勇み曳山にしろ、そうした別称はやはりかっちゃに由来するものと思われる。その意味からすると、かっちゃは伏木曳山祭を象徴する行事であるといえる。また、山関係者たちも、この行事をとても楽しみにしている。そうしたこともあり、かっちゃでは、ときに勝敗が強く意識されることもあるようである。もっとも、実際のところ、かっちゃにおける勝敗の基準は明確ではない。にもかかわらず、おそらくかっちゃで相手よりも優位に立とうとしてのことであろう、付長手を長くしたり、取り付け位置を高くしたり、あるいは山自体を巨大化したりするところが、ある時期から出始めた。それにより、予想もしないところに相手の付長手があたるようになり、危険性が指摘されるようになった。また、一回りも大きな山と対戦することによる不公平感が生じたり、奉曳の際に入るべき道に入っていけなくなってしまったりと、さまざまな問題が生じてしまった。そこで、二〇〇九(平成二一)年より、山の土台部分の規格を統一することとなった。これを受けて、以前より、付長手の長さなどを均一にすることを目的に実施されていた「検尺」が、一層厳格に行われるようになった。現在、検尺は五月一四日の一五時ごろから、当番山の役員や伏木曳山委員会を中心とした人々によって、(5) 山倉の中で実施されるという。検尺に違反すると、翌日の再検尺までに、規格内に収まるよう付長手などを調整しなければならない。そのため、非常にピリピリとした雰囲気の中でなされるらしい。

熱狂と信仰と

以上、伏木曳山祭の特徴について述べてきた。繰り返しになるが、この祭りは「けんか山」ともいわれ、かっちゃに大きな注目が集まる。確かに、四面に数多くの提灯をつけた華麗な山を豪快にぶつけ合うかっちゃは、見るものを圧倒する。しかし、行事全体を俯瞰してみると、かっちゃはあくまで奉曳の合間に行われる特殊な行事であるともいえる。実際、山関係者は、かっちゃのみならず奉曳も重視している。だからこそ、山をしまう時間がどれほど遅くなろうとも、身体がどれだけ疲れていようとも、奉曳の順路をきっちりと回りきるのである。また、神輿とすれ違うときや、福神が安置されている山宿の前、伏木の町中にある三つの神社の前を通過するときなどは、山を止めて神楽を囃し、人々は鉢巻をとって低頭していた。こうした光景を目の当たりにすると、伏木の人々が、神に対して畏敬の念を抱いていることがよく理解できる。動と静、熱狂と信仰。祭りには、少々放埓な行為も許される祝祭的局面と、秩序を重視する儀礼的局面が見られるとされるが、伏木曳山祭でもこの二つの局面をはっきりと見出すことができる。その意味で、この祭りは、日本の祭礼の典型例であるといっても過言ではない。

注

（1）伏木では、山車のことを山と呼ぶ。また、正確にいえば、伏木では山の数を「一本、二本」と数える。しかし、本稿ではわかりやすさを優先し、「一台、二台」と数えることにする。

（2）唐子人形とは、中国風の髪形・服装をした子ども姿の人形のことをいう。それに対して、和子人形とは日本風の衣装をまとった人形のことを意味する。

（3）山宿とは、その名の通り、山の宿である（直一九六八：二七、富山大学文化人類学研究室一九八八：三〇）。山宿には、福神および前人形を安置し、屏風、幔幕、花傘、提灯、標識等を飾り、二の膳や大きな鯛を添えた膳が据えられる。

（4）しかしながら、昼のかっちゃは、昭和三〇年代前半まで行われていたという（正和一九九八：二〇九—二一一）。しかも、提灯山の光源は、一九五〇（昭和二五）年にろうそくからバッテリーに変わったといわれている。戦後の物不足の中で仕方なく始まった昼のかっちゃであったが、日本が高度経済成長期に突入し、「豊かな時代」となってからも、しばらく続けられていたようである。

（5）伏木曳山委員会とは、各町内から選出された委員によって構成される組織であり、伏木曳山祭実行委員会とはまた別の組織である。なお、正確にいうと、現在検尺は五月一四日のみならず、五月三日にも行われている。これは、二〇〇九（平成二一）年に山の土台部分の規格を統一したことによって、測定する項目が増え、一四日だけでは測りきれなくなってしまったことによる。

参考文献

尾崎定業、一九三六『伏木郷土史談』。
上町花山車保存会、二〇一四『上町のあゆみ』。
京谷準一、一九四九『伏木史料総覧』伏木文化会。
正和勝之助、一九九八『伏木曳山祭再見』伏木文化会。

高岡市観光交流課、二〇一七「けんか山　伏木曳山祭」（リーフレット）。
富山大学文化人類学研究室、一九八八『伏木の曳山』。
直為範、一九六八『伏木の山車』伏木文化会。
伏木曳山保存会、二〇〇九「伏木の山車略年表」。

「たてもん」をのせた山車がぶつかり合う曳き合い

第六章

岩瀬曳山車祭

―地域アイデンティティの再生

末原達郎・渡辺和之

岩瀬《いわせ》曳《ひき》山車《やま》祭《まつり》は、「たてもん」という行燈《あんどん》をのせた山車《やま》と山車がぶつかり合う、激しい祭りである。(1) その強さや勢いに、富山のある種の文化が集約されている（写真1）。

写真1　別名「けんか山車」とよばれる岩瀬曳山車祭

富山の祭りには、高岡の御車山祭や八尾の曳山祭のように、どちらかというと京都の祇園祭のような、ゆったりとした風情を楽しむ祭りがある。しかし、今では、おとなしそうに見える京都の祇園祭でも、歴史をたどってみると、鉾《ほこ》や山をぶつけ合う時代が存在したのである。しかし、京都では、それは、大きく発展しなかった。それに対し、岩瀬曳山車祭は、ぶつかり合いを祭りの中心にすえて発展してきた。

森田玲は山車の起源について、神輿《みこし》とお迎え提灯、太鼓台、地車《だんじり》の四つのタイプがあったのではないかと推定する（森田二〇一五：三六〜三九）。山や鉾の何が中心となるか、パレードなのか、舞台なのか、ぶつかり合いなのか、それは、それぞれの祭りで異なる。

岩瀬曳山車祭の不思議な点として、なぜそろそろと山車を曳《ひ》き、山車を見せるパレードとしての側面よりも、山車と山車とのぶつかり合いの方に、焦点が集まる祭りになったのか。岩瀬曳山車祭には、祭りを構成するいくつかの諸要素があるが、それらがどのように構成され、どう変化して現在の姿になったのか。本章では、これらについて検討したい。(2)

岩瀬の町

岩瀬曳山車祭の行なわれる岩瀬の町は、富山市の北の玄関、日本海に面した港町である（図1）。人口は約三五〇〇人で、一九七五（昭和五〇）年の約七三四〇人以来減っている。面積約一・五平方キロの地域に人口が密集する。岩瀬は富山有数の港として近世より栄え、神通川対岸の西岩瀬（現在の四方《よかた》）に対し、東岩瀬とよばれていた。富山駅からは富山ライトレールに乗ると二二分で東岩瀬駅につく。

図1　岩瀬曳山祭の舞台

岩瀬の近辺は昭和初期から、富山有数の工業地帯として栄えた。岩瀬の町は、富山ライトレールと富山港にはさまれた、東西八〇〇メートル、南北一・五キロの細長い町である。

神通川沿いの富山港に面した港湾施設がならぶ道路を一本東側にはいると、幅四間（約七・二メートル）の色つきの敷石を敷きつめた道路が南北に通っている。これが岩瀬の町の中心となる大町通りである。ここには徳川中期から明治・大正期にかけて活躍した廻船《かいせん》問屋が何軒か残っており、そのたたずまいは、当時のおもかげを残している。

大町通りを南へ五〇〇メートルほど進んだところで、幅の広い東西の通りにでる。地元の人々は、この通りを、「忠霊塔前」もしくは「高札前」とよんでいる。通りの正面には、戦前にたてられたらしい忠霊塔が木立の中にたたずんでいる。また、この通りの北西の角には幕藩時代に禁令や罪

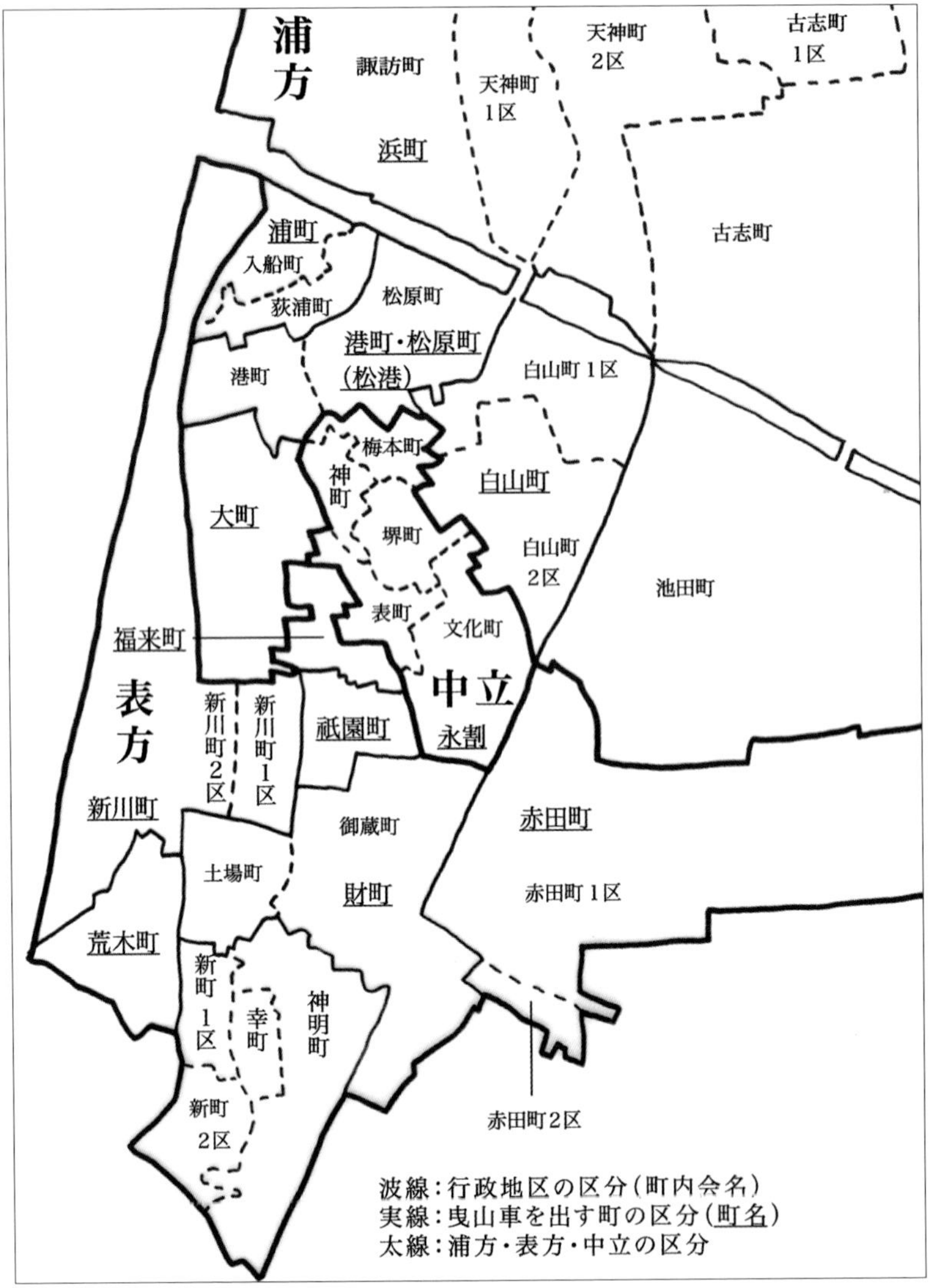

図2　浦方と表方
（出典：富山大学人文学部文化人類学研究室編 1990：5 頁を改変）

人の罪状を書いた「高札」がたてられていた。

「高札前」の広場は、岩瀬では特別の意味をもっている。この広場は、諏訪神社前の県道とならんで、岩瀬の山車がぶつかりあう曳き合いの場所だからだ。「高札前」の広場から南へ、大町通りは新川通り、新町通りとなってさらに続くが、道幅はますます狭くなる。ここには、新川町、土場町、新町といった「表方《おもてかた》」の山車をだす町々が続く。大町通りを北に行くと、大町、港町、浦町、白山町、浜町などの「浦方《うらかた》」の山車をだす町が続く。浦方と表方の間には、永割《ながわり》という山車をだす「中立」の町がある（図2）。

このように、大町通りは、岩瀬の町を南北に貫く中心的な通りである。そして、「高札前」の広場は、祭りに参加する岩瀬の町を、象徴的に南北に二分する。

現在の祭り

（一）祭りの組織

岩瀬曳山車祭は、諏訪神社の春季例大祭である。岩瀬に諏訪神社は二つある。一つが白山町にある諏訪神社（諏訪社）で、もう一つは萩浦町にある諏訪神社（恵比寿社）、通称「カネヤノミヤ」である。もともと岩瀬では、表方の町は諏訪神社（諏訪社）の、浦方の町は諏訪神社（恵比寿社）の氏子だったと思われる。また、現在曳山車祭に参加する一三の町のうち、白山町と永割は白山神社の氏子だが、祭りに参加している。

二つの諏訪神社を奉賛する組織に諏訪神社崇敬会がある。この組織には、両神社の氏子となる町内会から一名以上の委員や役員をだしている。崇敬会は五月一七日の祭り当日におこなわれる神輿渡御などの神事に参加する。

祭りに関わる岩瀬全体の組織に、岩瀬曳山車実行委員会がある。この組織は、各町内の山元や山元経験者を中心に構成する。曳き合いの対戦相手を決めたり、警察から注意事項をふまえて、各町で守るルールをどう決めてゆくのかなどを話し合う。他に、祭りの前には、岩瀬曳山車安全協議会といって、各町の山元に加えて、町内会長、警察、消防、崇敬会などで構成する会議がもたれる。

各町で祭りの中心的な役割となるのが山元と副山元である。山元は祭りにおける町の責任者で、毎年一名を選出する。山車を動かすには、すべて山元の指示に従わねばならない。副山元は、山元の補佐的な存在であり、二名から三名を選出する。山元と副山元を中心に、各町では、二〇代から四〇代の「若い衆」が祭りの準備や運営をになう。祭りの準備から当日まで、彼らがみなで作業に従事することで、祭りに関わる技術が若い世代にひきつがれる。そして、作業が終わると公民館で一杯やることで、世代を越えたつながりができる。

（二）祭りの準備

祭りの準備が本格的にはじまるのは四月初旬からである。その前後から祭りに関する会合やおはやしの練習が各町ではじまる。

多くの町では、四月初旬頃から山車の上にのせるたてもんを作る作業を開始する。たてもんは毎年違うデザインのものを新しく作るのである。平日は仕事が終わった午後六時頃から夜九時過ぎまで、休日は朝からたてもん作りにとりかかる。たてもん作りの工程は、次の通りである。まず、木や竹や針金で骨組みを作り、その上にキャラコと呼ばれる布を張る。次に、その上から色を塗り、絵を付ける。最後に、たてもんに電気配線をすると、行燈になる。たてもん作りのすべての工程を町の人だけで作る町もあれば、一部作業を大工や電気屋に委託する町もある。いずれの場合でも、町の人が数名で作業の様子を見守り、作業の補助をしていることに変わりはない。

祭りが近づくと、車輪《ガワ》をはずして山車を点検する。また、山車に化粧まわしのロープを張る。このロープは山車の方向転換をする時に引っ張るものなので、木槌でロープをたたきながら、きつく締める。

たてもんが完成すると、山車の上にたてもんをのせる。この作業を「たてもん起こし」という。かつては山車を倒してたてもんを取り付けてから山車を起こしたので、この名前がついている。現在は、レッカー車でたてもんを吊り上

写真２　子どもたちが主な担い手の昼間の祭り

げ、山車の中心に刺した心棒の上にたてもんをのせる。このたてもん起こしは通常五月一六日の宵祭りの日の日中におこなわれる。そして、完成した山車を、宵祭りの晩に町内で試し曳きする。

祭りの前に諏訪神社でおこなう神事としては、安全祈願祭がある。各町の山元や崇敬会の会員が参加し、たてもんの上にのせる御幣《ごへい》をもらう。曳き合いの対戦相手が決まるのもこの時である。また、山車を新造したり、車輪などを新調した場合も、入魂式と呼ばれる神事をする。

（三）神輿渡御と祭り当日の曳き回し

五月一七日と一八日は本祭りとよばれる。諏訪神社（諏訪社）の境内には朝から神輿が二台出て、神霊を神輿にのせ、岩瀬の町を練り歩く。一台の神輿には神明の神（天照大神《あまてらすおおみかみ》）、恵比寿社で諏訪の神（建御名方神《たけみなかたのかみ》）をのせる。もう一台の神輿には山王の神（大山咋神《おおやまくいのかみ》）と諏訪の神をのせ、少し後に出発する。二台の神輿は浦方の町から表方の町を経て、金刀比羅神社（琴平社）に設けられた御旅所で休憩する。ここで提灯を持った子供達のお迎えを受けたあと、恵比寿社で諏訪の神の神霊を返し、夕方、諏訪社に戻る。

各町では、一七日の朝から山車の曳き回しがはじまる。順路は各町で異なるが、おおむね一七日には自分の町を曳き、その後よその町を回る。翌一八日は浦方の町は表方の町を、表方の町は浦方の町を曳く傾向にある。昼の曳き回しの主役は子供達である。お昼頃に学校から子供達が戻ると、山車を曳く列に加わる。子供達の曳く山車を後から若い衆が押す。次世代を担う若い子供達をサポートするのも、若い衆の仕事である（写真２）。

岩瀬の祭りでは、山車を動かす時には必ず木遣《きや》りをうたわねばならない。木遣りとは、木遣り歌とよばれるもので、もともとは北前船の帆柱を起こす時の歌であった。他の山車の前を通り過ぎる時や他の山車とすれ違う時も、いったん山車を止めて、木遣りで再出発しなければならない。そうでないと、他の町の山車に対して、失礼になるからである。

（四）神輿還御（お旅はん）と宮参り

昼の曳き回しを終えた各町内では、山車の曳き綱を曳き回し用のロープから、曳き合い用の太いロープに付け替える。曳き手も子供達からハッピを着た若い衆に代わる。各町を出発した一二の山車（祇園町の山車は町内から出ない）は、御旅所から諏訪社に戻る神輿の後に随行する。これを神輿還御（お旅はん）という。諏訪社の前に神様を送り届けたあと、浦方の山車は曳き合いの待機場所にゆくため、諏訪社の前を通り過ぎる。この時、神社の鳥居の前で山車を直角に回し、山車の前輪が歩道に乗り上げた所で拍子木をならし、山車を止める。そして、おはやしを奉納する。これを宮参りという。なお、宮参りをするのは五月一七日の夕方、しかも浦方の山車のみである。表方の山車は曳き合いの待機場所が諏訪社の手前（海側）にあるので、曳き合い前の宮参りはしない。

表1　曳き合いの記録（2017年）

1日目	浦方	表方	2日目	浦方	表方
1回戦	大町	新川町	1回戦	港町・松原町	永割
2回戦	白山町	荒木町	2回戦	白山町	荒木町
3回戦	港町・松原町	永割	3回戦	大町	新川町
4回戦	浦町	財町	4回戦	浦町	赤田町
5回戦	浜町	新町	5回戦	浜町	新町

注：2017年には、赤田町は1日目、財町は2日目、福来町と祇園町は1日目と2日目、曳き合いに参加しなかった。

（五）曳き合い

岩瀬曳山車祭の最大の見せ場は、何といっても山車同士がぶつかりあう曳き合いである。かつて曳き合いは町の至る所でおこなわれていた。どちらが先にゆくのか、話が付かない場合、「曳き合いで決めんまいけ」となったという。当時の曳き合いは明け方近くまでおよんでおり、このような状態が戦後しばらくは続いていた。現在の曳き合いは、五月一七日が諏訪神社（諏訪社）前、一八日が忠霊塔（高札）前でおこない、時間も午前〇時までとなっている。

曳き合いは、警察による厳戒態勢の警備のなかでおこなわれる。歩道の両脇には警察のロープが張られ、警察官が一メートルおきにならんで、祭りの空間と見物客とを遮断する。

二〇一七（平成二九）年の曳き合いは五回戦おこなわれた（表1）。中立の永割は、一日目、二日目ともに浦方の港町と対戦した。曳き手たちは、自分の町の対戦の他にも、浦方の曳き手は浦方の山車に、表方の曳き手は表方の山車に加勢する。このため、曳き合いではさまざまな町のハッピを着た人が曳くことになる。最後の浜町と新町の対戦は大将戦である。この二つの山車はもっとも目立つ最前列に陣取って、そのまま曳き合いを待つ。

曳き合いは正面に向かい合った山車同士がにらみ合うところからはじまる。山元の「行け」という合図で、曳き綱のロープを持った若い衆が走る。ロープが張ると、山車が動き出し、正面からぶつかる。そして、曳き手がロープに連なり、「ヤサー・ヤサ」と曳く。山車が後方へ下がったり、回転して歩道に乗り上げそうになると、負けである。山元の合図で、反台《そりだい》にのった若い衆が拍子木をたたく。しばらくすると白いハッピを着た副山元が「ロープを離して」と指示してまわる。ロープを回収すると、負けた方の山車が道をあける。

曳き合いの変化

一九九〇年代と現在では、曳き合いのやり方もさまざまな点で変わった。

もっとも大きな変化は、人間のけんかがなくなったことである。以前の曳き合いでは、曳き綱のロープが相手の山車を通り過ぎるのを阻止するため、相手の町内からゲンコツが飛んでくるのが常であった。このため、ロープの先端を持って走る若い衆は、殴られるのを覚悟で走らねばならなかったのである。さらに万全をきすため、ロープの先端を持つ若い衆の前に、「露払い」といって、体格のよい人が走って、道を切り開くこともあった。二〇一七年の曳き合いでも、「露払い」が走った後に、ロープを持った若い衆が走る点は変わらない。しかし、安全上の理由から、相手方の人を殴る行為は固く禁止され、守られている。

逆曳《ぎゃくひき》の禁止が守られていることも大きな変化である。一九九〇年代の曳き合いでは、ロープが伸びたあと、相手方の町内の人たちが自分たちの町内のロープを逆に曳くことがあった。また、膠着《こうちゃく》状態になると、追加のロープを伸ばし、一台の山車から三本も四本ものロープが出ることもあった。現在の曳き合いでは、ロープの本数は二本、しかも二本とも左側から伸ばす点が守られている。

それゆえ、以前に比べてかなり安全になった。このためか、ずいぶん女性の曳き手が増えた。一九九〇年代の曳き合いはほとんど男性のみであった。その理由は「危ないから」ということで、みな納得していた。現在では、ハッピを着た若い女性が曳き合いに参加する。町の人によると、数年前にはロープの先頭を持って走る女性もあらわれた。それでは危ないので、女性は相手の山車の後方で待機し、ロープが張った時点で曳き合いに参加するようになったという。

勝負の付き方もかなり変わった。現在は、ロープを二本同時に左側から出すことが決まっているので、曳き合いが拮抗すると、どうしても山車が左前になって、右に回転しやすくなる。このため、山車の後輪が歩道に乗り上げそうになると、拍子木や笛がなって曳き合いを終えることが多くなった（章扉写真）。

曳き合いが終わった後のいざこざも、ほとんどなくなった。現在でも、曳き合いの結果に不満を持つ人が相手方にせまったり、相手方の町の人の胸ぐらをつかみそうになることはある。しかし、その度ごとに白いハッピを着た同じ町内の副山元がとんできて、「終わり終わり」といさめる。町の人による自重もかつてないほど厳しくなった。岩瀬のけんか祭りは、暴力が排除され、事実上山車どうしのけんかに昇華されたことになる。

浦方と表方

岩瀬曳山車祭の山車の曳き合いの時に登場する対立の構図は、「浦（裏）」と「表」という対立である。山車をだす一三の町は、「中立」となる「永割」をのぞき、すべて「浦方」もしくは「表方」のどちらかに属する（図2）。五月一七日夜におこなわれる諏訪神社（諏訪社）前の曳き合いでも、一八日夜におこなわれる高札（忠霊塔）前の曳き合いでも、表方の山車一台と、浦方の山車一台が順次登場し、ぶつかり合う。それでは、この浦方、表方というのはどういう分類によるものであろうか。

浦方に属する町の多くは、岩瀬の町全体からみれば町の北側、富山港の海岸線から岩瀬運河に沿って広がっている。いっぽう、表方に属する町の多くは、町の南側、高札（忠霊塔）前の広場から南に広がっている。

東岩瀬の町建てに関係する書物を調べてみると、東岩瀬の町は、万治年間（一六五八〜六〇）に神通川の流れが大きく変わり、それまで港として機能をはたしていた神通川左岸の西岩瀬（四方）が、港としての機能をはたさなくなった。このため、この地域の人々が、大挙して神通川右岸の東岩瀬に移住してきたことが東岩瀬の町のはじまりとされている（岩瀬曳山車調査会一九九九：二五）。それまでは、東岩瀬は日本海に面した二十数戸のひなびた漁村にすぎなかったと伝えられている。この時に西岩瀬から移住してきた人々は、港湾関係者が多く、移住に際して、四方にあった諏訪神社を東岩瀬に分社した。やがて一六六二（寛文二）年には、加賀藩の公用の往還路の宿場に指定され、急速に、宿場や港湾の設備を整えていくことになる。さらに寛文一〇年には、加賀藩の藩米を収納するための御蔵を東岩瀬に建て、以降東岩瀬は藩米の搬出港としても重要になってくる。幕藩時代の記録をみると、東岩瀬は、浦方、宿方、東岩瀬村方の三つに分類されていたことがわかる。このうち浦方はもともと、岩瀬浜に住んでいた漁村の住民達であり、宿方《しゅくがた》とは、西岩瀬から移住してきた人々を中心とする宿場町の住民達であり、村方とは、町の周囲に広がる農村地域の住民達をさしていた（河上省吾一九九一：三四〜五九）。

つまり、現在の浦方、表方というのは、この時以来の浦方、宿方という分類がもとになっているのではないかと思われる。おそらく、「浦」と「宿」という対立が、「浦（裏）」と「表」という対立に転換されていったのではなかろうか。

もっとも、当時の浦方、宿方という地域割りが、かならずしも、現在の浦方の町、表方の町の地域割りに、直接対応しているわけではない。いや、むしろ幕藩時代から、浦方、宿方という町内を単位とする地域割りはすでに存在しなかったようである。たとえば宝暦年間（一七五一〜六三）に作製されたと推定される絵地図を見てみると、大町通りに面した家並みに、浦方と宿方に属する家々が、交互にならんでいるのがわかる。これらの家々が浦方と宿方に分類されているのは、その地に住む人物がもともとは浦方もしくは宿方より出所したことを示しているのであって、特定の町内が浦方もしくは宿方に属していることを意味しているのではない。

現在の「浦」、「表」という区分けは、このように歴史的な背景を背負った、「浦方」、「宿方」という区分けとはかならずしも直接一致しない。しかし、町の人々の意識の中には、「うら」とは「浦」をあらわすものであり、それは、宿駅が形成される以前の漁村としての東岩瀬の一方の側面を象徴させているところがある。

たてもんにみる祭りの変化

たてもんという言葉は、「たてられた物」あるいは「たてまつられた物」というほどの意味だと思われる。同じ富山でも、魚津市の諏訪神社では、八月の第一金曜日と土曜にたてもん祭りがおこなわれているが、高さ一六メートルの心棒に一二本ほどの横木をつけ、それぞれの横木に数個の提灯を吊るしたものである。全体として、上端が短く、下端が長い巨大な二等辺三角形となっている。

現在、岩瀬の山車に乗せられているたてもんは、同じ富山でも、他の地域のたてもんとは、ずいぶんと形態が異なる。しかし、岩瀬の山車も、明治時代の写真を見れば、たてもんと名前がついたことに納得がいく。当時の山車には、高さ一五メートルをこえる帆柱がたてられ、それに上・中・下（天・地・人）、三段に分かれた大提灯がつけられていた。全体として背が高く、それこそたてもんの名にふさわしいものであった。

三段に分かれた行燈には、この当時から、それぞれ言葉の意味がこめられた「判じ絵」が描かれていた。たとえば、一九〇二（明治三五）年の土場町のたてもんの記録が残っているが、その題目は、「日英同盟を祝す」というものであった。上段には、「太陽」と「イギリス国旗」が描かれ、中段には、「銅銭と梅の花（同盟）」が描かれ、下段には、「酒樽と御幣（祝）」が描かれていた（岩瀬曳山車調査会一九九九：一九四）。こうした三つの組あわせの語呂あわせの絵を、岩瀬では「判じ絵」と呼んでいる。岩瀬の曳山車では、現在でも、この「判じ絵」のたてもんをつくる伝統を保持しており、富山でもたいへんめずらしいものである。

本来タテ長で背の高いたてもんであったが、岩瀬の町に電線がはりめぐらされたことにより、たてもんの背は急速に低くなった。このため三段に分かれた判じ絵は、寸づまりになり、やがてくっついてしまったが、天・地・人は継承されている。また、心柱（中心となる柱）の先端にとりつけられていた「一万燈」の提灯もなくなり、心柱自体もつくりものの中に埋没してしまった。写真をみると、この変化は明治期から大正期の間におこったようである（前掲書：一一三）。弘前のねぷたや青森のねぶたも、電線とともに背が低くなり、青森の場合は戦後道幅が広がり、その分横に張りだしていって現在のような形になったとされる。だが、岩瀬の場合には、山車の台車の部分が漆塗りの固定されていたものだったので、横幅もそう広がることはなかった。

このように、岩瀬の山車は、形態からみると、曳山としての側面と、高くたてられた夜高行燈としての側面の両方をもっている。

祭りと町のアイデンティティ

岩瀬曳山車祭の特徴は、なんといっても、山車と山車とのぶつかりあい、および浦方と表方とのけんかの構図にある。町ごとにつくりあげられた山車は、やがて、浦方と表方という対立関係の中に集約されていき、深夜の曳き合いで一気にクライマックスに到達する。祭りが終われば、この対立関係は急速に消滅し、むしろ曳山車祭を共有する同じ「岩瀬もん」としての仲間意識が強くでる。

「岩瀬もん」という言葉には、独特のニュアンスが含まれている。現在は、一九四〇（昭和一五）年に合併した富山市の中に含み込まれているが、岩瀬がいまだ地域的独自性を保持していることを示すとともに、人々が岩瀬に対する強

写真３　象徴的対立を通して「岩瀬らしさ」を生みだす曳き合い

い愛着と誇りをもっていることを表明しているのである。

「岩瀬もん」という言葉には、「海の男」とか、「船もしくは漁に関係した人々」あるいは「日本海の荒波を乗り越えて日本各地と通商した北前船の乗り手達」といったイメージが含まれる。岩瀬の人々自身も、そうした「勇気ある船乗りの子孫」であり「海の男」としての自分達自身という像を十分意識した上で、「岩瀬もん」という言葉を使っている。

日常生活の中で、岩瀬の町や岩瀬もんの文化が、目に見えるかたちで現れてくることは、めったにない。現実の岩瀬の町は眠ったように静かな、港に面しているが、これといって特徴のない商店街と住宅地なのである。ここにどのような歴史が刻み込まれてきたのか、はたして現在でも港や漁に関係のある人々が住んでいるのか、一見したところでは、見分けることができない。

ところが、祭りの日になると、今まで見えなかった「岩瀬」という町が突然出現する。また、伝統をもった海の文化を背負う「岩瀬もん」という人達が、具体的な姿をもって突然現れてくるのだ。彼らは、各町内のハッピを着て、たてもんをのせた山車を曳き、いさましい山車のぶつかりあいに参加して、けっして臆することがない。それは、まさしく荒海をかける「海の男」のイメージにぴったりと適合する。なるほど、これが「岩瀬もん」であり、「岩瀬の文化」であったのかと、町の人も他所の人も納得する。岩瀬曳山車祭は、岩瀬の人にも、それ以外の人々にも、このことを確認させ、そのイメージと文化とを再生産していくのである。

山車と山車とのぶつかりあい、けんか山車は、この「海の男」と「海の男」のイメージを強化するためには、うってつけのものであった。たとえ、曳き合いに力が入りすぎて、山車のけんかから人間どうしのけんかになった時でさえ、「海の男」の「気の荒さ」がほとばしりでたものと見なされるからである。「けんか」もしくは「曳き合い」は、たてもんをのせた山車という媒体を通して、海の文化、ないし港の文化に吸収されてしまうのである（写真3）。

岩瀬における浦方と表方との対立は、歴史上の町建てにおける浦方と宿方との対立の構図を祭りに反映したものだと思われる。しかし、この浦方と宿方との対立が、実際の町割りに関しては、現在の浦方と表方に直接結びついてこないことは、すでに述べてきたとおりである。そうではなくて、象徴的な対立の構図、すなわち住民であり漁民としての浦方と、当時の新住民で港湾関係者や宿場の関係者としての表方の対立という、対立の構図だけがひきつがれてきたことになる。それは、伝説上の浦方対宿方であり、その後継者としての浦方の町衆対表方の町衆なのである。

このことは、同時に町の成立の経緯を、何度となく繰り返し表出させ、消えてしまった歴史を対立の構図の中に現出させる文化的装置だととらえることができる。

事故と安全対策

祭りから暴力が排除されても、岩瀬曳山車祭が危険な祭りであることに変わりはない。筆者らが知る限りでも、過去二件の死亡事故がおきている。

一件目の事故は、一九五四（昭和二九）年五月一九日未明に大町通りでおきた。祭りから引き上げる新町と新川町と港町の山車が曳き合いになり、山車の後部が電柱にぶつかり、折れたため、小学生二人が逃げ遅れて、一人が死亡、一人が重体となった。曳き合いを同じ場所で一対一でするようになったのも、この事故の影響であることがうかがわれる。

二件目の事故は、二〇〇〇（平成一二）年五月一七日に、諏訪神社前でおこなわれた白山町と福来町の曳きあいの最中におきた。この時、加勢に加わった浜町の男性（三六歳）が福来町のロープを逆曳していた所、ロープと山車の間にはさまれて死亡した。このため、その後の曳き合いは中止となった。逆曳の禁止やロープの出し方の統一が徹底された

写真4　北前船の豪商森家宅

のも、この事故が契機となったことがうかがわれる。

また、二〇一一年五月一八日新川町の山車を曳いていた男性（三九歳）が山車の下敷きになって腰の骨を折る重傷を負った。このため、事故のあったその後の曳き合いは中止となった。

どんなに警察が厳重に監視し、各町の人たちが細心の注意を払っていても、祭りから危険性を完全に拭い去ることはできない。また、ひとたび事故が起きれば曳き合いは中止となり、翌年以降の曳き合いの廃止を求める声が浮上する。そうしたなか、実行委員会をはじめとする町の人たちは、警察をはじめとする関係機関と折衝し、安全対策や自主的なルールを作り、遵守することで、祭りや曳き合いを存続してきた。曳き合いの形が変化したのには、こうした事故とそれに対する安全対策の歴史がある。

岩瀬曳山車祭の構造

一見、単純で素朴とも見える岩瀬曳山車祭には、さまざまな要素が組み込まれていた。岩瀬という町に固有ないくつかの要素も含まれていたし、同時に日本の数多くの地方都市の祭りのもつ諸要素も含まれていた。ここでは、これまで述べてきた岩瀬曳山車祭が、どのような要素から、どのように組みたてられ、変化してきたのかを考察してみよう。

岩瀬曳山車祭を構成する第一の要素は、祇園祭に代表される曳山祭としての性格である。京都で発達した祇園祭は、中世の町衆達の経済力の蓄積とともに、祭りのもつ本来の疫病除けの性格よりも、町衆の力と団結力を示す山鉾のデコレーションと山鉾巡行の性格が強くなっていく。年が経つにつれ、山鉾はますます絢爛《けんらん》豪華なものへと変わっていく。江戸時代になると、数々の地方都市で商人層が経済力を蓄え、京都の祇園祭にみられる曳山の姿を、各地方都市へもちかえっていくことになる。実際、現在富山に残っている多くの曳山祭も、そのほとんどが、江戸時代に商人層が発達した町々で生まれ、現在まで続いてきたものである。高岡の御車山祭、伏木の曳山祭、八尾の曳山祭、城端の曳山祭、すべてが、この時代に、経済力をもつた町衆の出現とともにはじまった。たとえ現在は、それほど経済力をもった町には見えなくとも、祭りが出現した時には、豊かで繁栄した町々だったのである。そういう意味では、曳山祭は、農村の祭りではなく、町場の祭りであった。

岩瀬曳山車祭の第二の要素は、祭りの中心が曳山の曳き手の側にあるということにある。祭りが出現した当時は、祭りのスポンサーとなったのは、富裕な商人層であったと思われる。こうした商人は、できるだけ背の高い帆柱をたて、毎年目立つつくりものを作り、人目をひくことに力をそそいだ。闇夜に行燈の光がきらめく巨大なたてもんは、北前船の廻船問屋達のステータス・シンボルとなったのであろう（写真4）。その名残は、電線の発達でたてもんの高さが低くなった現在でも、毎年たてもんを作り直す点に残っている。この当時、曳き手となっていた人々の多くは、富裕な商人達に雇われていた人々であり、商人達自身ではなかった。こうした傾向は、明治期から昭和初期まで続く。そして、陸上輸送への転換によって、北前船の商人達の経済力は徐々に落ちていってしまう。スポンサーがスポンサーでなくなってきたわけである。しかし、岩瀬の町の人々は、自身達の手で祭りを存続させた。富裕な商人だけでなく、中小商人や職人、荷役人夫、工場労働者が、祭りの主体となった。この時、山車のスポンサーは山車の曳き手自身の手に移った。この点が、京都の祇園祭と決定的に異なる点である。

山車の曳き手達自身によって運営されることになった岩瀬曳山車祭は、曳き手の好みをより反映させるような祭りの形へと変化していく。曳き手達にとっておもしろいのは、山車のぶつかりあいである。曳き手達は、自分達のアイデンティティとしての勇壮さを見せる見せ場をつくろうとする。祭りのクライマックスは曳き合いにあるのだと町の人々が

写真５　近年増えつつある女性の曳き手

主張するのは、まさに祭りが曳き手の側に移ったことによるものだ。
岩瀬曳山車祭の第三の要素は、ぶつかりあいの重要性が増していく中で発生してきた。明治期の曳山車祭、山車と山車のぶつかりあいは、町中いたるところで、一晩中おこなわれていた。しかし、いくつもの町々がぶつかりあうことによって、祭りの焦点は拡散しがちになる。祭りを統合し、一つの焦点に集約するためには、何らかの対立の構図がつくりだされる必要があったと思われる。この時、「浦方対宿方」という、町建てに起源する歴史が用いられることになった。すでに浦方対表方（宿方）という対立の構図があったが、現実の町割りは浦方と表方とは一対一に対応しているわけではなかった。しかし、概念としての「浦対表」という対立が、現実の祭りにおけるぶつかりあいを通してリアリティをもち、内容を伴っていったことになる。この対立の構図に基づいて、町建ての歴史は神話化され、補強されていった。逆にこのことによって、岩瀬の人々は、ますます自分達自身を「岩瀬もん」として認識し、地域社会としての岩瀬のアイデンティティを受け継ごうとするのである。表面的には消えようとしてみえる岩瀬の町は、祭りを通して、毎年再生し、地域社会としての独自の姿を、はっきり目に見える形にして現しているのである。

地域アイデンティティの再生と祭りの変化

以上のように、岩瀬曳山車祭がさまざまな要素を帯びることになったのも、この祭りの形が、時代とともに変化した歴史を反映するためである。山車から垂直に伸びるたてもんが発達した背景には、日本海航路の廻船業による繁栄がある。また、明治以降、曳き合いという山車どうしのぶつけ合いの要素が強まったのは、祭りの主体が裕福な商人から一般の町の人に移ったからである。そして、一九九〇年代と現在の曳山車祭を比べると、曳き合いの暴力性が緩和され、安全性が向上した。ここに、岩瀬曳山車祭は、現在なお進化の途上にあると考えることができる。

　そのおかげで多数の女性達がこの祭りに参加しやすくなった（写真5）。現在は、男女を問わず、若い人達が、曳き合いを楽しんでいる。そして、その特権は、昼の曳き回しで山車を曳く次世代の子供達にもひきつがれてゆくのだろう。この世代交代を支えるのが、山元を中心とする各町の人達である。岩瀬曳山車祭は現在でも若い人達を魅了し、地域アイデンティティを再生している。その理由は、祭りを愛し、その存続を願う大人達が、よりよき祭りの形を模索し、奮闘してきたからでもある。

注

（1）山車と書いて「だし」と呼ぶ地域が関東を中心に広がるが、富山では「山車」や「山」を「やま」と読む。西日本では、「山車」や「山」を「曳山《ひきやま》」と総称することが多く、本稿でもこの慣例に従う。ただし、岩瀬の祭りに関するかぎり、現地の表記を尊重し、「曳山《ひきや》車《ま》」、「曳山車祭《ひきやままつり》」とする。

（2）本論は、末原達郎、二〇〇九『文化としての農業　文明としての食料』人文書館の第一章「けんか祭りと岩瀬もん」の文章を下原稿とし、大幅に加筆・訂正し、さらに渡辺の文章（現在の祭り、曳き合いの変化、事故と安全対策、地域アイデンティティの再生と祭りの変化の各項）を加え、全面的に書き換えたものである。一部、前著と重なっている部分があることをお断りする。筆者らは一九八九年と一九九〇年に富山大学文化人類学研究室の実習調査でこの祭りを観察する機会に恵まれた（同研究室編一九九〇、同一九九一）。また、二六年後の二〇一七年に再訪し、祭りの変化を見ることができた。

参考文献

岩瀬曳山車調査会、一九九九『岩瀬曳山車祭』岩瀬曳山車調査会。

河上省吾、一九九一「解説『推定・宝暦絵図』：二百三十年前の東岩瀬」『バイ船研究』第三号。

富山大学人文学部文化人類学研究室編、一九九〇『岩瀬の曳山：地域社会の文化人類学調査Ⅴ』。

同、一九九一『岩瀬の曳山（続編）：地域社会の文化人類学的調査Ⅵ』。

森田玲、二〇一五『日本の祭りと神賑』創元社。

新聞記事

富山新聞一九五四年五月二〇日朝刊七面。

富山新聞二〇〇〇年五月一九日朝刊三三面。

北日本新聞二〇〇〇年五月一九日朝刊三三面。

北日本新聞二〇一一年五月一九日朝刊二七面。

となみ夜高まつりのハイライト、突き合わ

第七章

となみ夜高まつり

―魂を焦がす炎の祭り

阿南透・萱岡雅光

となみ夜高まつりとは？

突然だが、本書を開いている方は、「祭り」と聞いて、どのようなイメージを思い浮かべるだろうか？「賑やか」、「神々しい」、「うるさい」、「粗暴」…。幼い頃の記憶を思い起し、どこか懐かしい気持ちになるという人もいるかもしれない。現代では祭りというと、人が集まる楽しく賑やかな行事、という意味で使用されることもあるが、一方で地域において昔から変わらずに受け継がれてきた宗教的行事のことだ、と考える人もいるだろう。しかしこの章では、祭りにおける「変わらない」側面よりも、「変わり続ける」（祭りを担う人々が変え続ける）側面に注目し、「となみ夜高まつり」[1]の魅力に迫りたい。

夜高祭とは、主に砺波平野一帯に広く分布する、行燈を用いた行事の総称である。夜高祭は五月、六月に行われ、「福野夜高祭」、「津沢夜高祭り」など、各地で開催される。本文で紹介するとなみ夜高まつりは、富山県砺波市で毎年六月第二金曜日と土曜日に行われる。この祭りは、ＪＲ砺波駅周辺を含む、砺波市中心部の出町地区を中心とした各町内（小字）を基本単位として行われ、砺波夜高振興会が主催する。参加町内数は二〇一七（平成二九）年現在のところ一五

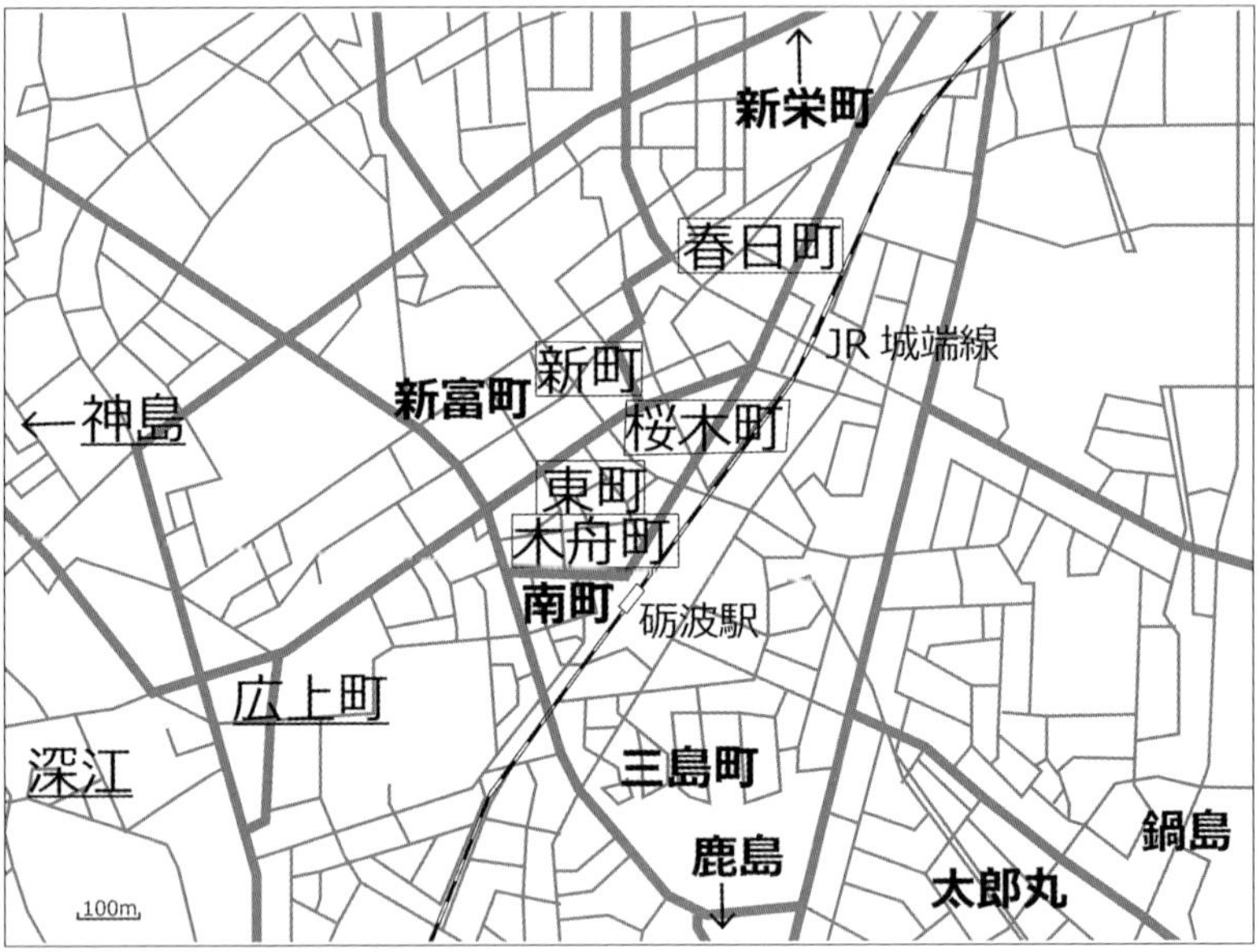

図１　となみ夜高まつりの舞台
（四角囲み：東５町、下線：西３町、太字：南北７町）

写真1　新富町のヨータカ（2011年）

町内で「東五町」、「西三町」、「南北七町」の三つのグループに分かれている（図1）。[2]

となみ夜高まつりでは、参加町内が様々な形の行燈を車輪付きの台の上に乗せたもの（ヨータカ）を曳きまわす。[3]このヨータカこそ、この祭りの主役といってよいだろう（写真1）。台の上に乗る行燈は、竹などで形作った骨組みに模様を描いた和紙を貼り、赤を基調に彩色したもので、ヨータカの全高は六メートルに達する。この行燈は毎年、三か月ほどかけて、町内ごとに趣向を凝らして手作りされる。

もう少し具体的にヨータカの形を説明しよう。第三章の図2を参照いただきたい。その図は福野町のものの構造図だが、基本的な構造はとなみ夜高まつりのものと同様である。行燈は先ほど説明したように毎年作り直したり作り変えたりするが、中心にあるレンガクと呼ばれる行燈は作り変えることはない。レンガクには町内の名前や「祝田祭」、「五穀豊穣」などの文字、あるいは武者絵などが書かれており、町内のシンボルと考えられている。外からは見えづらいが、レンガクを貫くように一本の柱が台に立てられており、この柱をシンボウ、あるいはシンギといい、その先に一番大きなダシと呼ばれる行燈が付けられる。レンガク上部にカサボコ、あるいはコシマキと呼ばれる帯状の幕があり、その下にツリモンと呼ばれる行燈が、前後に二つ吊り下げられる。同図で「台棒」とされている長い木は、となみ夜高まつりではネリボウと呼ばれており、ネリボウとヨコボウを組み上げ、行燈を乗せる台にする。台の基部には電球の電源となるバッテリーが入れられる。その図では書かれていないが、台の下には車輪が前後に入る。

ここで、以降に登場する用語の説明も兼ね、簡単に行事の流れを説明しておこう。となみ夜高まつりは二日間に渡って執り行われる。初日は日中に町内でそれぞれヨータカを曳きまわし、夜になったら、砺波駅の少し北の大通りに集合し、ここで「行燈コンクール」が行われ、行燈の出来栄えを競う。翌日は同じ大通りにおいて「突き合わせ」が行われる。突き合わせは、簡単に言うとヨータカのぶつけ合いである（章扉写真）。

二つの町内のヨータカが、大通りで数十メートル離れて向かい合い、笛を合図にヨータカをぶつけ、押しあったり、ネリボウで相手の行燈を壊したりする。苦労して作った行燈を、この一瞬で壊してしまうわけである。観客と参加者の興奮が最高潮に達する、ハイライトシーンと言えるだろう。突き合わせに勝敗の明確な基準はないが、どちらかが一方的に押されて後退するなど、明らかな優劣が見えた場合に合図の笛が鳴り、一回の突き合わせは終了となる。突き合わせは予め組み合わせが決められており、時間内に何度かの突き合わせを行う。全ての突き合わせが終了すると、終了の儀礼が執り行われ、その年のとなみ夜高まつりは終了となる。

読者の中には、「お神輿はいつ登場するのか？」「なぜヨータカをぶつけ合うのか？」という疑問を抱いた方もいるのではないだろうか。実はとなみ夜高まつりは特定の神社の祭りではなく、田植えの終了を祝い、豊作を祈る行事なのである。デンガクに「五穀豊穣」などの文字が書かれているのはそのためだ。しかも元々は町内でそれぞれに行われていたもので、現在のように町内がまとまって「となみ夜高まつり」という一つの行事として執り行われ、現在のような形の突き合わせが行われるようになったのも、そう遠い昔のことではない。次節では、となみ夜高まつりがどのような歴史をたどって現在のような形になったのかを簡単に見てみよう。

となみ夜高まつりの歴史

南砺市福野の夜高祭は、福野神明社祭礼の一部であり、神社創建にまつわる古い起源伝承を持つ。これに対して、砺波のように、農村で田植え後の休みを祝う「田祭り」に由来する夜高祭の開始時期はわからない。

一九六五（昭和四〇）年刊行の『砺波市史』では、「近世の砺波」の章の「庶民のくらしと楽しみ」に、年中行事として「ヨータカ」が登場する。「六月一〇日はヤスゴト（休事）とて田祭りとする。笹餅を作って業を休み、秋の豊作を祈る。この夜子どもたちはヨータカと称するあんどんをかざして家々を廻る。もっともヨータカは藩政期には全部の村で行なわれたのではないようである。また祭りの日も六月一〇日と一定せず、村により、年により区々であった。」（砺波市史編纂委員会一九六五：五九九‐六〇〇）。

これは農村部の様子だが、都市部の様子はよくわからない。一九二〇（大正九）年には、「東礪波郡出町にては去る一〇日、一一日同地方一般田祭りを挙行するがためこれが余興として各町より夜鷹行燈を引出し練りまわりたるがその形本場福野町のものより数等劣ると雖も十数本を引出し例の夜鷹節の声調おもしろく騒ぎ立てたるに附近村落よりの観覧者又多く雑踏を呈したために遊郭方面の如きは時ならぬ人気を吸収したり。」（北陸タイムス一九二〇・六・一二）という記事がある。この頃から、複数の町の行燈が町を廻っていたようだ。

さて、昭和の戦前期には、出町地区では、行燈をぶつけ合う「突き合わせ」がすでに行われていた。「戦前の夜高は割り竹と竹ひごで作られ、行灯の灯はロウソクで、山車の上にロウソク係が登って灯の付け替えをした。突き合わせも双方の裁許の話し合いで決まり、場所や時間に関係なく対戦した。心棒が折れたり、ロウソクが倒れて夜高が燃えることも珍しくなく、今以上に厳しい動きであった突き合わせを『喧嘩』と呼ぶのは同じで、喧嘩が始まると誰かれなく夜高を押したものである。」（続出町のあゆみ編纂委員会二〇〇八：五九）。また、一九三〇（昭和五）年と一九三四年には突き合わせから乱闘事件に至ったという新聞記事もある。

同様に、砺波市庄川でも、昭和の初期（七、八年ごろ）、金屋・青島の若連中が福野町の夜高行燈をまねて、町内会・常会ごとに大行燈に飾りをつけて村の中心部を練り歩くようになった。そして、町内会ごとの大行燈が進行順位などをめぐってせりあううちに、高さ五、六メートルの心棒が折れたりしたので、これが年々大型化する原因ともなったという（庄川町史編さん委員会一九七五：九二八）。このように起源は不明だが、戦前にはすでに複数の町が大行燈を作って練り歩き、時には「喧嘩」をしていた。

戦時中は一時的に中断したが、戦後すぐに行事が復活する。出町開町三百年にあたる一九四九年には、出町で十数本の行燈を制作したという（北日本新聞一九四九・六・八）。以降、徐々に行燈が大きくなり、一九五二年には行燈コンクールも行われた。

ところが、順調に発展するかにみえた行事が一九六〇年代に中断する。一九六二年には、児童や生徒が夜遅くまで行燈に熱中するのは教育上悪影響を与えるとか、経費がかかりすぎるといった理由で、小中学校ＰＴＡが行燈自粛運動を行い、砺波地区の中心部からは行燈が姿を消す。ちなみに津沢や庄川でも、ほぼ同じ時期に行燈が中断する。

行燈が復活するのは一九六七年で、南町、東町、新富町、中町、西町、桜木町、春日町の七町の行燈が市街地を練り歩いた。また行燈コンクールも復活した（富山新聞一九七四・六・一二）。以後、参加町内が徐々に増えていく。新聞記事によると、一九七四年には、一八町内から二一本が参加した。一九七七年には、太郎丸、深江など郊外地区からも参加した（北日本新聞一九七七・六・九）。

このように参加町が増えた一九八〇年代初頭に、行事が大きく変わる。二日間のうち初日に行燈コンクール、二日目に突き合わせと日程がはっきり決められただけでなく、突き合わせの場所、時間、相手、対戦方法を事前に決めたのである。つまり、時間と場所と対戦相手を決めて、ルールに従ってぶつかる「競技化」へと進んで行ったのである。一九八〇年の「対戦表」によれば、市内二カ所で合計一一回の「対戦」を行った。それ以前は、既に述べたように、突き合わせは場所と時間に関係なく、行燈がすれ違う際に突然始まった。ぶつけ方にも決まりはないため、どの方向から行燈がぶつかってくるかわからず、常に緊張感があったという。これでは負傷者が出て危険であるため、警察の指導を受けて「競技化」に踏みきったものと思われる。同様に、高度成長期には県内各地の「喧嘩祭り」で、警察による事故防止の働き掛けがあり、祭りの運営方法に影響を与えた。

このように対戦方法を決めたことにより、事故が起こりにくく、安全性が高まった。参加町は、行燈のぶつかり合いが正面衝突だけになったことから、行燈の造形は変わらないが、正面からのぶつかり合いに適した戦法を工夫していくことになった。見る側にとっても、迫力のあるぶつかり合いをいつ、どこで見られるかが明確になった。

さらに、参加町内のグループ化が起こっていった。一九八〇年に大行燈の突き合わせに参加したのは一三町で、各町が一～三回の突き合わせを行った。その際に、一三町が東西南北の四グループに分かれ、「東西」対「南北」の間で突き合わせが行われたのである。このグループは基本的にその後も引き継がれ、現在に至るまでほぼすべての突き合わせがこの組み合わせで行われている。そして、現在は大行燈を出す町が東、西、南北の三グループに分かれて協力しあっている。

また、一九九九（平成一一）年から新栄町、二〇一五年から鹿島が突き合わせに加わるなど、新しい町にも門戸を開いており、さらなる発展の可能性を秘めている。

なお、出町周辺には、子どもたちが小型の行燈（田楽行燈などという）を手に持って村を回る地域や、中型の行燈山車を曳き回す地域がある。砺波市内では寺島、上村、荒高屋、八幡、鷹栖、杉木、中村、宮村、三郎丸（砺波郷土資料館調べ）、南砺市内では福野西部地区、井波地区岩屋などがそうである。このように周辺部に広がりをもつだけでなく、近年は中断していた行事が復活しているという。砺波平野を代表する行事として発展しつつ、周辺に波及効果を及ぼしているのである。

行燈の造形を競う

となみ夜高まつりの初日には、行燈の造形を審査する「行燈コンクール」がある。各町の技術やアイデアを約十人の審査員が採点し、上位の町を表彰するのである。入賞した町には賞状、トロフィー、旗などが授与され、栄誉が讃えられる。また受賞結果は翌日の新聞に掲載されて広く周知される。大行燈は、一位市長賞、二位商工会議所会頭賞、三位

写真２　太郎丸のヨータカ（2013 年）

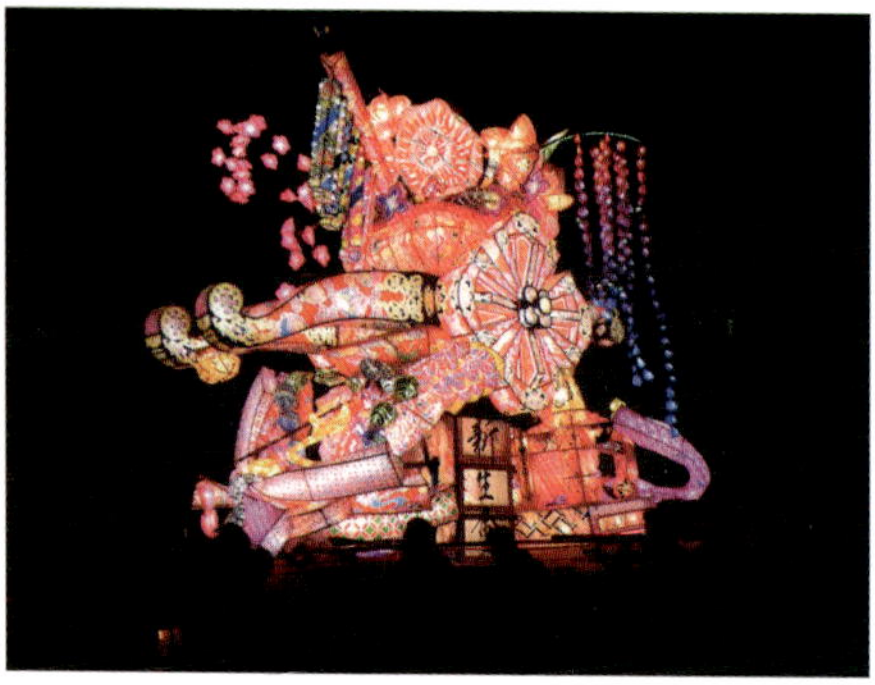

写真３　新町のヨータカ（2014 年）

市議会議長賞、四位観光協会会長賞、五位文化協会会長賞、六位出町振興会長賞、七位夜高振興会長賞、八位審査員特別賞、それに姉妹都市の愛知県安城市から特別賞が贈られる。

行燈は毎年作り直すが、前年と同じ形を続けることもあれば、まったく新しい形を作ることもある。その場合、一番上に位置する「ダシ」には、よく作られる基本的な造形がある。神輿、鳳輦《ほうれん》、御所車、帆掛け船などで、これは福野など他地域とも共通する。砺波の各町でも、そうした造形を採用することも多い。行燈の色彩は、赤が基本であるが、色彩のルールがあるわけではなく、赤を基調とした行燈もあれば、多彩な色を使用したカラフルな行燈もある。また、ネオンサインを点滅させたり、電球の色を変えたり、LED電球を使ったり、あるいはドライアイスを吐くなど、新しい工夫も見られる。また、ダシとツリモンを連結するような造形の工夫も始まっている。

そうした創意工夫の例として、近年の市長賞受賞行燈を紹介しよう。二〇〇九年から二〇一二年は、新富町が四年連続で受賞した。ここでは二〇一一年（写真１）を紹介する。最上部のダシは、高山祭の曳山を模したといい、赤を基調にした色使いが鮮やかで、すっきりした形も美しい行燈である。

二〇一三年の市長賞受賞は太郎丸であった（写真２）。三重塔という、ダシらしくない意表を突いた形態が人々を驚かせた。

二〇一四年は新町が市長賞を受賞した。花街の名残りをとどめる町であることから花をモチーフとし、ピンクや青、紫を大胆に配色した色使いや、かんざしを挿すといった新しい造形の工夫が見られ、革新的な行燈であった（写真３）。二〇一五年も新町が連続で受賞した。

　二〇一六年は新富町が受賞した（写真４）。ダシの前後に鳳凰を配し、そのしっぽを長く垂らした。横から見ると、前後に美しいカーブを描いて光の線が下がっている。これは高岡御車山祭の曳山に見られる、割竹に花飾りをつけた花傘を思わせた。また、先端には鉾留を思わせる造形も作られていた。砺波では見たことのない造形であった。

　二〇一七年は、新町が二年ぶりに市長賞を受賞した（写真５、後ろを撮影）。赤だけでなくピンクと白を多用し、明るさが際立つ行燈であった。また、前のツリモンが左右に観音開きで開いた。このような工夫はおそらく初めてのことであった（ちなみに新町は突き合わせの際、ネリボウを上げ、上から相手のツリモンを壊す。このため通常は、自らのツリモンが壊れることはない）。また、後のツリモンの横には、傘をさした花魁を立たせた。夜高行燈は、骨組を針金ではなく竹で作るのが主流のため、人物の造形は非常に難しく、あまり見ることはない。今回は立ち姿の花魁という動きの少ない造形であったため、違和感なく仕上がったように思われた。

写真４　新富町のヨータカ（2016 年）

写真５　新町のヨータカ　（後ろから　2017 年）

　ここでは一位になった行燈のみ紹介したが、多くの町が毎年工夫を凝らし、新しい造形を引っ下げて登場する。夜高行燈が登場する祭礼は近隣にもあるが、ここまで自由奔放な創意工夫が見られるのは、砺波を置いて他にない。毎年足を運ぶ熱心な観客は、単に行燈の芸術性を鑑賞するだけでなく、過去の行燈を思い起こしながら、各町の創意工夫を楽しんでいるのである。

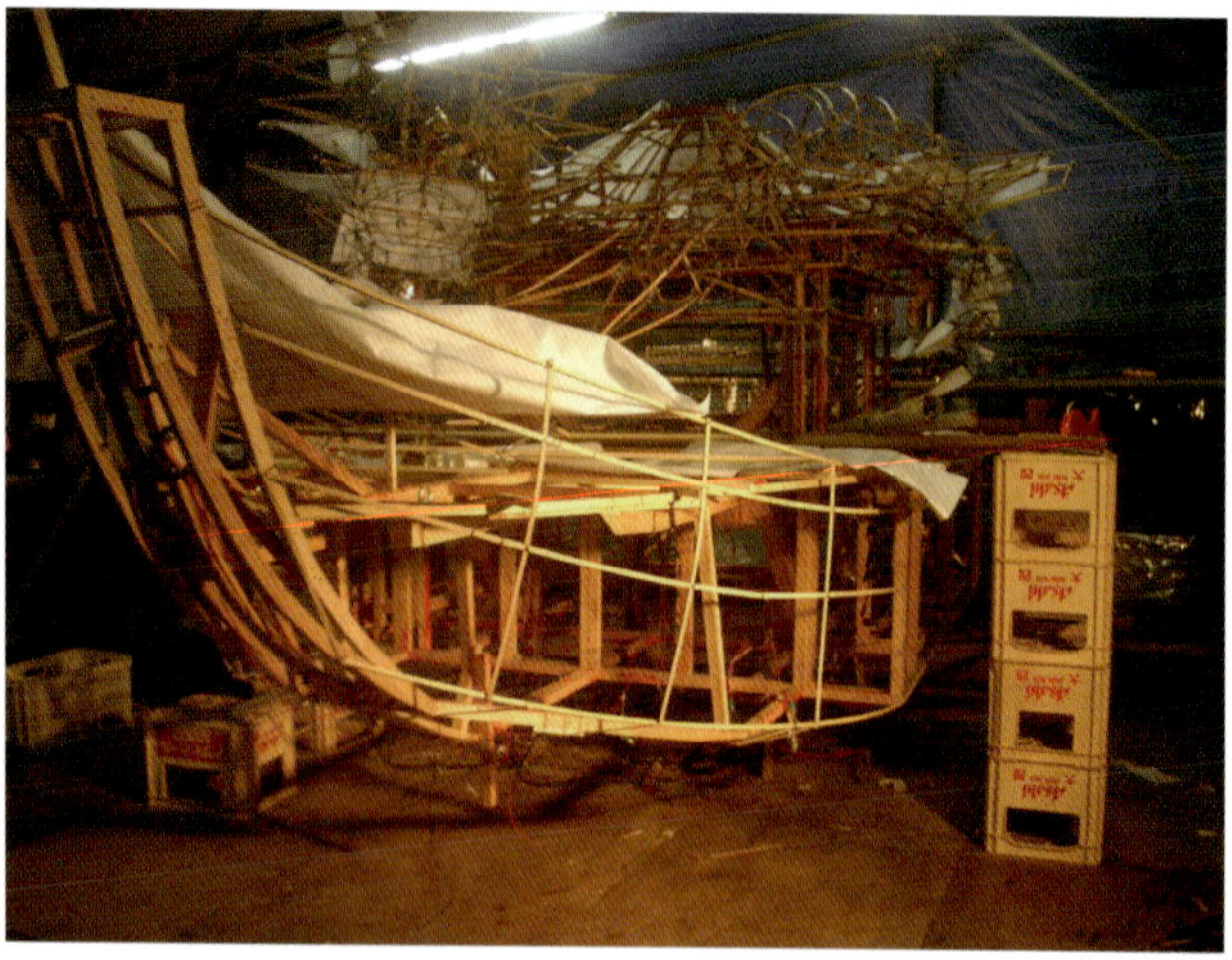
写真６　ダシの骨組み。竹や番線などで作る

美しい行燈ができるまで

以上で見たような美しい行燈は、どのように生みだされているのだろうか。ここからは少し祭りの裏側に踏み込んで、制作の工夫やこだわりを見てみよう[4]。

（一）造形

行燈の骨組みは竹や番線、木材、塩化ビニールパイプなどで作る（写真６）。竹のみで作るという町、逆に竹を使用しない町、番線や針金などを溶接する町など、様々である。番線や金属を使用することで、複雑な曲線を表現しやすくなり強度も高まる。骨組みができたら、電球を骨組みに巻きつけたり、縛りつけたりする。電球は、台の中に入れるバッテリーを電源とする。電球一つとっても、最終的な仕上がりに影響を及ぼすため、吟味が必要だ。光の色、強さにバラツキがでると灯りを点した時に明るい箇所と暗い箇所が生まれてしまうからである。このような骨組みの技術や細部へのこだわりが、行燈の自在な造形を可能にし、表現の幅を広げているのである。

（二）模様

数ある夜高祭の中でも、となみ夜高まつりの行燈の模様はひときわ精緻であり、また色彩も豊かで、大きな見どころである。

写真7　トレース台の上で複雑な模様を描く

この模様は、和紙に一つ一つ手描きされたものである。模様は様々なパターンを組み合わせて作成されており、型紙を使用して描かれるが、高い技術を持ち、フリーハンドで絵を描くという町内もある。複雑な模様や絵を描く時はトレース台を用いる（写真7）。着物や和柄の写真集などを参考に、他の町内にはない独自の模様を模索するなど、それぞれの町内で研究が行われている。

絵や模様のデザインや配置は、美しさやバランスなどを考慮して行われる。パターンが少なくても単調になるし、あまり多くてもごちゃごちゃした印象になる。

模様が描かれた和紙は、蝋引きという作業を経て、骨組に貼りつけられてから彩色する。蝋引きとは、溶かした蝋を筆につけ、下書きした線に沿って引いていく作業である。蝋引きした場所には色が着かないため、行燈に着色する時に、和紙に色の滲みが出たり、別々の色が混ざったりしないようにする、絵柄の輪郭線としての役割がある。蝋を引くことにより灯りを点した時に、紙が透明になって明るく、美しく見えるという効果がある。裏を返せば、模様が細かく蝋引き箇所が多いということはそれだけ赤の着色箇所が少ないということであり、全体的に明るく白っぽい行燈になる。

（三）彩色

骨組に紙が貼りつけられると、染料を用いて色を塗っていく。色はいくつかの色を混ぜ合わせて作るため、町内によって持っている色が微妙に異なり、色の調合の方法は外に漏らさないという町内もある。色にこだわる町内では、和紙も厳選した和紙を使用し、購入してすぐに使用せずに一年ほど寝かしてから行燈に使用するというところもある。そうすることで、より発色が良くなるのだそうだ。

（四）「美しい行燈」とは

行燈コンクールで上位入賞しない町の行燈制作技術が低いのかというと、一概にそうとは言えない。例えば、春日町はかつて一五年連続で最高賞を受賞した町で、高い行燈制作技術を持つ町である。しかし、二〇一〇年の行燈制作では、敢えて高度な技術を使用せず、デザインも簡略化するという方針が取られていた（明和二〇一一）。実は春日町は一九九九年に町内にマンションが建って以降、新住民が行燈制作に加わるようになり、それまでこの祭りに関わりがなく行燈制作の経験を持たない人達でも、楽しんで行燈制作ができるように方針を変更した。これは、春日町では行燈制作が旧住民と新住民の交流と関係性の構築に大きな役割を果たしており、コンクールでの受賞よりも、新規参加者が参加して楽しめるようにすることの方を選択した結果だという（明和二〇一一）。行燈の美しさを追及することだけが、彼らにとって理想の祭りの在り方ではないということだろう。

　行燈のデザインなどについても、様々な言説が見られる。例えばドライアイスを吹き出すパフォーマンスを良しとしない語りや、あまりに模様を細かくしすぎて行燈の色が白っぽくなってしまうことに対して違和感を表明する語りも、二〇一〇年の聞き取り調査では耳にした。他にも「伝統的に行燈の骨組は竹で作るもので番線等を多用するのは邪道」とする意見を持つ人もいる。コンクール上位の行燈が必ずしも万人にとっての「美しい行燈」、「良い行燈」であるとは限らず、「美しさ」は決して一枚岩ではないのである。

　となみ夜高まつりに限ったことではないが、祭りにおいては、それぞれの考える、多様な理想像が語られ、実行、表現される。それは一種の美学のようなものかもしれない。

突き合わせ

（一）戦闘準備

さて、ここからは二日目の突き合わせを詳しくみていきたい。突き合わせでは、ヨータカの台に結んだ縄を人が引っ張って互いのヨータカをぶつけ、押し合わせる。町によっては、突合わせの直前に前輪を外して、後輪のみにしたり、突き合わせ用の車輪（「ケンカ車輪」などと呼ばれる）に交換したりする。戦闘準備が整ったヨータカは所定の位置につき、その時を今か今かと待つ。いよいよ自分達の突き合わせの番が来て、相手と対峙すると、「ヨイヤサ！」の掛け声で勇ましく戦意を高揚させ、興奮状態に陥る。笛の音が鳴ると、男達が雄叫びを上げて堰を切ったように全速力で一気に相手に向かっていく。轟音を立ててヨータカ同士がぶつかる瞬間は、何度見てもその迫力に圧倒される。

（二）上から煽るか、下から押し通すか

突き合わせにおける戦い方は二つに大別できる。一つは、衝突時に相手の台のネリボウよりも下に自分のネリボウを潜りこませ、重心を低くしつつ相手を押していく、という戦法である。もう一つは、衝突時に相手の台のネリボウよりも自分のネリボウを上に持っていき、押されないように踏ん張りつつ、台の基部を支点としたシーソーのようにネリボウを上下させ（この運動を「煽る」という）、相手の行燈を壊すという戦法である。台の高さが同程度で、台の先端同士がぶつかり合う場合は、衝突時や後に台を左右に揺さぶったり、少し横へ向けたりして相手の押そうとする力をかわそうとする駆け引きも行われる。もちろん、突き合わせが全て狙った戦法通りに運ぶとは限らない。二〇一七年の突き合わせでは、重心を落として走って勢いをつけ、ぶつかる直前で台の先を上げて相手の台の上にネリボウを持っていった場面も見られた。偶然にせよ、意図的にせよ、相手は意表をつかれたことだろう。

富山県内には他にも曳山をぶつけ合う祭りがあるが、となみ夜高まつりはぶつけた後にも大きく動きがある。この躍動感こそが、となみ夜高まつりにおける突き合わせの見どころである。

（三）縄を操る

先に見たように突き合わせにおいては、ヨータカ同士をぶつけた後にも台に結んだ縄を人が引っ張って様々な動きをする。この縄は台の左右に何本か伸びている。そのため衝突した後は、互いの縄と人が複雑に交錯することとなる。人が縄と縄の間に挟まれることもしばしばある。縄と人が揉みくちゃになる中で、縄が効力を発揮できているかどうかが判断される。例えば、上から相手を煽る場合、前のネリボウについている縄が相手の縄の下になっていると、上手くネリボウを上下運動させることができない。その時は、縄を相手の縄よりも上にするために、縄を上に通す、あるいは外側にいる味方に向かって投げる、という場面が見られる。煽る側の町内が縄を敢えて高めの位置に持ってぶつかりにいく様子も見受けられる。その時相手はその縄の下を潜りぬけ、重心を低くして相手を一気に押し出そうとする。煽る側で、相手に押し出されないように踏ん張るための縄に繋がる人は、ぶつかる瞬間に姿勢をかがめ、相手の縄の下に潜り込み、重心を低くして踏ん張るのである。このように、縄の効果を最大化して突き合わせを有利に進めるために、その状況に応じた対応と連携が取られているのである。

（四）突き合わせにおける駆け引き

突き合わせをよく観察すると、そこには様々な戦い方があり、ドラマがあるということが見えてくる。ここではその一端を紹介した。ただし注意しておきたいのは、ここで紹介した内容はあくまで一つの例に過ぎないということだ。というのも、突き合わせにおけるノウハウは、それぞれの町が外に漏らさないように心掛けているいわば機密事項であり、ここでその全てを公開することはできないからである。したがってここでは、観客の立場としても観察し得る範囲内の情報を紹介するにとどめた。そして何より、突き合わせにおける戦術は常にその場その場で生み出されるものであり、「突き合わせはこういうものだ」と断じることは不可能だからである。同じ突き合わせは一度としてなく、突き合わせという特殊な時空間の中で、場面に応じた対応が生み出されているのである。

まとめ

以上でとなみ夜高まつりについて、行燈の造形と突き合わせを中心に紹介した。行燈については、それぞれがより「美しい行燈」を目指して競い合い、情熱を傾けて工夫を凝らしていること、新たな技術、革新的デザインやアイデアを積極的に取り入れていることについても触れた。突き合わせについては、ただぶつけ合っているのではなく、町内ごとに得意とする戦い方、あるいは良しとする戦い方があると同時に、戦況に応じて柔軟に対応を変化させているという例を簡単に紹介した。特定の状態を固持し続けるのではなく、生き物のように常に動き続けている祭りである、といえるだろう。

富山県内には曳山が登場する、近世から続く歴史ある祭りが多い。見事な工芸装飾に包まれた、歴史の重みを感じさせる堂々たる曳山の数々は、まさしく「豪華絢爛」の言葉がふさわしく、当時の職人の技術の高さ、そしてこのような豪華な曳山を作成することができた当時の地域の経済力の高さと隆盛の歴史を現在の我々に伝えている。一方、となみ夜高まつりについてはその由来が明らかではなく、「となみ夜高まつり」として開催されるようになってからの歴史もあまり長くない。また、行燈の造形についても毎年改められるために、古い形が残っている、あるいは今後未来に受け継がれていく、ということはないのかもしれない。しかし変化し続けている、いや、変えていこうという、人々の主体的意志が表出しているからこそ、血潮の通った生き生きした祭りとなり、何度も足を運びたくなってしまう魅力を生みだしているのではないだろうか。

となみ夜高まつりを見たことがないという方は、ぜひ一度足を運んでみてはいかがだろうか。もしかすると、あなたの「祭り」のイメージを覆すような驚きが待っているかもしれない。

注

（1）「砺波夜高祭り」などと表記される場合もあるが、本文では主催者にならい、「となみ夜高まつり」の表記を採用する。
（2）内訳は、東五町（新町・東町・木舟町・桜木町・春日町）、西三町内（広上町・深江・神島）南北七町（新富町・南町・新栄町・三島町・鍋島・太郎丸・鹿島）。なお、ここで挙げた一五町内の他にも、大型のヨータカを出さずに、小型で子供達の手によるヨータカを出すが、突合せには参加しない町もある。本稿では大型のヨータカとその突合せを行う町を主に扱う。
（3）これらは一般的名称としてはいわゆる「山車」と呼ばれるものだが、現地では「ヨータカ」と呼ばれている。本文では後述する行燈の部分名称としての「ダシ」との混同を避けるため、現地での呼び方を尊重し、「ヨータカ」と表記する。
（4）萱岡の二〇一〇〜二〇一二年の参与観察・聞き取り調査に基づく。

参考文献

阿南透、二〇一四『「となみ夜高まつり」の成立』『江戸川大学紀要』二四。

萱岡雅光、二〇一二「都市祭礼の魅力と存続：砺波夜高祭の事例報告」『西郊民俗』二一八・二一九。

庄川町史編さん委員会、一九七五『庄川町史』上、庄川町。

続出町のあゆみ編纂委員会編、二〇〇八『続出町のあゆみ：開町３５０年記念』続出町のあゆみ編纂委員会。

砺波市史編纂委員会、一九六五『砺波市史』砺波市役所。

福野夜高保存会・福野夜高三五〇周年記念事業推進実行委員会編、二〇〇三『万燈』。

明和亜沙美、二〇一一「春日町における祭りを媒介としたコミュニティの再構築」竹内潔編『富山県砺波市の生活文化と地域社会』富山大学文化人類学研究室。

富山県の都市祭礼と掛け声

日本語に方言があるように、祭りの掛け声にも地域差があるようだ。私の故郷の秋祭りでは、「だんじり」を曳くが、近畿以西の地域では「山車」のことをおおむね「だんじり」と総称し、「地車」や「楽車」、「壇尻」のように表記する。

近年は、だんじりを曳く子どもも青年たちも少なくなったが、今も、子供たちの掛け声は、「ソーラー曳ケー、モットー曳ケー、曳ッケー曳ッケー」で、だんじりの周りに陣取る青年団の若者たちが「ヨイショ、コラショ」「ヨイショ、コラショ」と掛け声をかけている（写真1）。

各地で多くの山車やだんじりを見てきたが、京祇園祭の山や鉾をはじめ、伊賀上野天神祭の楼車《ろうしゃ》、高岡の御車山や城端の曳山といったユネスコの無形文化遺産に登録されたような豪華な山車もあれば、台車に太鼓を載せた程度の簡素なものまで日本各地にはさまざまなものがある。また、祭り囃子や太鼓の叩き方も地域ごとに違い、その掛け声も「チョーサージャ」「ソーリャ、ソーリャ」「ヨッサイ、ヨッサイ」「ヨーサージャ、ヨイヨイサージャ」「ベーラーベーラー」などの特徴があり、同じ地域内であっても

写真1　大和高田のだんじり

集落や地区が違えば異なることはいくらでもあった。

富山県内の都市祭礼、特に曳山の巡行に注目すれば、八尾では動き出しに合わせ「ホリキリノ　ミッツノ　ヨーカンボー」という掛ける掛け声に特筆されよう。この掛け声のいわれは仏法の「法力」、密教の極意「密意」、僧侶の「永観坊」の力にあやかって重い曳山が動くよう心を合わせたことに由来しているらしい。ただ高岡の御車山や城端の曳山と同様、重厚で優雅に動くため、威勢のいい掛け声を聞くことはほとんどなかったように思う。

一方、沿岸部に目を転じれば様相は一変する。たとえば海老江では「エンヤサー、エンヤサー」という地区もあれば、「ヨイヤサー、ヨイヤサー」という地区もある。勇壮なぶつけ合いで知られる伏木曳山祭（けんかやま）では「イヤサー、イヤサー」、岩瀬では「ヤサー、ヤサー」あるいは「イヤサー、イヤサー」と聞こえる。また新湊や石動、氷見の祇園祭でも「イヤサー、イヤサー」あるいは「アイヤサー。アイヤサー」と掛け声を掛けているように思う。これらはすべて弥栄《いやさか》を語源とするのであろうが、富山県内の都市祭礼で用いられている掛け声には地域類型がある。

掛け声やそのリズムは、他地域の影響や祭りの構成員、世代交代などの事情によって少しずつ変化している可能性がある。東京浅草の三社祭は、かつては「ワッショイ」という掛け声であったが、今では、「ソイヤ」に変わっていて、その背景には祭りの担ぎ手不足解消のため、他地域の担ぎ手を多く参加させたことによるらしい。また大阪岸和田のだんじり祭でも、かつては「オータ、オータ」と言っていたものが「ソーリャー、ソーリャー」に変わり、この「ソーリャー、ソーリャー」も最近ではアクセントがＬＬＨＨ、ＬＬＨＨ（Ｌは低い拍・Ｈは高い拍つまりリャーが高くそれ以外は低い拍で発声する）、からＨＬＬＬ、ＨＬＬＬ（ソのみが高くそれ以外は低い拍で発声する）に変化し、祭りの関係者のなかにも違和感をもつ者が少なくない。故郷でもかつては「エーライコッチャ、ソーラー曳ケー」というような掛け声もあったが今は聞かれることはなく、周辺地域と同じような掛け声に平準化している。祭りの性格や構成員の変化、その有り様が掛け声にも影響を与えている。

近世期、祇園祭の山鉾をモデルとした山車が地方都市に普及し、各地で都市祭礼が行われるようになったと言われる。つまり都市祭礼はそもそも文化的に優位な他地域の影響を受けながら発展してきたとも言える。富山県内の祭りの特徴も、存外その掛け声に注目すれば、これまで気づくことのなかった類型や変遷が浮かび上がってくるかもしれない。

（中井精一）

女性たちが浴衣を着て踊るさんさい踊

第八章

さんさい踊り

―女性が主役の盆踊り

栄多谷洋子

「サーイサンサイ　ヨンサノコイヤナー」

浴衣姿の女性たちが、囃子詞《はやしことば》を囃しながら、曲に合わせてしなやかに踊る。提灯の明かりが、女性たちの姿をほのかに照らす。大人の女性のしっとりとした踊りの一方で、小学生の女の子たちも、愛らしい踊りを見せる。

女性と女の子が、主役になれる二日間。それがさんさい踊りである。

さんさい踊りとは

さんさい踊りは、毎年七月一四日・一五日の祇園会《ぎおんえ》の夜に、女の子の健やかな成長と厄除けを願って、円隆寺（富山市梅沢町三丁目）の境内で行われる盆踊りである（図1、図2）。

この踊りは、近隣に住む女性や女の子が、浴衣に赤い前掛けを身に着けて、「サーイサンサイ　ヨンサノヨイヤナー」という囃子詞を囃しながら、輪になって踊る。さんさい踊りの「さんさい」の名は、囃子詞の中の「サンサイ」からとられた。富山市の金屋、呉羽地域に伝わる「やんさ踊り唄」や「野下《のじた》踊り唄」にも「サーイサンサーイ」という囃子詞があり、さんさい踊りと関連するとも考えられている。

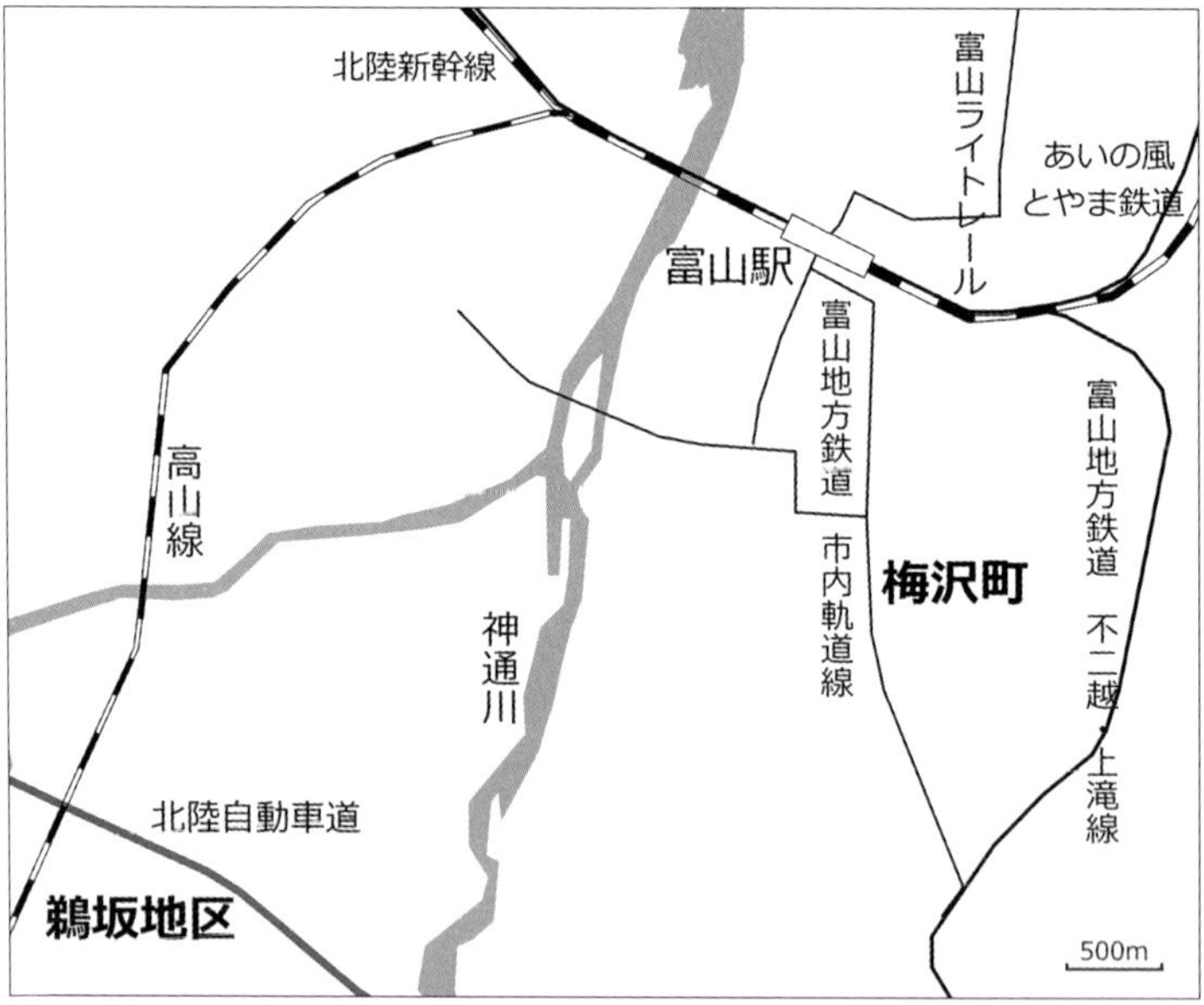

図1　さんさい踊りの舞台

踊りが行われる梅沢町は、富山城ほど近くの富山市中心部に位置する。一六三九（寛永一六）年に、加賀藩主前田利常が、富山市を含む諸地域を分藩し、「富山藩」として次男の利次に与え、富山藩ができた。当時の城下町の区画は大きく分けて侍町・商人町・寺町で構成された。梅沢町は寺町にあたり、現在でも寺が多く存在する。寺が一か所に集められて寺町とされたのは、城下の防衛と有事の際の収容施設として役立てるためだと言われている。

その後、一八七〇（明治三）年、明治政府によって布告された合寺令により、寺にちなんだ町名が改称され、「寺町」は「梅沢町」となった。町名の由来は、合寺令に伴って統合することとなった「梅沢山《ばいたくさん》　持専寺《じせんじ》」の山号を生かしたものである。

さんさい踊りと祇園会

祇園会とは、京都の八坂神社で行われる祭礼のことで、八坂神社の祭神で、疫病除けに良い牛頭《ごず》天王を祀って、これを信仰する「祇園信仰」に基づくものである。全国各地に祇園信仰は広がっており、福岡県の「博多祇園山笠」や、富山県内では「氷見祇園祭」などが例として挙げられる。円隆寺にも牛頭天王が祀られているため、祇園会が行われる。

円隆寺の祇園会は、七月一五日に檀家を呼んで読経や食事を執り行う法要のことで、さんさい踊りは、この法要における奉納踊りだった。現在は、かろうじてさんさい踊りの最中に読経が行われるのみである。

法要が行われなくなった現在は、祇園会と呼ばれることはほとんどなく、「富山さんさい踊り大会」という名称で行

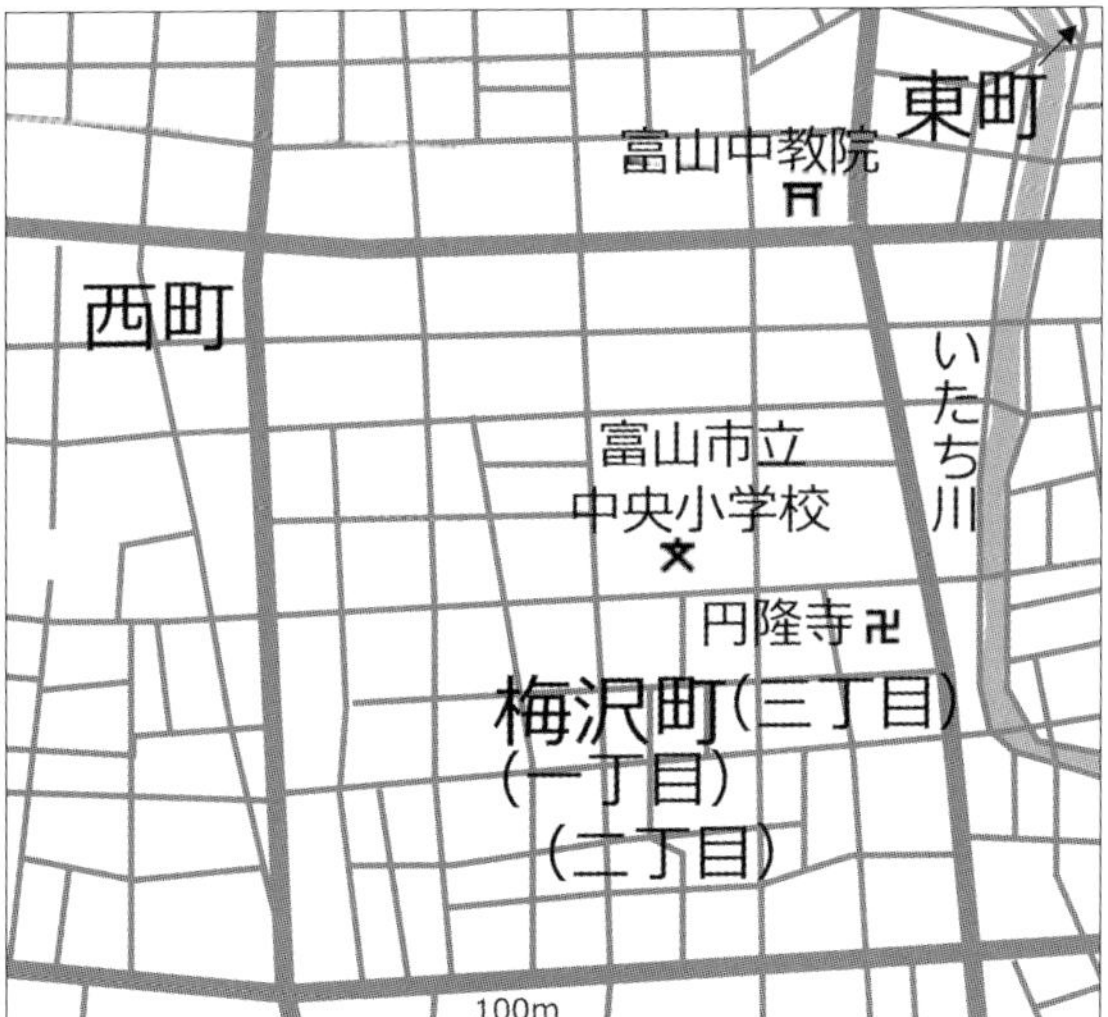

図2　さんさい踊りの舞台（梅沢町）

われている。「大会」という名称になってはいるが、何かを競うものではない。また、実際には地元の人々が「富山さんさい踊り大会」と呼ぶことはほとんどなく、単に「さんさい踊り」と呼んでいる。

さんさい踊りの歴史

さんさい踊りが行われる正覚山《しょうがくざん》円隆寺は、天台宗の寺院で、一六六六（寛文六）年に比叡山西塔地定院《さいとうちじょういん》の快恵《かいけい》が開創した富山藩主前田家の祈願所である（写真1）。女性の災難除けに霊験があるという淡島大明神、如意輪観世音菩薩（地元ではかわうそ大明神と呼ばれる）が祀ってあり、女性の信仰を集めていた。

ある時、富山城下で疫病が流行し、京都の八坂神社から牛頭天王の分身を祀ったところ、疫病がおさまった。その後、円隆寺の厄払いの法要である祇園会に女性と子どもだけで踊りを踊るようになったのが、さんさい踊りの始まりとされている。

写真1　さんさい踊りが行われる円隆寺

一六五三（承応二）年、富山城下での盆踊りの夜、加賀藩士と富山藩士とが喧嘩をおこしたのが原因となって、責任者が切腹させられる事件があった。その後、富山藩は、市街地での盆踊りを厳しく取り締まる「盆触れ」という布令を出した。しかし、この踊りだけは女性と子どもがその中心であることから取り締まりから外され、今日まで長く続いた。「サーイサンサイ　ヨンサノヨイヤナー」という囃子詞には、「もう佐々の世ではない」という意味が込められているとも言われ、佐々成政の後に富山へ入城した前田氏が、前領主の気風を排すため、領民の間に歌い流行らせたという説もある。この説に確証はないが、さんさい踊りの由来を地元の人たちが語る際、この説がしばしば持ち出される。

さんさい踊りは、戦後一時さびれていた。一九五五（昭和三〇）年（一九六一年ともされている）に、当時の住職など町内の有志が、保存会を設立し、さんさい踊りを復興させた。

一九七一年には、さんさい踊りが長い歴史を持ち、富山市に残る数少ない盆踊りであるとして、富山市無形文化財（現在は無形民俗文化財）に指定された。文化財に指定される以前のさんさい踊りは、一九五五年出版の『日本民謡大観』に「サンサイ踊といっても踊るのではない」とあるように、輪になり手をつないでぐるぐる回るだけのものだった。文化財指定後は、それまでの回る踊りに変わって、日本舞踊家が、新たな振り付けを創作した。梅沢町三丁目の住民で長くさんさい踊りに携わってきた女性たちが、この踊りを習いに行き、それが現在まで受け継がれている。

「女性のための踊り」ではあるが、一九七六年に出版された『富山市の民謡』には、多くの男の子が踊っている姿も写されており、厳密に「女性・女の子のみ」と規定されていたわけではないようだ。男の子・女の子に関わらず、境内に溢れんばかりの人が、何重にも輪をつくって踊っている様子が見られる。

また、一九八五年からは、梅沢町近くの五番町小学校（現在の富山市立中央小学校）の当時の校長が、さんさい踊りを地域の歴史ある芸能として教育の場に取り入れた。現在でも、小学校ではさんさい踊りが運動会で披露されている。

現在は、町内の人口が減少していることもあり、踊り手も減少している。町内や小学校にも声をかけ、踊り手を増やす試みが続けられている。その一環として、二〇一七（平成二九）年からは、子どもたちが参加しやすいよう、七月一四日・一五日に最も近い土日に踊りを開催していくことになった。

さんさい踊りの信仰と風習

円隆寺の檀家数は、近年減少しつつあるが、かつては女性の参拝者がとても多かった。円隆寺近くの富山市東町には、遊郭が多く立ち並んでおり、遊女たちが性病にならないようにと、淡島大明神や如意輪観世音菩薩を拝みに、円隆寺に来ていたことがその理由である。特に、淡島大明神は女性たちから「淡島さん」と呼ばれ、親しまれていた。この当時における女性たちの、円隆寺に対する信仰の深さが窺える。

また、祇園会が行われる日、あるいはさんさい踊りが済むまでの間は、きゅうりを食べてはならないという風習が、地域に長く伝えられていた。これは、きゅうりの断面の模様が、富山藩主前田家の家紋「丁字梅鉢」に似ているからだと言われている。似た風習は、上市町の一部や他府県の各地にもある。例えば、円隆寺が牛頭天王を勧請している京都の八坂神社周辺では、きゅうりの断面が神社の神紋を思わせるため、こういった風習があるのだという。

これらの信仰や風習は、現在ではほとんど見られないが、円隆寺や富山藩に対する崇敬の念があったことを思わせる。

さんさい踊りの歌詞

さんさい踊りは、その歌詞にも特色がある。江戸時代の富山藩における人情、風俗、習慣、方言など日常の暮らしぶりを窺うことのできる部分が多く、貴重であるとして文化財に指定された歌詞の一部を以下紹介したい。数ある歌詞の中でも、最も特徴的なのが次の一節だろう。

踊るまいか　見まいか　踊るまいか　見まいか　島の徳兵衛の　嫁見まいか
嫁見りゃなんじゃ　嫁見りゃなんじゃ　目こそ　へがなれ　きりょうよし
きりょうが良いとて　根性が知りょうか　鵜坂太鼓のばいで　面ばかり
島の徳兵衛の土用干見まいか　おいに七棹　座敷に八棹　縁の出口に九棹
サーイサンサイ　ヨンサノヨイヤナー

この歌詞に出てくる「島の徳兵衛」とは、江戸時代に、現在の富山市婦中町で十村役（庄屋）を務めていた岡崎徳兵衛とされる。徳兵衛の嫁は、徳兵衛が助けた蛇の化身であり、この嫁を貰ってから、岡崎家は裕福になったという言い伝えがある。その裕福さが表れているのが、「土用干」の部分である。この歌詞は、土用干しの季節になると、たくさんのたんすが岡崎家の座敷や縁側に並んでいる様子を歌ったものである。

他の部分にも、富山のかつての風習が表れている部分がある。「鵜坂太鼓のばい（太鼓をたたくばちのこと）で」とは、富山市婦中町にある鵜坂神社の祭りに関連する。その祭りは、「楉祭《しもと》（尻打ち祭）」と呼ばれ、衆人が見守る社前で女性が男性と密通した回数を言い、神官が、その数だけ太鼓のばちで女性の尻を叩くものだった。平安時代後期にはすでにあったとされ、江戸時代まで続いていたとされる。正直に言わないと神罰が下ると考えられていた。

現在歌われている歌詞にも、富山の歴史や風習が掴みとれる部分が多いが、かつてさんさい踊りで歌われていた歌詞にも、その一端が見て取れる。一八九〇（明治二三）年に、文部省文芸調査委員会が採録した歌詞には、現在歌われていない歌詞が多く含まれる。その一部を紹介したい。

南新町流れよが焼けよが　ぎょうぎさんさえ流れにゃよい

このような歌詞もある。

舟橋切れた舟橋切れた　舟の大事のぎょうぎさま

これらの歌詞に出てくる「ぎょうぎさん」「ぎょうぎさま」とは、円隆寺に祀られている牛頭天王（祇園さま）を指しており、「祇園さま」が「ぎょうぎさま」に訛ったとされている。現在はあまり聞かれなくなったが、地元の人々は、円隆寺を「ぎょうぎはん」と呼び親しんでいたという。昔から「祇園さま」を大切にしていたことが、この歌詞からも読み取れる。

さんさい踊りの準備

さんさい踊りは、女性によって受け継がれてきた祭りであり、現在も踊り手の多くが女性である。ただ、踊りの運営を行う「富山さんさい踊り保存会」の役員の多くは男性で、会場設営等の準備の大半も男性たちが進める。

踊りの準備は、六月末に開かれる保存会の役員会から本格的に始まる。役員会では、前年度の会計、今年度の予定、踊り当日の役割分担などについて報告、話し合いを行う。

芸能に音楽はつきものである。大正の時は、踊りの輪の中央に音頭取りがおり、音頭取りの歌に合わせて、踊り手が囃子詞を囃していた。だが、現在では、カセットテープで歌とお囃子を録音したものが使われており、事前に練習を行うことはない。踊り手が囃子詞を囃す習慣だけは、現在でも残っている。

また、踊りについても、大人の女性たちは、特に普段から練習を行うことはない。寺が多い梅沢町では、寺の存続のため、一人娘に跡取りとして婿を迎える家庭が比較的多い。子どものころから踊りに慣れ親しみ、大人になっても町を出ることなく、踊りを続けているため、特に練習することはないのだろう。かつては、踊りの伝承のため、女性たちが練習する場を定期的に設けていたが、だんだんとそういった機会もなくなってしまったという。

子どもの踊り手も、日常的に踊りの練習を行うことはない。円隆寺近くの富山市立中央小学校では、教育の一環で、地域の歴史ある芸能としてさんさい踊りを学ばせているため、子どもたちに小学校以外で踊りを指導することはしていない。以前は、特に小学校の五、六年生の女の子を円隆寺に集めて、保存会の人が踊りの指導をしていたこともあったが、これも現在は行われていない。現在の小学校では、保存会の人々が直接子どもたちに教えることはなく、保存会から指導を受けた小学校の教員が、子どもたちに教えている。

会場の設営は、開催日に最も近い日曜日に行う。提灯を吊り下げ、お寺の門やお堂に垂れ幕をつけ、観覧客用にパイプいすを設置する。会場設営などの力仕事は男性たちが行い、女性たちは当日の踊りに専念する。踊りから退いた女性たちは、当日、踊り手たちが着用する浴衣の着付けを行う。男性が準備をして、女性が踊る、と明確に役割分担を決めているわけではないが、「自然にそうなっている」と町の人は話す。

さんさい踊り当日の様子

さんさい踊りは、二日間ともに夜七時から始められる。夜六時を過ぎると、女の子たちが私服姿で円隆寺を訪れる。今は、浴衣を持っていなかったり、持っていても自分では着付けができなかったりすることも多いので、保存会では、浴衣の貸し出しや着付けの手伝いを行っている。大人の女性の多くは、長年踊りに参加しており、着付けに慣れているため、事前に保存会から貸し出された浴衣を家で着付けてから、円隆寺に集まる。

夜七時になったところで、保存会会長があいさつを行い、カセットテープで音楽がかけられる。音楽が始まれば、自由に輪になり踊り始めてよいのだが、気恥ずかしさからか、先頭を切って踊り始める人はなかなか現れない。それでも、一人が踊りを始めると、それに続いて多くの人が輪に入り、踊り始める（章扉写真）。

さんさい踊りは、梅沢町三丁目で受け継がれてきたものだが、現在の踊り手は、梅沢町の人だけではない。富山市立中央小学校では、女の子のための踊りではあっても、女の子だけに指導するということはなく、男の子も女の子も、全ての児童が踊りを踊ることができる。町内か町外か、あるいは男女を問わず、小学校で踊りを学んで、祇園会に参加する児童は多い。ある女の子は、「小学校では体操服を着て踊るから、ここで浴衣を着られてうれしい」と話す。

また、ある男の子たちは、多くの女の子に混ざって踊りに参加することに、照れくささを感じている様子だったが、小学校での取り組みから、円隆寺やさんさい踊りを身近に感じている様子であった。保存会所有の浴衣は、女の子向けのものなので、男の子は私服で、赤い前掛けのみ着用する。

踊りに参加する大人の女性は、町内の人が多い。「梅沢町に嫁いできたなら、さんさい踊りをするもの」と、町の女性たちは語る。町外から嫁いだ人であっても、お姑さんや周りの女性たちが踊りを踊る姿を見て、「自分もやらなくては」という思いに駆られるのだという。

町を出た人も、その思いは変わらない。踊り手の中には、梅沢町で生まれ育ち、町外に嫁いでも、踊りに参加する人がいる。「梅沢町に生まれたなら、さんさい踊りをやるもの」という思いは、町外に嫁いでも、持っているという。母親が、さんさい踊りに取り組む様子を、子どものころから見て育ったことが、影響しているそうだ。

また、梅沢町で生まれ育ったわけではないが、一時期梅沢町で暮らしていたという踊り手もいる。「今は、町を出てしまったが、踊りが好きだし、着付けも好きなので、自分の浴衣を着られることがうれしい」という声が聞かれた。普段はなかなか着る機会がない浴衣を着られることは、踊りの楽しみの一つになっているようだ。

観光客として踊りを見に来た人が、私服のまま飛び入りで参加する姿も見られる。ある女性は、「富山市の文化財に指定されていると聞いて興味を持ち、見に来た。歌詞にも興味がある」と話す。この女性のように、さんさい踊りが文化財に指定されていることや、江戸時代の富山の様子が表れる歌詞に興味を持つ人は多い。また、ある男性は、当初踊りの輪の外で見様見真似で踊っていたが、後になると輪の中に入って踊っていた。男性は、「盆踊りが好きだから、いろんなところに踊りに行っているんだ」と笑顔を見せた。

踊りの振り付けが難しくないためか、見物目的で来た人々が踊りの輪に入る姿は、多々見られる。踊りやすさもさることながら、「町の人だけ」、「女性だけ」、「浴衣が必須」と制限されていないことも、気軽に飛び入りができる理由なのだろう。見るだけでなく、体験できることがこの祭りの特長である。

踊りが始まってしばらくすると、円隆寺からは読経が聞こえてくる。円隆寺では、一九七〇年代くらいまで、祇園会の法要を執り行っていたが、お寺に代わって保存会が踊りの運営の中心になると、次第に法要は行われなくなっていった。現在は、踊りの最中に、寺による読経が行われるのみとなっている。数は少ないが、何人かの人が読経を聞いていた。

途中で休憩をはさむものの、夜八時になるまで、音楽に合わせて、踊り手はひたすら踊り続ける。以前から参加を楽しみにしていた人、踊りを見て飛び入りで輪に入る人、きっかけは人それぞれだが、思い思いの踊りを終えた人々は晴

写真２　子どもが踊り手のうさかさんさい踊り

れやかな面持ちで帰路につく。

うさかさんさい踊り

　さんさい踊りは、もともと富山市梅沢町で伝承されてきたものであるが、現在では、神通川左岸の鵜坂地区（富山市婦中町）でもさんさい踊りが踊られている（図１）。正確な時期は定かではないが、昭和の終わりから平成の初めごろの鵜坂神社の会合で、さんさい踊りの歌詞に、鵜坂に関係する「島の徳兵衛」が出てくるという話が出たことから、鵜坂の人々が円隆寺に教えを請いに行った。鵜坂に導入された踊りは「うさかさんさい踊り」と呼ばれて、踊られている。

　現在歌われているうさかさんさい踊りの歌詞は、内容を鵜坂に合わせて作り変えており、踊りにも「女踊り」と「男踊り」を創作するなどして、歌詞、踊りともに相当な変化が加えられている。女踊りは、円隆寺で踊られているのと同じものであるが、男踊りは鵜坂で新たにつくられたものである。歌詞を作り変えた理由は定かではないが、踊りについては、「（梅沢町で踊られているものは女の子のものであるため）男の子のための踊りがないのはかわいそう」という理由から創作されたという。

　うさかさんさい踊りの踊り手は、鵜坂小学校の児童たちで、主に運動会と売比河《めひかわ》鵜飼祭で踊りを披露する。売比河鵜飼祭とは、奈良時代の越中の国司大伴家持が、神通川（旧名：売比河）の鵜飼漁を和歌に詠んだという故事に基づき、一九九八（平成一〇）年より開催されている祭りである。鵜坂小学校に踊りを指導するのは、うさかさんさい踊りの保存団体であり、梅沢町の人々が鵜坂の人々に踊りを指導することはない。運動会で披露する際は、体操服を着用するが、鵜飼祭の際は、男の子は揃いの法被に鉢巻、女の子も揃いの浴衣に赤い前掛け（女の子のみ造花を手にする）を着用して踊る（写真2）。

梅沢町では、子どもから大人まで幅広い年代の女性が中心となって踊るが、鵜坂では、大人は踊り手にはならず、小学生の男女が中心であることが、鵜坂と梅沢町の大きな違いである。

また、この売比河鵜飼祭では、鵜坂小学校の女の子たち数名が、「越中古さんさい踊り」という踊りも披露する。越中古さんさい踊りは、鵜坂の人々の間では、現在歌い継がれているさんさい踊りの原型とも言われるが、詳細は分からない。最初の囃子詞「サーイサンサイ　ヨンサノヨイヤナー」だけは共通しているが、囃し方が違い、またその他の歌詞・旋律・衣装・踊り方も、さんさい踊りとは大きく違う。

さんさい踊りの昔と今

先にも述べたように、さんさい踊りは、一九七一（昭和四六）年に富山市の無形文化財に指定されたのを境に、手をつないで輪になり、歌に合わせてぐるぐると回るものから、日本舞踊家が創作した踊りを踊るようになった。踊りを創作したことは、さんさい踊りを町の外に広げるきっかけを作った。

いつごろ始められたかは不明だが、かつては、七月一四日に梅沢町近くの西町界隈を練り踊り、一五日に境内踊りをするという形を取っていた。当時は、夏の時期になると富山中教院周辺には夜店が出ており、賑わいの一つとして練り踊りを行っていたという。だが、次第に練り踊りの規模は縮小され、夏の夜店がなくなった二〇〇〇（平成一二）年頃には、練り踊りも行わなくなった。

他にも、以前は、富山市の大規模な夏祭りである「富山まつり」などのイベントへの出演や、テレビなどの取材も多かったが、現在はなくなった。町の人々は、出演したイベントの中でも、富山県民会館での公演がとても印象的だったようで、ステージ上での立ち位置を細かく指示された話を感慨深く語っていた。現在では、このような機会がなくなったことについて、「この当時はこういったものが珍しかったんだろうけど、今ではね」と残念がる声も聞かれた。

梅沢町の女性たちは、練り踊りやイベントなどに参加してきたことを懐かしそうに話す。文化財に指定された後に、踊りが創作されたことは大きな変化だったはずだが、それ以上に、新たな踊りを披露する場ができたことは、梅沢町の人々にとって大きな出来事だったのだろう。

新しい踊りは鵜坂に伝わり、さらにそこで男踊りや歌詞の創作も行われ、独自の展開を見せた。創作された踊りが地域の枠を超え、別の踊りを派生させたことも、さんさい踊りの大きな転機である。梅沢町は、「さんさい踊りが少しでも広まれば」という思いで、鵜坂に踊りを伝えた。鵜坂は、梅沢町から教えてもらった踊りをそのまま取り入れるのではなく、「自分たちの地域に合うようにしよう」という思いで変更を加えた。それぞれの思いがあったからこそ、この芸能に多様な展開をもたらしたのだろう。

昔と今との違いについては、踊り手の減少を挙げる声も多い。「昔は、さんさい踊りの日になると、たくさんの女の子が集まって、お寺の外まで列をつくっていた。今はそれがなくなってしまった」という声も聞かれる。梅沢町の住民数は減少傾向であるが、「町内の行事なのに、さんさい踊りのことをあまりよく知らない人が多い」という声もあり、周知されていないことに危機感を感じる向きもある。

住民数の減少は、他のところにも影響している。「以前は、踊りの当日に、奉納した人の名前が入った赤い提灯を下げていたが、今は新しく提灯をつくることがなくなった」と町の人は話す。町の男性たちからは、「昔は、お嫁さんが（町へ嫁いで）来たら、喜んで提灯を出した」「お嫁さんのお披露目にもなった」という声が上がっている。住民数が減少し、新たに町へ嫁いでくる女性が少なくなったため、提灯を出すことも減っていったのだろう。男性たちは、もう提灯を出さなくなったことについて、「伝統がなくなったらさびしい」と話す。

昔の踊りの様子を知っている人たちは、踊り手の減少によって、活気が失われることや、提灯に代表される「踊りの伝統」が失われていくことに、さみしさを感じているようである。

だが、「さみしくなった」だけが今のさんさい踊りの姿ではない。

「江戸時代から続いてきた歴史あるさんさい踊りを絶やしたくない」

踊りに携わる保存会の男性たちからはそんな声が聞かれる。さんさい踊りは、女性のために始められた踊りであり、現在もその中心は、女性たちである。ただ、準備などを行い、踊りの運営を縁の下で支えているのは、男性である。以前から、観光客などの他地域の大人の男性が、踊りの輪に加わることはあったが、地元の男性たちは、踊りを踊ることなく、裏方に徹してきた。そのためか、これからのさんさい踊りについて語るのは、男性が多い。男性たちは、梅沢町の住民数が減っていく中で、踊り手や保存会のメンバーをどうやって確保していくかを、たびたび話題にする。その根底にあるのは、「さんさい踊りが文化財だから続けなくてはいけない」という意識である。「江戸時代から続く歴史ある踊り」ではなく、「文化財に指定されるほどの歴史ある踊り」であることは、さんさい踊りを絶やしてはいけない」と
踊りを次世代につなげる大きなエネルギーとなっている。

男性からは、次のような声も聞かれる。

「さんさい踊りは、もともとお寺への奉納踊りなのだから、(踊りの最中に読経するのではなく)、踊り手全員がお堂でお参りをしてから、踊ってはどうか」

現在では、踊りを踊ることが中心となっており、さんさい踊りが奉納のための踊りでもあることに、あまり関心を払っていないのではないかと危惧を抱いているようである。

女性たちは踊りを踊ることに集中している分、外から見ている男性だからこそ、こうした思いが出てくるのかもしれない。

さんさい踊りは、女性のための祭りであるが、女性のみで執り行い、女性だけが楽しむ祭りではない。「女性の踊り

を支えるのは男性」という構図は少し意外なところもあるが、女性だけでも、男性だけでも、この踊りは成り立たない。主役である女性と縁の下で支える男性とが、それぞれ自分たちの持つ力を発揮することによって、さんさい踊りは受け継がれてきたのである。

参考文献

鵜坂地区観光協会編、一九九七『鵜坂史にかかわる人々』鵜坂地区観光協会。

片山正則編、一九五五『日本民謡大観』日本放送協会。

黒坂富治、一九七六『富山市の民謡』富山市教育委員会。

同、一九七九『富山県の民謡』北日本新聞出版部。

同、一九八八『富山のわらべ歌』柳原書店。

五番町地区郷土史編集委員会編、二〇一二『五番町地区郷土史』五番町地区郷土史刊行委員会。

富山市史編集委員会編、一九六〇『富山市史　第一巻』富山市史編集委員会。

富山市教育委員会生涯学習課、二〇一一『富山市の文化財第二号』富山市教育委員会生涯学習課。

富山県教育委員会生涯学習・文化財室、二〇〇七『とやまの文化財百選シリーズ（三）とやまの祭り』。

富山新聞社編、一九八六『富山の習俗　ふるさとの風と心』富山新聞社。

婦中町史編纂委員会、一九九六『婦中町史　通史編』婦中町。

現代的復元「布橋灌頂会」のすがた

平安時代中頃から慣習化した「女人禁制」によって、女性は山に登り穢れの浄化や滅罪の行為を行い「生まれ代わる」ことができないとされてきた。しかし江戸時代初め頃には、山に登れない女性でも、立山山麓芦峅寺の媼《うば》堂川に架かる橋に白布を敷いて渡る「橋渡し」に参加することにより男性と同じく穢れの浄化や滅罪が可能となるという代替え行事が行われるようになった。記録にみると、一六一四（慶長一九）年六月二四日に加賀藩初代藩主前田利家の奥方芳春院と二代藩主利長の奥方玉泉院が白布を敷いた橋を渡る「橋渡し」の行事を行っている。その後、この「橋渡し」行事が次第に整備されて、文政期（一八一八〜一八三〇）には女性のみの救済を謳った「布橋大灌頂」儀礼が秋分の中日に行われ、多くの参詣者が群衆したが、明治維新の神仏分離令によって廃絶された。

しかし一九九六（平成八）年九月二三日、国民文化祭において一三六年ぶりに布橋灌頂会は現代的に復元されて芦峅寺の地に再登場したのである。その後地元芦峅寺・立山町を中心とする実行委員会により富山県の支援を受けて三年毎に開催している。

それでは、現代的に復元された布橋灌頂会のすがたを紹介しよう。なお、一九九六年の布橋灌頂会に参列した女性（女人衆）は四〇名、その後次第に増えて、二〇一七（平成二九）年は一一〇名であった。

布橋灌頂会に参加できるのは女性のみ。古来からの山中他界観により、山中の死者の世界に入って穢れの浄化や滅罪の行為を行い「生まれ代わる」るという考えから、一旦死んだことにして「布橋灌頂会」に参加するのである。このことを「擬死再生」という。

この儀式は、真言・天台両宗の僧が法会の進行役を勤める。「布橋灌頂会」の全行程において僧は声明（お経の合掌）を朗じ、雅楽の演奏とともに女性の内観を助けるのである。まず参加者は白足袋・白装束（死装束）に身を装い閻魔堂に参集。閻魔堂に入り閻魔王の前で自らの現世の罪（日常生活の悩みや罪の意識）を懺悔（自覚）する。懺悔を勧めるのは引導師と呼ばれる僧である。やがて女性は閻魔堂を出て白布が敷渡された布橋に至るのである。白布は閻魔堂から橋を渡り、媼堂（かつての媼堂、現在立山博物館映像館）までの道筋に敷き渡されている。閻魔堂を出る際には白布で目を隠し菅笠を被る。三列の隊をなし、三条に敷かれた白布の道を妙念坂を下り布橋を渡る。引導師と声明・雅楽に導かれ一歩一歩確かな足取りで布橋を渡る。橋の中央で浄土へと導く来迎師に引き継がれる。そして布橋を渡り終える。これを浄土への「行道」という。目隠しすることで周囲の景色を遮断しひたすら自らの心を見つめるのである。声明の朗々たる声と妙なる雅楽の響き、吹き渡る秋の風、そして朱塗りの欄干と女性の白装束のコントラストは実に印象的である。四五mの橋を渡り終えた女性は媼堂へと導かれる。この媼堂に「浄土入り」して扉を閉めると、法華経読誦や諸真言の勤行があり、院主により血脈《けちみゃく》などの供法が勤修（日々の修行に励むこと）され、往生の約束がなされる。女性は目隠しをとると眼前の扉ならぬスクリーンが上げられ、やわらかな光に包まれた立山が遥望でき、浄土往生を実感するのである。再び布橋を渡って現世に戻り、生まれ代わる。かくて布橋灌頂会は、閻魔堂での懺悔戒と三昧戒（仏性に目覚めるための儀礼）を受ける法要、布橋上での行き渡し法要、媼堂での四箇法要が行われ再生＝生まれ清まるのである。先人の「真に生きる知恵」が凝集された布橋灌頂会である。

写真１　復元された布橋灌頂会

立山曼荼羅の絵解きの終わりのフレーズに「夏には、男子たる者このお山に禅定あらんことを願うなり、女人たちはこの立山の布橋大灌頂に参拝することを願うべし」と結んでいる。

現代に生きる我々は、ともすれば利便性を求め、経済的利益を追うあまり、「こころの世界」をおろそかにしてはいないだろうか。この「復元布橋灌頂会」は、こうしたこころを取り戻す一つのきっかけになるものと願うものである。それゆえに日本ユネスコの未来遺産に登録されたものであろう。

古来、日本人にとって「極楽」とは、あたかも山のように往登すべきところであり、登ることによって往生することのできる世界であった。そして日本人の「極楽」は山を離れては成立しなかったし、山に入ることそのことが地獄の責め苦を果たして極楽に入ること」である。健康と長寿を願い、災禍を免れる（現世利益）ことを願うならば、山中の死者の世界（山中他界）に入ることによってはじめて可能になるというのである。

（米原寛）

第九章　たてもん祭り

――道を走る提灯の船

土井冬樹

すれ違うたても

八月の上旬、まだ暑い夏の日。日が沈み、あたりがすっかり暗くなる頃、夕食を終えた住人たちがわらわらと海辺の道に集まってくる。

夜八時を回ると、太鼓と笛の音が聞こえ始める。そして、カランカランと振り鐘が鳴る。町内の団長が一声叫ぶ。

「せーのこいっ！」

「ヤーッ！」

団長の掛け声に合わせて、数十人もの男たちが一斉に声を上げる。アスファルトの上を大万燈が滑りだす。

人の十倍近い大きさの大万燈はたてもんと呼ばれ、船の形をしている。帆の部分には九〇ほどの提灯がゆらゆらと灯っている。船というが、動力は人の手である。大万燈は、男たちの掛け声に合わせて、ガリガリとアスファルトを削りながら動き出す。速度が上がれば火花も散らす。

「ヤッサヤーレ！　ヤッサヤーレ！」

この日、たてもんにつながる男たちは、腕に青あざをつくりながら曳き回す。夜一一時を過ぎるまで、喧騒が鳴り止むことはない。これが、諏訪町の夏の夜を彩るたてもん祭りである。

図1　たてもん祭りの舞台

たてもんと祭りの歴史

たてもん祭りは、八月に行われる、魚津市諏訪町にある諏訪神社の例祭である。諏訪神社の氏子である諏訪町一〜五区、隣町内の元町と港町の計七町内によって行われる（図1）。諏訪町の漁師たちの大漁と航海安全を祈願するための祭りで、約三〇〇年前にはじまったとされている。かつては、獲れた魚を台に乗せて、カミサマによく見てもらえるようにその台を回していたという。それが、魚の絵を描いた提灯を台に取り付けて回すようになり、現在までに、船を模した「たてもん」と呼ばれる山車を曳き回し、諏訪神社の境内で奉納回転と呼ばれる回転を披露する祭りとなった。一九七〇（昭和四五）年からは、せり込み蝶六踊りの街流しや花火大会が催される「じゃんとこい魚津まつり」（当時、魚津観光まつり）のメイン行事ともなっており、多くの観光客が押し寄せる。

たてもん祭りは、一九七二年に富山県の有形民俗文化財に、一九九七（平成九）年には国の重要無形民俗文化財に指定されたほか、二〇一六年には、「山・鉾・屋台行事」の一つとしてユネスコ無形文化遺産にも登録された。

たてもん祭りが開催される諏訪町は、江戸時代の頃から漁師町として栄えた場所である。その頃は、八〇〇軒ほどの家が並び、港には四〇〇叟もの船があったという。しかし、今では少子化、高齢化、さらに都市への移住で人口が減っている。港の船も一〇叟ほどになり、漁師もほとんどいなくなってしまった。それでもたてもん祭りは、現在まで代々引き継がれてきた。ここでは、そうしたたてもん祭りの歴史と魅力をお伝

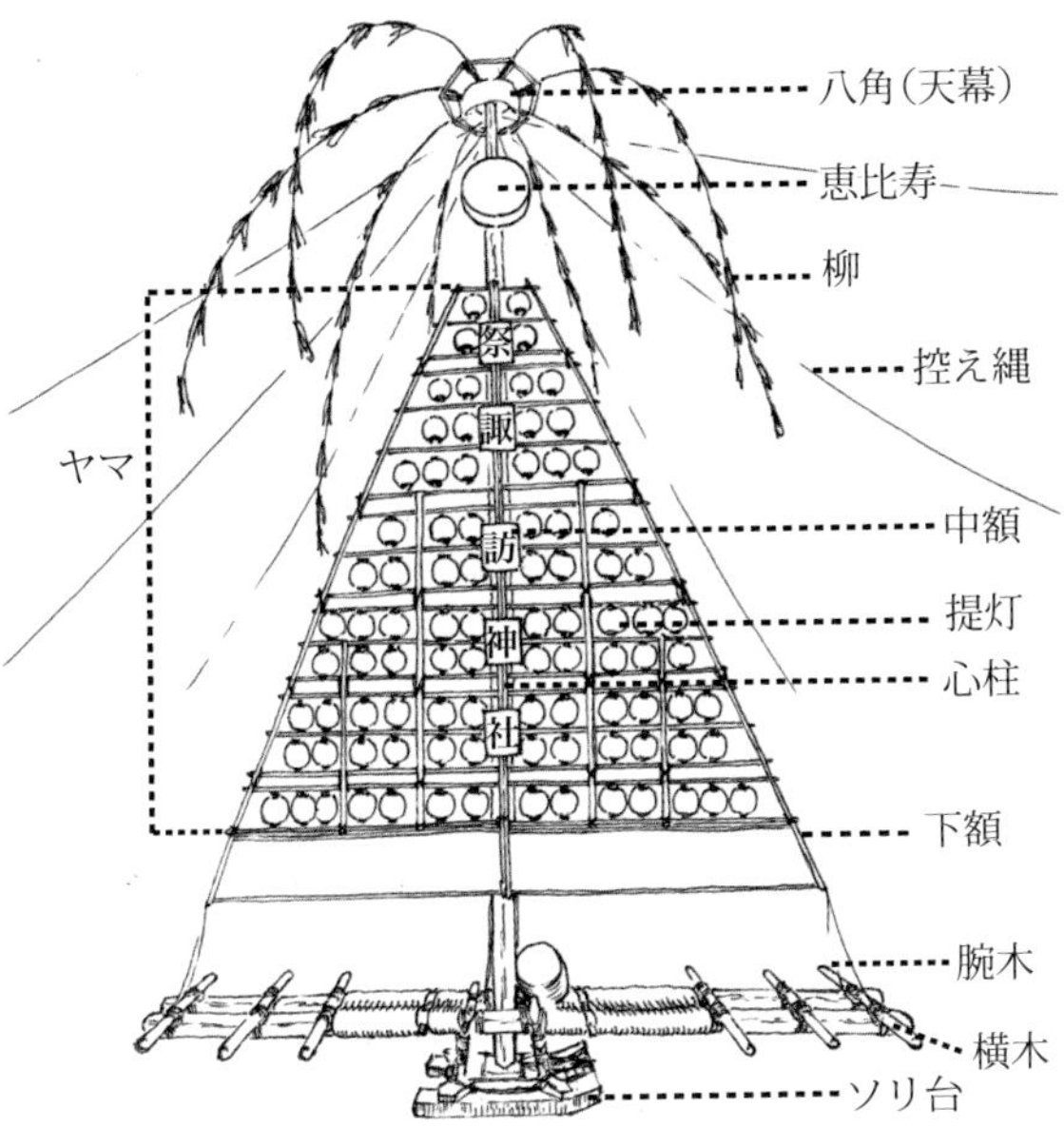

住民提供の資料より土井夏以作図
筆者による説明書き

図2　たてもんの図

えしようと思う。

(一) たてもん

初めに、この祭りで使われる「たてもん」について紹介しよう(図2)。たてもんは帆船、特に北前船を模したとされる山車である。高さ一六メートルある柱に、九〇ほどの提灯を三角形につるし、その下に絵額をつけ、それを長さ一〇メートルほどのソリの土台の上に乗せる。総重量は五トンにもなる。たてもんの名称は、「たてまつるもの」から来たとされている。

たてもんの大きな特徴の一つとして、ソリ型の土台であることがあげられる(写真1)。岩瀬や伏木の曳山、砺波や福野の夜高行燈と違い、たてもんの土台には車輪がついていない。かつて、諏訪神社から海までは砂浜が広がっており、そこを曳き回すために車輪はつけられなかった。その名残である。現在は、アスファルトの上を曳き回すようになったが、消耗を抑えるために底に鉄板を敷くようになっただけで、ソリの形状はそのまま残っている。

写真1　足を轢かないようゴムでカバーされたソリ台

ソリの中央には長いもので高さ一六メートルに及ぶ心棒を建てて、そこにヤマと呼ぶ提灯を吊り下げる木枠をくくりつける。ヤマは四つから五つの木枠で構成され、全体が三角形になるように飾られる。一目見れば、船の帆を連想できるであろう。

ヤマに取り付けられる提灯は、女性の名前で奉納されたものを使う。以前は、嫁入りした人の名で奉納していた。祭りは主に男性が運営するため、こういった形で女性に参加してもらったといわれている。明治時代には二五張、大正時代には五〇張、現在では、町内ごとに差はあるものの、多いところでは九〇張近くの提灯が飾られる。時代によってたてもんが大型化していったことが窺える。近年、嫁入りする人が減ったことから、提灯は新しく生まれた子どもの名で奉納することが増えている。その際、女児であることに限定しないという町内もある。

ヤマの上には、恵比寿の額が掲げられる。そして、その上に「航海安全」や「大漁祈願」などの言葉が書かれた八角（町内によっては六角とも呼ぶ）がつけられ、そこに町内の名前などを書いた垂れ幕が下げられる。それら頂上にあるものを、「カサ」や「ホコドメ」と呼ぶことがある。天辺から垂れ下がる柳は割竹である。電飾がつけられ、たてもんが動いたり回ったりするときに華やかに見せる。かつてはアゼロと呼ばれる赤、黄、緑や青などの色のついた経木を使って飾り物を作り、それを柳に取り付けたというが、現在では緑色のビニールで笹を真似たようなものをつけている。

たてもんを動かす時には、百人の人手が必要とされる。担ぎ手が四〇人、引き手が四〇人、囃子手や控え縄、裁許などで二〇人、という計算である。

写真2　たてもんの全貌（諏訪二区）

担ぎ手は、五トンほどもあるたてもんを、文字通り担ぐわけではない。前方の人がソリになっている部分を持ち上げて、後方の人がそれを押す。これが担ぎ手の役割になる。しかし、担ぎ手だけでは重たいたてもんは動かない。そのために引き手がいる。引き手は、たてもんに結ばれた綱を引く人のことである。担ぎ手の前方と後方、そして引き手の息が合っていないとソリの前方が道路につっかえて動かないため、「せーのこい」「やー」の掛け声のもと皆が一斉に力を入れる。

囃子手はもともと男性によって担われていたが、現在は人手不足によって、女性と小・中学生によって行われることが増えている。ただし、太鼓だけは、青年男性によって叩かれることが多い。構成は、太鼓が一台に、篠笛が七本ほどである。篠笛の数は、その日の参加者によって増減する。

控え縄は、心棒の天辺にくくりつけられた縄で、たてもんが転倒しないよう、バランスをとるために使われる。砂浜で曳くときには特に重要で八本使われていたという。道路を曳くようになると、バランスが崩れることはほとんどなくなったため、控え縄は六本になった。奉納回転のときには六本の控え縄を全て使うが、それ以外の時は二〜三本使われるだけである。奉納回転の時以外は、動き出しの時にたてもんを後ろに傾かせるために使われることが多い（写真２）。

（二）たてもん祭りの開催日

たてもん祭りの開催日は、これまでに二度変わってきた。現在は、八月の第一金曜日・土曜日に開催されるが、もともとは八月の一七日、一八日に開催されていた。戦時中はろうそくが不足したため三年間休止になったが、戦後、一九四六（昭和二一）年より再開している。その後、北洋でのサンマ漁が盛んになり、盆の後に多くの漁師が海に出るようになった。人手が足りなくなってしまうことから、一九五三年には開催日を十日早めて八月七日、八日に祭りを行うようになった。

その後から、過疎化と高齢化による人手不足に悩まされていた諏訪町は、一九九八（平成一〇）年、ボランティアを公募するようになった。一基動かすのに百人必要な祭りであるにもかかわらず、一番人の少ない町内では一四世帯のみになってしまっていたからである。ボランティアの公募は市の教育委員会が担当することとなり、これによって諏訪町住人でない人も祭りに参加できるようになった。

ボランティアの役割は、綱を引くことである。実際にたてもんに触れることはできない。たてもん祭りではこれまで多くのけが人が出ているため、運行に慣れていないボランティアにたてもんを担がせるのは危険だからであるという。人員は、各諏訪町町内の要求に合わせて配置される。

ボランティア募集の結果、人手不足による問題はかなり軽減したが、七日、八日が平日だとボランティアの人手が集まらず、たてもんを動かすのが難しかった。そのため、二〇〇七年から翌日が休みになるよう、金曜日・土曜日にたてもん祭りが開催されるようになった。二〇〇七年の開催日の変更以降、ボランティアは毎年、両日合わせて二五〇人程度参加している。町の人は、「本当だったら自分たちだけでやりたい。でもそれが無理だってこともわかってる。だからボランティアの人には感謝しているよ」と話す。

(三) たてもん祭りの運営組織

たてもんを出す七町内は、港町を除いて戦前から存続している町内会である。港町は、一九二九(昭和四)年から始まった魚津漁港の開港に伴う諏訪町の道路拡張工事の影響で、立ち退きを迫られた人たちによって構成された比較的新しい町で、たてもんを出すようになったのは一九五九年になってからだった。

たてもんを運行するのは、各町内で組織される青年団である。主に一〇代から三〇代によって担われるが、人手不足によって、たてもんを担げる限りは四〇代以上でも所属している。

たてもんの運行に際しては、その上位組織として、斎行委員会とたてもん保存会がある。たてもん保存会は、たてもんが富山県の有形民俗文化財に登録された後、一九七五年に補助金の申請のために設立された。以降、文化庁や県との交渉を行うために活動してきた。二〇一三(平成二五)年までは祭りの運営も担っていた。保存会の主要メンバーは各町内の町内会長によって兼任されている。

二〇一三年以降、祭り全体の運営を担ってきたのが斎行委員会である。祭りが保存会によって担われていた結果、町の祭りという認識が薄まってきたという危機感から設立された。各町内から一人以上が参加することになっており、中心的な青年団のメンバーより年配の人によって構成される。各たてもんの巡行や奉納回転の時間など、祭り全体を取り仕切る。

祭りの準備と当日の様子

ここでは、たてもん祭りの準備について説明した上で、当日の様子を記述していこうと思う。

（一）祭りの準備

祭りに出すたてもんの準備は、一週間前の週末に行われる。普段たてもんは、漁港にある大きな倉庫にしまわれている。それを朝五時から運び出し、心棒に八角や柳などをくくりつけて建てる。

土台に心棒を差してたてもんを起こす作業は、もともと人力でやっていた。今も港町はその方法でたてもんを建てている。他の町内では、人出が足りず、クレーンを使って心棒を土台に差し込んでいる。

写真３　起こすときは心棒を梯子で支える

人力で建てる時は、五〇人ほどの人手がいる。まず、土台となるソリを横倒しにして、そこに心棒をはめる。その後、心棒に八角や柳をくくりつけ、心棒の上部に引っ掛けてある控え縄を使って引っ張り起こす。もちろん、一度で一六メートルの巨体が起き上がるわけではない。引っ張り起こしながら、高さの違うハシゴを心棒にあてがい、徐々に起こして行く。立ち上がると、おおおと静かな歓声が湧く（写真３）。

心棒が建てられると、歩道に並べられる。この姿でたてもんは当日を迎える

写真４　歩道に並ぶたてもん

（写真4）。

当日は、午後三時半から準備が始まる。まず、たてもんを担ぐための腕木の縄を縛り直す。縄には町ごとに決まったやり方があり、七町内がほとんど異なった結び方をしている。結び終わると、さらにそれをきつくするために、水で湿らせる。

それから、たてもんの見どころの一つである、提灯の準備をする。提灯には、一つ一つに名前が書かれている。町の人たちは、「おお、誰々おったぞ」と話しながら、一族をできるだけ固めて飾る。

午後五時になると、諏訪町の前の道路が通行止めになる。車が来なくなったことを確認すると、全町内のたてもんが道路に移される。そうして、いよいよ提灯をつけたヤマがくくりつけられる。この作業に一時間〜一時間半かかる。午後六時半にはほとんどの町内が準備を終え、夕食をとるために家に戻る。

提灯に火が灯されるのは、始まる直前である。町内の人が、ハシゴを登ってヤマに足をかける。そして、そのままヤマを登って火をつけていく。暗がりに、提灯の明かりがチロチロと光り始める。すっかり辺りが暗くなると、もうすぐ祭りが始まる（写真5）。

写真5　二日目の花火とたてもん

（二）祭りの様子

夜八時を回ると、太鼓と笛のお囃子が聞こえ始める。ボランティアの人たちはそれぞれの町内の人と挨拶をし、たてもんの前方に伸びている綱の横に並ぶ。囃子手以外の町内の男性は、各々たてもんにつかまり、出発の合図を待つ。諏訪町の七ヶ所で、団長たちの持つ振り鐘がなる。たてもんが動き出す合図である。

たてもん祭りの見どころは、各町内のたてもんが諏訪神社の境内で奉納回転を行うところである。その順番は、初日は祭りが始まる直前にくじで決められる。二日目は、事前に各町内のメンバーの話し合いで決まった順に行われる。

奉納回転が自分の町内の番になるまで、たてもんは諏訪町の前の道路を動く。「せーのこい」「やー」の掛け声で動き出すと、「やっさやーれ、やっさやーれ」と掛け声が続く。しかし、車輪がついていないため、動き出してもすぐ止まってしまう。その時は再び、「せーのこい」と掛け声がかかる。一度に移動するのはだいたい五〇メートルほどである。距離が短いと思うかもしれないが、高さ一六メートル、重さ五トンほどもあるたてもんをそれだけ動かすのは一苦労である。たいてい、移動すると一〇～二〇分休憩があって、また移動、という流れを繰り返す。

たてもんがすれ違うときは見ものである（章扉写真）。

すれ違うときには、運営からの指示で、たいてい一基のたてもんは止まっている。衝突すれば大事故になりかねないためである。すれ違うたてもんが近づいてくると、止まっているたてもんもお囃子を始める。両町の太鼓がどんどんと鳴り、笛の音が重なる。別の町内のたてもんの運行を応援しているようにも、お囃子合戦をしているようにも見える。囃子手以外は、一緒に声を出したり肩を叩いたりしながら、「やっさやーれ、やっさやーれ」と通り過ぎていくのを応援する。たてもんが通り過ぎると、お囃子が一回しふた回しほど続いて静かになる。

こうしたことが各所で繰り返されながらたてもんの運行が続き、順番が来ると、ついに奉納回転が始まる。四〇人近くの人手で、巨大なたてもんがぐるぐると回る姿は圧巻そのものである。

まず、団長の掛け声に合わせてたてもんが動き出し、道路から諏訪神社の境内に入る。境内には、コンクリートで固められた回転するための場所がある。所定の位置につくと、前の町内が、お宮の中で神事を終えるのを待つ。神事が終わり、前の町内のたてもんが境内から出て行くころには、回る準備はすっかり整っている。

回すのはいまかいまかと、担ぎ手たちがたてもんを前後に揺らしはじめる。提灯が、風になびく帆のようにうねうねと揺れ、たてもんはギシギシと音を立てる。少しでも危なっかしいことがあると怒声が飛ぶ。

太鼓と笛が鳴り始めると、いよいよ回る時が近い。たてもんの揺れがさらに大きくなる。カランカランカランと団長が振り鐘を鳴らし、大きな声で叫ぶ。

「回すぞー！　せーのこいっ！」

「ヤーーーーッ！」

担ぎ手たちはありったけの力でたてもんを回す（写真６）。

「ヤッサヤーレ！　ヤッサヤーレ！」

時計回りに三回転。十数秒の間に立ち位置を入れ替え、今度は反時計回りに三回転する。奉納回転が終わると、興奮と熱気を残したまま、次の町内のために回転場を開ける。

写真６　奉納回転をするたてもん

　奉納回転の間、たてもんを押している担ぎ手たちとは別に、たてもんの外を回る華やかな役回りがある。控え縄である。

　控え縄は、アスファルトを曳くようになった現在ではほとんど重要視されない役割だが、たてもんが砂浜を走っていた頃は、バランスをとるためのとても重要な縄だった。その頃を思い出しながら、「ここは漁師町だから、隣の家と家がずっとつながっているだろう。だから、控え縄をもった奴は、家の屋根を走ったりしたもんだ。何しろ控え縄が一番かっこよかった」と町内のお年寄りは話す。アスファルトを走るようになりすっかり見せ場が減ってしまった控え縄だが、奉納回転をするときは今も格好いい。

回転が始まると、控え縄を持つ青年たちは、回転と同じ方向に走り出す。外側を走るので、内側より幾分も速く走らなければならない。そして、その全力疾走の間に、かれらは飛ぶ。回りながら、上下に飛び跳ねるのだ。着地をしてまた走り、そしてまた飛ぶ。かっこいい控え縄の姿は、奉納回転の中でまだ見ることができる。

飛び方にもいろいろあるらしい。

「上に跳ねっと見栄えもいいしかっこいい。でも、地味やけど、一番技術があるのは低空飛行で足をつかずに回り続けること」

と、かつて控え縄をやっていた男性は話す。

「ジャンプすっと走らないぶん遅くなるやろ。やから、周りの人とちゃんと間隔守って飛び続けるんは難しいんや」

奉納回転を終えると、諏訪神社に入り、神事を執り行う。その後境内を出て、全町内の奉納回転が終わるまで、また移動を繰り返す。

祭りが終わるのは午後一一時を回ってからだ。全町内が奉納回転を終え、最初にたてもんがあった場所へ移動させる。そうして、提灯をつけたヤマを下ろして、解散となる。

町ごとの違い

「たてもん祭りは、それぞれの町内ごとに、大漁や航海安全を祈る祭りだから、岩瀬や伏木のように町内ごとで喧嘩をする祭りとはちょっと違う」

と諏訪町の住人は語る。町内ごとで争いはしないが、町ごとのこだわり、町ごとの違いは少なからずある。たてもんは、二〇〇一（平成一三）年から三年続けてハワイへ遠征に行った。そのとき、せっかく外国に行く機会だし、諏訪町連合ということで、いろんな町内の人を混ぜる案も出た。しかし、「町内ごとで微妙にやり方も違う」ということで却下になった。喧嘩祭りのような争いではないにしても、他の町内とは違う自分たちのやり方を、それぞれの町内で持っているのである。

例えば、腕木の縛り方や結び方である。町内ごとで、縦にくる回数や結び方に違いがある。また、お囃子も、速さの違いだけでなくアクセントの取り方が微妙に違う。

たてもんそのものにも違いがある。例えば諏訪二区のヤマはオレンジ色に塗られている。他の町内は普通に木枠を使っているだけである。一方、諏訪三区はヤマと横木とを結びつける縄に、幟旗のようなものをつけている。これをやっているのも、諏訪三区だけである。

「どっかの町内がやったことはマネないっていうのがある。どこかがそれをしだしたら、それはもうそこの町内のものって感じで」

二番煎じは格好がつかないのだという。こうして、それぞれの町内ごとに、工夫とこだわりを凝らしたたてもんが出来上がっているのである。

変わるたてもん、変わらないたてもん

「昔は、家から海まで浜になっとったんよ。その砂浜の上を曳き回しとった。ソリやから、動かしていると砂が前に溜まるやろ。それをスコップでどかしたりしとったんよ」

昔のたてもんの話を聞くと、このような話が聞こえてくる。

「本当に、力自慢をするような祭りだった。境内で回す順番も決まっていなかったから、我先にって感じで。海までは砂浜が一〇〇メートルくらいあったのかな。だからたてもんはその間を動いていた。ほとんど同時に神社の前で出会うと、境内まで七〇メートルくらいを競争したんだって話を聞いたこともある」

「あの頃は、お宮さんで回した後は、朝まで、疲れるまで曳き回していた。人もたくさんいたし。朝まで飲んだりなん

だりしながらね」

しかし、一九七〇年代に、諏訪神社と浜との間に県道一号線が通るようになった。砂浜も護岸工事が行われ、姿を消した。たてもんは道路で曳かれるようになったが、車が多いため深夜一二時までしか通行止めにできず、祭りの時間が短縮した。「道ができてたてもんのやり方は変わった」と多くの人は話す。

変わったのは祭りの時間が短くなっただけではない。下がアスファルトになったので、たてもんがバランスを崩すこともなくなった。

「砂浜を走っとるときは、控え縄は八本あった。あれはかっこいい役で、みんなやりたがったよ。それで、たてもんの周りを走りながらバランスをとったもんやった。家の屋根を走ったりもしたな。でもいまじゃあ六本だけ。それも、そのうち三本は普段は遊ばせてある（使っていない）」

たてもんの準備も変わった。

「昔は神社の下とかに、たてもんをみんな解体してしまっていた。だから、全部一から組み直していたもんだったよ。やることもたくさんあって、子どもから大人までみんな仕事があった。柳や太鼓のバチの材料も自分たちで山やら林に取りにいったし」

今ではソリは組み立てた状態のまま、漁港にある大きな倉庫にしまっている。柳もビニール素材のものを使っている。心棒の取り付けも、クレーンを使うところが多い。

様々な部分で変化が見られるたてもんだが、変わらない部分もある。先ほど述べた町内ごとのこだわりや、人々の熱気だ。

「たてもんは、見てるだけじゃあうずうずしてくる。いまじゃあもう年で動かせないけど、でも馬鹿みたいに声だしてやるのが楽しかった」

「たてもん祭りのときは、みんな狂ったように声を出すやろう。いつもどんだけ静かに生きてても、全力でたてもんを押すやろう。あれが楽しいんや」

「曳いているときは実際何にも考えられない。ひたすら進もうとか、回ろうとか、それしか考えてない。けど、終わったときはよくやったなぁって達成感があるんだよな」

担ぎ手になったばかりの中学生は、「皆の思っていることが一つ一つ熱い！」と祭りの前に笑顔で話していた。

曳く場所が変わっても、漁師が少なくなっても、諏訪町の人たちのたてもんへの情熱は変わらない。ハワイに遠征に行った時は、たてもんを道路で曳き回す許可がなかったため、台車に乗せてたてもんを運行したという。車輪がついたことについて、「ちょっと押せばすぐに進んでしまう。あれじゃあおもしろくない」と町の人は話していた。動きづらいソリを、力一杯押すことが町の人にとってのたてもん祭りなのだろう。地面から前方部を浮かせ、後方から押し、綱で引いてようやく動く。人手不足で悩んでも、車輪をつけようとはしない。

全力でたてもんを曳く。たてもんを動かすときに重要ことは、今も変わっていないのである。

「せーのこいっ！」

「ヤーッ！」

諏訪町の夏の夜は熱い。町内総ぐるみの情熱が、たてもんを動かしていく。姿形は変わっても、変わらない思いが、長い伝統の継承につながり、さらに後世へと伝えていくのである。

参考文献

魚津市教育委員会、一九七二『魚津諏訪神社祭礼の「たてもん」の調査報告』。
魚津市史編纂委員会、二〇一二『魚津市史 続巻 現代編』魚津市教育委員会。
大谷清瑞、一九八〇『魚津子どもの歳時記』新興出版社。

滑川のネブタ流し

ネブタといえばすぐに青森や弘前の「ネブタ」や「ネプタ」を思い浮かべる方が多いと思われるが、柳田國男が、「滑川のネブタ流し」がネブタの日本海側南限である事を述べていることは、意外と知られていない。このことは「眠流し考」一九三六（昭和一一）年発表（『年中行事覚書』所収　柳田國男著）で紹介されている。当時すでに七月三一日に行われていたようだが、柳田は、「ネムタ流され、朝起きやれ」の唱え言を記しているとともに、「滑川のネブタ流し」は旧六月晦日《みそか》の行事であった可能性を述べている。

特色

毎年七月三一日の夕刻にかけて滑川市中川原海岸（旧和田の浜）で「滑川のネブタ流し」が行われている。この行事は六～八mの藁大松明に装飾を施したものを点火し海上へ流し遣り、身についた穢《けが》れや眠気を払い、向こう半年の息災を祈願するものである（写真1）。一般的には、ネブタ行事は八月七日に七夕と一緒に行われているところが多く、当地のように七月三一日に行われるところは、全国的にもあまり類例がない。都会では最近は七月七日に七夕を行うところが多いが、富山県では今も八月七日に七夕をするところが多い。

写真1　滑川のネブタ流し
（写真提供　滑川市立博物館）

七月三一日は夏越祓《なごしのはらえ》の時期にあたり、当地ではいつも茅の輪神事（「茅の輪くぐり」ともいい、茅をくぐって半年の浄化を願う夏越祓のひとつ）とともに行われていた。

（一）藁・飾り物

行事に使用する藁は現在では教育委員会が行事のため一括して入手しているが、古老の話によると大正～昭和初期、家々から少しずつ集めて回った藁で大松明にして、出来上がった松明を子供たちが「ネムタ流され、朝起きやれ」と唱えながら村中を回ってから浜へ運んだという。また松明への飾り物も多彩である。以前は病人の穢れ物、イナゴ、ヘビ（オカウナギ）を付けたという。この他、七夕飾り、ナスやキュウリの人形、息を吹きかけた人形《ひとがた》は今も付けることから、飾り物には疫病祓、虫送り、盆行事、禊《みそぎ》祓《はらえ》等の願意を含んでいると思われる。総じて行事は海中での禊祓はもとより火による浄化も併せて行われ、ほかの地方のネブタ行事より禊祓が強調された点が大きな特長といえる。

（二）風流化

一九九九（平成一一）年「滑川のネブタ流し」は国重要民俗文化財に指定されている。指定要件の大きな要素のひとつは、ネブタの古態を継承していることである。青森の同行事は風流の影響を受けて大型化しているし、元はネブタ行事であったとされる秋田の竿燈も風流化している。弘前の行事は『奥民図彙』（一七八八（天明八）年）に所収されている「子ムタ祭之図」によると、元は七夕に燈籠を掲げて練り歩く行事であったようだ。滑川の行事はなぜか風流化の影響が少ないが、その理由は分からない。二〇一六（平成二八）年山・鉾・屋台行事の一つとしてユネスコ無形文化遺産に登録された隣接の「魚津のタテモン行事」も風流の影響を受けたものと思われる。

類似行事

七月三一日のネブタ行事としては黒部市中陣地区には布施川に入って舟形を流す「ニブ流し」がある。火をともす形式の行事としてみると、滑川市の後背農村および早月川右岸魚津市に燃やす七夕行事が行われている。また、滑川市や上市町、富山市にかけての旧中新川郡や上新川郡には、八月一三日に迎え盆行事として松明を迎え火として焚く同種の風習が行われていた。

特に、滑川市では燃やす七夕と燃やす迎え盆とがあり、いずれも区域を分けることができる。近隣には七夕流しの竹は処分せずに保存して置いて、八月一三日に燃やすところもあった。これは七夕竹を神聖なものとして見なし、先祖を呼ぶための依り代としているのではないだろうか。八月七日を盆の始まりとし、一三日迎え盆に連なるとする考えに基づくものではないかと推察される。

石川県七尾市には七月三一日に向田火祭りがあり、能登地方一帯には八月三日にキリコ行燈行事がある。火を燃やす行事という点では類似行事が周辺で多く行われていることがわかる。

「滑川のネブタ流し」も夏の松明を燃やす行事とみなすことができ、またネブタ行事の古い形を偲ぶことができる行事として貴重である。

（白岩初志）

深夜の諏訪町通りを流すおわらの踊り手た

第十章

もうひとつのおわら風の盆

―夜を流す名人たち

野澤豊一

写真1　「坂の町」として知られる八尾の夜景

富山市八尾町のおわら風の盆は、富山県でもっともよく知られた祭りの一つと言って間違いない。毎年、八尾町全体の人口（約二万人）の一〇倍以上の観光客が、九月一日から三日にかけて「坂の町」の異名をもつ八尾の旧町と八尾駅前に押し寄せる（写真1）。全国的に有名な祭りだけに、その全体像や芸能としてのおわらの歴史を紹介する文献は少なくない（章末の参考文献を参照）。そこで本章では焦点をぐっと絞って、おわら風の盆のなかでもこれまで比較的語られてこなかった「夜《よ》流《なが》し」の実態を描き出すことで、おわらと風の盆の魅力に内側から迫ることを試みよう。

芸能の息づく町

聞名寺《もんみょうじ》の門前町として発達し、一六三六（寛永一三）年に開町した八尾町（現在の旧町部）は、和紙や蚕種の交易で古くから栄えた町である。この八尾で演じられるおわら風の盆がしばしば「奇跡」とまで形容されるのは、その知名度のためではない。これほどの規模のイベントでありながら、その運営が基本的に地元の町内《まち》の人びとによって担われているからである。風の盆でおわらを演じるのはプロの集団ではないし、おわらは民謡教室で教えられているのでもない。九月一日から三日にかけて、町中やステージ上でおわらを披露するのは、八尾の「旧町」と呼ばれる地域を構成する東新町、西新町、諏訪町、上新町、東町、西町、鏡町、今町、下新町、天満町のすべての町内と、越中八尾駅前の福島に住む地元の人びとなのである（図1）。おわらを継承する母体も、基本的にはこれら一一の町内である。[1]

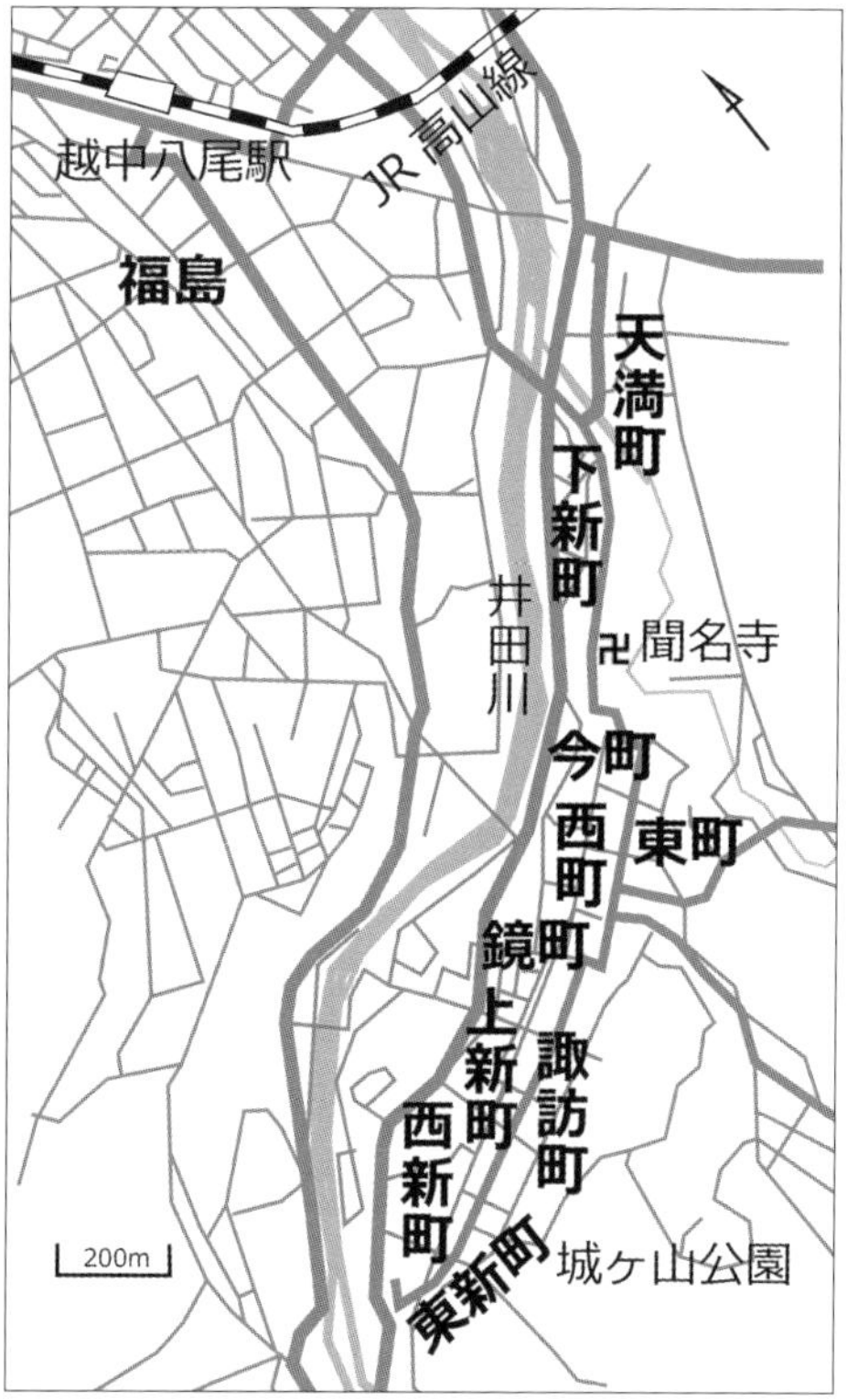

図1　おわら風の盆の舞台

おわらとは、「踊り手」と、歌、囃子、三味線、胡弓、太鼓からなる「地方《じかた》」（伴奏のこと）で構成される芸能である。このうち踊り手は、町内在住の青年団（中学三年生から二五歳まで）と小中学生の男女を中心に構成される。毎年八月になると、八尾の各町内の公民館や駐車場で、踊りの基礎を教わる子どもたちや、毎年一新されるステージ用の踊りの「隊形」を考案する若者たちの姿を見ることができる。一年で最大のイベントに備えてほぼ毎晩行われる練習は、ひとつの風物詩を形作っているだけでなく、子どもたちのあいだで世代を超えたつながりを作り出してもいる。

踊り手の稽古が季節的なのに対して、地方の稽古は一年を通じた継続的なものである。多くの町内では若手を中心にした稽古や初心者のための稽古を、週に一、二度、各町内の公民館で行っている。これに加えて、ベテランもあわせて行われる「温習会」と呼ばれる稽古も、毎月三日間程度行われる。町内や機会によってばらつきはあるが、お茶やお酒を飲みながら和気あいあいと練習をする場合もあって、おわらの稽古自体が親睦の場としても機能していることがよくわかる。地方の構成員は踊り手を「卒業」した二五歳以上の町内の有志が主だが、なかには町外から通っている人もいる。仕事の都合で町を離れた人や八尾に親戚がある人、それに、八尾には縁もゆかりもなかったけれどおわらに魅せられて楽器や歌を習い始めたという人も僅かながらいる。

写真２　編み笠はおわらの視覚的イメージに欠かせない

ところで、八尾には町を代表するもう一つの祭りである曳山祭[2]があって、豪華絢爛な山車の出るこちらの方を贔屓にする町民も少なくない。だが、両者の間には有形文化と無形文化という属性に由来する大きな違いがある。わたしはこのことを、ひとりの町民の語りによって思い知らされた――「旧町の人口が減って山車《やま》を曳けなくなったとしても、曳山は展示すればその価値を見てもらえる。でも踊り手がいなくなったら、おわらは無くなってしまう」。おわらは人がいなければ存在できないばかりか、それを継承するにも文字通り不断の努力が必要なのである。わたしが、おわらの方が八尾の人びとの普段の生活により深く入り込んでいるのではないかと推測するのは、このためだ。

「越中おわら節」、「おわら」、「風の盆」

おわら風の盆と言えば、「哀愁漂う胡弓の響きにのせて、編み笠をかぶった着物の女性たちが幻想的な雰囲気の中で踊る」というイメージを多くの人が思い浮かべるのではないだろうか（写真2）。これは、ポスターやパンフレットの表紙に見られる典型的なモチーフでもある。しかし、こうした風の盆が出来上がったのはそう古いことではない。そればかりか、おわらの歴史を紐解くと、「おわら＝踊り」というイメージも比較的最近になって出現したものだということがわかる。そこでまずは、現在のおわら風の盆が出来上がるまでを素描しつつ、ともすれば混同しがちな「（越中）おわら節」「おわら」「風の盆」の区別をはっきりさせておこう。

八尾の町で人びとが歌い踊りながら練り回る習俗が生まれたのは、一説によると一七〇二（元禄一五）年のことだという。その頃の歌や踊りがどのようなものだったのかを知る手がかりは、今のわたしたちにはない。少なくとも、天保年間（一八三一―一八四五）から明治初年にかけて全盛を誇ったという練り回り（明治初期までに今と同じ九月一日から三日に行われるようになっていたこの習俗は、「廻り盆」と呼ばれた）がいまの上品な雰囲気からかけ離れていたことは間違いない。明治の初期、廻り盆は「風俗壊乱」や「安眠妨害」を理由に警察による取り締まりの対象になったほどなのだ。大正時代までの練り回りは、現在も使われる三味線、胡弓、太鼓の他に、尺八、鼓、月琴、なかには石油缶を持ち出す人もいたくらいに騒がしいものだった。

現在、「（越中）おわら節」として知られる民謡の原型は、廻り盆で人びとが自然発生的に歌っていたいくつもの歌のなかの一つにすぎなかった。明治の頃までは、「おきんさ」や「松坂節」などのさまざまな民謡が歌われたし、浄瑠璃や端唄を弾き語る人もいた。おわら節の起源ははっきりしない。一八一二（文化九）年に作られた「お笑ひ節」に由来するという説があるが、仮にそうだったとしても庶民によって歌われるうちに変化していったはずだ。卑猥な歌詞をのせて歌う人も多く、大正時代に八尾を訪れた旅行作家の松川二郎はそうした歌を「淫歌おわら」と呼んだ。

今のわたしたちが知る「おわら節」が出来上がるには、何人かの名人による魔法が必要だった。おわらと言って、胡弓の音色を連想する人は多いと思うが、その生みの親と言われるのが、一八七八（明治一一）年生まれの松本勘玄《かんげん》である。能登の輪島に生まれ、一〇代のころから大阪で浄瑠璃の修行をして、義太夫節、端唄、小唄、長唄に精通していたという勘玄が八尾にやってきたのが明治三〇年代。明治の終わりから大正時代に独自の旋律をおわら節に付け加えた勘玄は、のちの名人たちにその胡弓を伝えた。

歌の元祖は江《え》尻豊治《じりとよじ》（一八九〇〔明治二三〕―一九五八〔昭和三三〕）。おわら節のトレードマークとも言える高音の節回しを決定づけた豊治が吹き込んだ「小原節」のレコードは、昭和初期、富山のベストセラーだった。大阪で文楽の大《た》夫《ゆう》に弟子入りしていた豊治が八尾に戻ってきたのは大正の中頃で、八尾の人びとは「江尻調」を真似ようと必死になった。それまでは低い声で歌うおわら節もあったが、豊治の発明した節回しの魅力の前に、それ以降廃れてしまったらしい。江尻とその後継者たちの影響は節回しにとどまらなかった。それまでおわら節を合唱していた八尾の人びとは、豊治らに倣って徐々に一人で歌うようになっていった。

歌と伴奏が形を成しつつあったこの頃、おわら節は廻り盆（この頃までに「豊年盆」、そして「風の盆」と呼び名が変わっていった(3)）という特定の文脈から離れて、「富山を代表する民謡」として注目されだした。おわらを語るうえで外せない歴史的な舞台が二つある。ひとつは一九一三（大正二）年に行われた「一府八県連合共進会(4)」で披露された「小原節踊」で、もう一つは一九二九（昭和四）年に東京の三越百貨店で開催された「富山県特産品陳列会」に合わせて三越ホールで演じられた「本場正調小原節踊」である。これら二つの舞台をきっかけとして、「豊年踊り（旧踊り）」と「新踊り」の振付がそれぞれ創作されたのだった(5)。とりわけ、日本舞踊家の若柳吉三郎によって振り付けられた新踊りは、おわらにそれまでとは別次元の高尚さを付け加えた。ちょうど、画家の小杉放庵がおわらのために「八尾四季」を作詞するなどして、素朴な歌詞が格調高いものに変わっていった頃だった。こうして、庶民的な歌にすぎなかった「おわら節」が、踊りと一緒になった高尚な複合芸能としての「おわら」に劇的に変化したのである。

ステージ上で披露するために新たに創作され、わずかの期間に洗練を遂げたおわらの踊りは、ほどなく九月一日から三日にかけての風の盆にも取り入れられた。一九三五（昭和一〇）年には町の名刹で当時のランドマークでもあった聞名寺で「おわら競演会」が始まって、各町内が見物客におわらの舞台踊りを披露した。これは、八尾の人びとがおわらを外部の人に意識的に「見せる」ようになった始まりでもある。

「見せる」と「楽しむ」の狭間で

現在の風の盆で披露されるおわらは、大きく「町流し」と「ステージ踊り」に分けられる。前者は、かつての練り回りにおわらの演奏と踊りが取り込まれたものとみてよい。九月一日から三日にかけて各町内のチームは、編み笠をかぶった踊り手の列を先頭に、ゆっくりと通りを歩きながら演奏する。一行は、要所で地方を囲むように輪踊りを作ったり、祝儀を出してくれた家の前で花踊りを披露したりしながら、場所を変えて踊りと演奏を続ける（写真３）。

写真３　日中に行われる町流し

後者のステージ踊りは、舞台上で演じられるべく「改良」されたおわらの伝統をそのまま引き継いでいる。風の盆を訪れる観光客は戦後に増加の一途を辿ったが、ステージ踊りが披露される舞台の数やそこでの収容人数もそれに合わせて増えていった。先述の「おわら競演会」は、見物人が戦後増えたため、一九六一年に聞名寺から今の八尾小学校グラウンドに会場を移転し、さらに一九七一年からは入場料を取るようになった（この頃に競演会場は「演舞場」と名称を変えている）。二〇〇一（平成一三）年からは、演舞場に収容しきれない観光客を分散させる目的で、旧町と福島の複数箇所に特設ステージが設けられた。

「おわらとは、本来、地元住民が楽しむためのものであって、観光客に見せるためにあるのではない」。こう語る八尾町民は少なくない。しかしそれは、時代が下るにつれて、町民のおわらに対する意識が徐々に「見せる」へと変わっていったことの裏返しでもある。観光客の数が二〇万人を超えるのが当たり前になった現在、おわらを純粋に「楽しみ」だと言い切ることはますます難しくなってしまったようだ。観光客があまりに多くて町流しの一行がスムーズに移動できないこともあるし、おわら目当ての観光客の来町を分散させるためのイベントに出演することも必要になる。[6]こうした変化を冷めた目で見る人も少なからずいて、彼らは、おわら人気を加速させた高橋治による小説『風の盆恋歌』（一九八五）を取り上げて「高橋治が悪い」と冗談交じりに言ったりする。しかし、産業の空洞化と人口減少により「おわら」が八尾のシンボルとなって町を背負う存在になっている今、以前ほどあからさまに観光化の傾向や観光客の悪口を言うわけにはいかなくなっているのが実情である。

夜流しの知られざる歴史

戦後から現在にかけての風の盆の変化を右のように振り返ると、この祭りのなかに占める「見せる」要素が徐々に肥大してきたことは疑いえない。だが、そんななかにあって今でも住民たちの楽しみとしてのおわらが比較的よく守られている領域がある。それが「夜流し」だ。

夜流しとは、行事としての風の盆が終わってから始まる、インフォーマルな演奏のことを言う。現在の風の盆は、どの町内でも夜の二三時から〇時までのあいだに終了する。その後、公民館や自宅で一服し終えた人たちが、一年の練習の成果を静かな環境で確かめようと、通りに繰り出して流すのである。かつては町の人にしか知られていなかったこの風習を、五木寛之や高橋治も八尾を舞台にした作品の中で印象的に描いた。

夜流しの風習がいつごろ始まったのかは、はっきりしない。一九四七（昭和二二）年の風の盆から三味線を弾き続けてきた諏訪町の杉崎茂信さん（昭和四年生まれ）の記憶によると、一九五〇年頃には、当時の名人だった松永由太郎氏と一緒に八尾駅にまで行ったことがあるという。杉崎さんは同級生らと共に「おわら四天王」と呼ばれた名手で、四天王が一緒に夜流しをすると誰も前に出てこられなかった。夜は誰もが気ままに流したから、三味線ひとりに歌ひとりということもあった。そうした人たちがあるところで合流したり、別れたりした。多くてもせいぜい一五、六人のグループだったから、「お、誰が間違えた」「お、これを弾いとるのは誰某だ」ということが分かった。「あーいう気分にちゃ、もうなれん」と杉崎さんは懐かしむ。

上新町の大西明さん（昭和一二年生まれ）や天満町の吉川春之さん（昭和二〇年生まれ）のようなもう少し下の世代

の人にとって、杉崎さんたちに加わって一緒に夜流しをするのは簡単なことではなかった。むやみに足音を立てることも許されなかったし、下手に弾くと「ちょっと三味線担いどれ（＝担いでいろ）」と叱られた。今は名人として知られるおふたりも、夜流しに加わって三年ほどのあいだは、本当に三味線を担いで先輩たちについていくだけだった。時折そっと自分の三味線を鳴らしては、先輩たちの音と聞き比べたりした。しかし、こうした状況が向上心ある若者をかえって奮い立たせた。「カミ（＝名人が夜流しの時に集まった上新町や諏訪町のあたり）に行って弾けるように、日々努力したようなもんや」。旧町のなかでも、もっとも下手にあたる天満町に住む吉川さんは、そう当時を振り返る。

写真４　踊り手をつけず自前の浴衣を着て流す地方

夜流しで大事なのは、やはり音である。今でも夜流しの一行は、音の反響が良い狭くて人通りの少ない路地を求めて次に行く方向を決めていく。人ごみのなかやステージの上での演奏とはまったく違う暗闇のなかで、自分たちの出す音に陶酔するのだ。そこで師匠や仲間との音がピタリと合う瞬間。ある人は「骨の髄まで音が染み入る」経験と言い、別の人は「鳥肌が立つ」と言う。そんな瞬間は三日間続けて流してせいぜい一度か二度しかないが、その瞬間を味わいたくて流すのである。

かつての名人たちがどれほど音にこだわっていたかを表す良いエピソードがある。杉崎さんは、カセットテープが登場する以前に使われていたオープンリール式の大型録音機「デンスケ」をたすき掛けにして、三味線を弾きながら演奏を録音したというのだ。「重くて、重くて。誰かに聞くと『あんなもん、素人の持つもんじゃない』と言われた」。杉崎さんが特別だったわけではない。オープンリールやカセットのテープで夜流しを録音した人は結構いた。歌い手が奥さんにレコーダーをもたせて真っ暗な路地を一緒に歩くこともあった。後日、演奏仲間のみんなで聞いたのだという。

夜流しの音は親密な人間関係も形作った。たとえば三味線弾きは、一緒に流す歌い手に合わせて「あいつはあそこで息が苦しくなるから」とそこでわざと強く弾いたりしたし、「俺の歌に合わせられるか？」とばかりに個性的な節回しが出てくるとその挑戦に応えるつもりで弾いた。ステージでの合奏を想定して音を揃えることが優先される今ではあまり見られなくなった「あの人のあれ」——歌い方や弾き方に光った個性——が健在だった頃のことである。音だけを聞いて、「誰某が来た」と言っては家から出て付いて来る人がいたし、なかには夜流しが通り掛ると用意していたお寿司をふるまってくれる人もいた。そういうところで一服しながら夜明けまで流した。

夜流しの伝統は今でも続いていて、若手の地方が音の良く響く路地を求めてゆっくりと流しているのを目にすることができる（写真4）。しかし、ベテランたちによると、昔と今とでは大きく違うところが二つある。ひとつは、今の夜流しが町内のチームによって行われていること。もうひとつは、踊り手が夜流しに加わるようになったことである。

かつての夜流しでは、今も語り継がれる名人たちが町を越えて集まって一緒に演奏した。いわば八尾のオールスター・チームである。それが、彼らに教わった世代が自分たちの町内に戻って近所の若者たちを鍛えるようになるにつれて、事情が変わっていった。先述の大西さんも吉川さんも二〇代の時にはそれぞれの町内の「タテ（＝合奏時にテンポや弾き始めのタイミングを決定づける、三味線のリーダー格）」になったのだが、そうなると、夜が更けたからといって町内活動を抜けて夜流しに出かけるわけにはいかなくなった。おふたりとも、他町《ほかまち》の先輩や仲間と一緒にやる機会を犠牲にして、自分の町内の人たちに夜流しの楽しさを伝える道を選んだのだ。師匠に教わるのが当たり前だった地方は、こうして町内で継承されるようになっていったようだ。

夜流しの単位が町内になると、その時に着る浴衣も日中に着るのと同じ、町内ごとに揃えた浴衣になっていった。それまでは、夜流しをする前に個人の浴衣に着替えるのが普通だった。そうしないと他町の人が混ざりにくいし、自分が他のグループに入ろうにも入りづらい。高価な紬の浴衣をさりげなく着て互いに競争するという習慣もあったが、そうした遊びの要素は時代が下るにしたがって薄まっていった。

見方を変えると、昔と比べて今は夜流しの裾野がぐっと広がったのだとも言える。かつての夜流しは一握りの実力者が楽しむもので、腕に自信のない人や町内は夜流しをしなかったり、自分たちの町内の中だけで流したりしていた。この変化が起こったのは、昭和四〇年代から五〇年代の初めにかけてのことらしい。増える観光客を前に、おわらが道楽者のすることだった頃は急速に遠い昔のことになって、町全体で取り組むものになっていったという時代が反映されてもいる。

「見せる」と「楽しむ」が出会うところを求めて

現在の夜流しでは、結構な数の観光客が見物したりシャッターチャンスを狙ったりするようになっている。なかでも一番の人気スポットは、一九八六（昭和六一）年に「日本の道百選」にも選ばれた諏訪町通りだろう。風情ある通りが多い八尾旧町のなかでもここの雰囲気は抜群で、通りの軒下には寝袋にくるまって夜中じゅうずっと居座っている人もいる。彼らのお目当ては、ぼんぼりが連なった町並みを揃いの浴衣と法被を着た踊り手がずらりと並んで踊る光景だ。年季の入った地方をバックに踊る姿を見ると、あたかもずっと昔にタイムスリップしたかのような、現代の日本から一時的に遊離したかのような錯覚に陥る。それほどに、おわらはこの通りで演じられるためにあるかのようであり、その逆に、この通りがおわらのためにあるかのようなのだ（章扉写真）。

だがこの光景は、杉崎さんたちの若かりし頃には存在しなかった。諏訪町通りが昔風の石畳になって電柱が埋め立てられたのは平成に入ってからのことで、その前はアスファルトだった。それに、ずっと昔の諏訪町通りは、夜になれば真っ暗な道だった。

それだけではない。先述のとおり、夜流しはもともと地方だけが行うもので、踊りを伴ってはいなかった。夜中にも踊りたい人はいたから、町内のあちこちで青年団を卒業したＯＧや主婦が自前の浴衣で一緒に輪踊りをする習慣は昔からあったが、それに地方は付かなかった。では、このいかにも昔ながらあると感じられる習慣は、どこからやって来たのか？

何人かのベテランの証言を合わせると、それは次のように起こったらしい。夜流しに踊りをつけ始めたのは、かつての花街で女踊りに定評のある鏡町だった。地方から少し離れたところで夜になっても踊っていた女子青年団を見た地方のリーダーが、「そんなに踊りたいなら」と流しに加わることを許したのだ。ここまでは内輪の習慣にすぎなかったわけだが、それが広まったきっかけが興味深い。小説『風の盆恋歌』が一九八五年に出版されて程なく、さらに評判になったおわら風の盆の様子をテレビ局が映した。その際、演出のためにと、鏡町のやり方を手本に夜流しに踊り手をつけて撮影を行ったというのだ。これが昭和の終わりのことだとすると、諏訪町通りを昔風に改修する計画もこの番組に影響された可能性がある。つまり、諏訪町通りにみられる「昔ながらのおわら」という雰囲気は、テレビの演出にも負っている可能性があるのである。

それまで夜中は地方抜きで踊っていた踊り手も、これをきっかけに地方と一緒に踊りたがるようになった。そのうち、地方の後に付いて控え目に踊る光景が見られるようになり、今では踊り手が地方の前に出ることも当たり前になってきた。ところで、この様式が定着するまでには、踊り子と地方のあいだで微妙なエゴのせめぎあいがあった。踊り手としては、夜中の雰囲気ある通りを熱心な観光客に見られながら踊るのは、日中に人ごみのなかで踊るのと比べてずっと気分がいい。他方で、昔ながらの夜流しに愛着のある地方にしてみれば、

写真５　揃いの浴衣で流す地方の後ろでOB、OGたちが踊る

写真6　自前の浴衣を着て踊るOG（手前の2人）

見られることが前提になると街灯やぼんぼりのない路地には入っていきづらいし、その分だけ音に集中できる時間が減ってしまう（写真5、写真6）。

　つまるところ、夜流しに踊り手がつくようになって喜んだ観光客の楽しみ方は、純粋な地方の楽しみ方とは相いれないものだった。一般的に観光客はおわらを見に来るのであって聞きに来るのではないからだ。だが、この状況をポジティブに受け取っているベテランの地方もいる。下新町の三味線弾き、舘谷明彦さんは、この一〇年ほど若い踊り手を連れて諏訪町通りまで行って夜流しをしている。一時期は下新町の路地にぼんぼりを立てて流していたのだが、誰も見に来ないところで踊っても張り合いがなかった。だが「諏訪町だとぼんぼりの雰囲気もいいし、程よく観光客がいて（……）そういうところで拍手してもらえると、彼らも嬉しいから」。昔ながらの夜流しの味を知る舘谷さんだが、若い踊り手を良い雰囲気と適度な緊張感のなかで踊らせることは大事だと考えている。最近は少子化のためにどの町内も踊り手不足に悩んでいて、かつてのように町内で踊り手を選抜するような贅沢はできない。諏訪町での演舞が、おわらのほかにいくらでもやりたいことがある若者たちに良いモチベーションを与える、というわけである。

　実際、視点を「演奏」から「踊り」に転じてみると、夜流しの時間帯には演じる側と見る側のあいだにある敷居が低くなって、両者がより親密かつ自然に交流できる社交空間が形作られていることに気づく。踊り手たちはしばしば編み笠を外した状態で観光客とお喋りをしたりフォトサービスをしたりすることがあるし、町のあちこちで行われる輪踊りには観光客が日中よりもずっとリラックスして参加する。九月四日の始発列車で帰宅する観光客に向けて踊り手たちが披露する「見送りおわら」は今や名物だが、この習慣も、三〇年ほど前に福島の若者たちが自然発生的に作り上げたものだという。

おわら風の盆の中心にある歌や踊りには、演じる側と見る側が一体になるためにこそ存在するという側面がある。昔と比べて巨大な規模に膨れ上がってしまったイベントにそうした美点や価値観を見つけることが難しくなったことを、悲しむべきだろうか。しかし、深夜過ぎの風の盆には別の顔がある。だから、おわら風の盆をもっと深く味わうために、「もうひとつの風の盆」に残る親密な社交空間を垣間見るのも良いだろう。だがそこでは、観光客もまた「見られる」存在になることをお忘れなきよう。

注

（1）紙幅の関係で本章では割愛せざるを得ないが、一一の町内を「支部」として成り立つ「富山県民謡おわら保存会」（地元の人びとはこちらを「本部」と呼ぶ）でも演奏活動や継承のための活動が行われている。本部が担当するのは主に県内外の依頼演奏であり、この時の演者はごく大雑把に言って八尾の精鋭部隊である。また、本部主催の温習会や演技発表会で、若手の育成を図るなどしている。

（2）越中八尾曳山祭は、江戸時代から続く八尾八幡社の春季祭礼である。毎年五月三日に、今町、上新町、下新町、諏訪町、西町、東町の六つの町の曳山が旧町を巡行する。なお、曳山をもつ六つの町内では、一月から五月にかけておわらの地方よりも曳山囃子の練習を優先するところが多い。

（3）ここで記した「風の盆」にいたる呼び名の変遷は、『おわらの記憶』（二〇一三年、桂書房）に所収のいくつかの論考を参考にしたものである。その後、本章をいったん仕上げた段階で、『おわらの記憶』の執筆者のおひとりである勝山敏一氏より、富山では「風盆」という語が一八〇〇（寛政一二）年には使用されていたとの新説をご教示いただいた。本文に勝山氏の説を全面的に反映させることは間に合わなかったが、ここに補足として記させていただく。

（4）共進会は今で言うところの博覧会。一府八県連合共進会は、富山県が東京、新潟、栃木、群馬、滋賀、岐阜、福井、石川の府県に呼び掛けて開催された。
（5）豊年踊り（旧踊り）と新踊りのあいだでは、振付の創作にいたる経緯が実のところかなり異なる。共進会の場合、小原節踊を踊ったのは富山市内の芸者で、これに触発された八尾の芸達者が自分たちで「豊年踊り」を創作したのだった。
（6）代表的なのものに、八月二〇日～三〇日に各町内でおわらを披露する「前夜祭」、九月の後半にパックツアーの一環で町流しが行われる「月見のおわら」、観光会館で毎月に二度行われる「風の盆ステージ」がある。

参考文献

赤阪賢、一九九四「おわら風の盆考　―地域文化のひとつの展開」井上忠司・祖田修・福井勝義編『文化の地平線　―人類学からの挑戦』世界思想社。

おわらを語る会編、二〇一三『おわらの記憶』桂書房。

勝山敏一、二〇一四「江戸期「風盆」の語について」『とやま民俗』八二。

北日本新聞社編集局編、一九八八『越中おわら社会学』北日本新聞社出版部。

竹内潔編、二〇〇九『富山県八尾町の祭と観光　―伝統と現在を生きる人々』富山大学文化人類学研究室。

長尾洋子、一九九四「「風の盆」を通してみた八尾町の地域と住民の関わり」『お茶の水地理』三五。

同、二〇〇一「侵蝕のリズム　―「おわら風の盆」の奏でる思想」『現代思想』二九（一一）。

成瀬昌示編、二〇〇四『定本　風の盆　―おわら案内記』言叢社。

野澤豊一・藤本武編、二〇一七『富山市八尾町の生活文化』富山大学文化人類学研究室。

富山の神農《しんのう》祭

富山は江戸時代より売薬業で栄えた。売薬（家庭配置薬販売業）とは、薬を客宅に預け使用してもらい、使用した薬の代金を後で集金し、新旧の薬を交換する、これを継続してもらう商法である。富山売薬の商売範囲は江戸時代中期には日本全国に及んだ。薬業は現在でも富山の経済の中核である。

売薬業者の家々では神農を祀る。神農は主に薬業を担う人々に信仰されている中国古伝説の帝王で、赭鞭《しゃべん》（赤い鞭《むち》）で草木を叩いて出た汁を舐め薬効を試し、民に教えたとの伝説があり、薬業・農商業の神とされる。富山では一月八日を神農祭（薬師祭）といい、床の間に神農の像あるいは掛図を飾り、鏡餅・神酒を供える。商売用具である懸場帳《かけばちょう》（顧客台帳）や柳行李《やなぎごうり》（薬などを入れる箱）も供え、その年の商売繁盛と家内安全を祈願する（写真1、2）。一一日は各商売で帳面祝いといって新帳簿を作り、小豆雑煮・赤鯛・バイ貝などを供えて商売始めを祝う日で、神農はこの日にお下げするか、売薬商売に出かける日まで飾っておく。

近年では同業者が集まって、組合や製薬会社、あるいは薬神を祀る富山市の海士ヶ瀬神社や滑川市の薬神神社（雪嶋神社）等で神農祭が行われている。薬業界の繁栄と団結を祈願し、また仕事の慰労も兼ねる。

富山の神農祭は、一般の人も参加する賑やかな祭ではなく、売薬業者の家に雇人や親類が集まって、あるいは同業者内で行われる。各家での祀り方も様々で、神農と正月の縁起物の弁財天や恵比寿・大黒の掛軸を並べて掛ける家もある。仏壇の横の床の間に、富山では信仰の厚い天神の掛軸も一緒に飾ったとも聞いた。正月でなくとも商売から帰る度に神農の前へ懸場帳と売上を供えていた家もあった。

売薬業者の減少は著しいが、神農は人の生命に関わる薬を扱い各地で仕事をする人々の拠り所であり、神農祭は薬業に携わる人々により継続されていくであろう。

（兼子心）

写真１　正月飾りの様子（写真提供：富山市売薬資料館）

写真２　神農像（木像）
（写真提供：富山市売薬資料館）

神農像を祀る様子を描いた薬屋の引札
明治期（富山市売薬資料館蔵）

第十一章　つくりもんまつり

―つくる・みる・きそう

鵜飼正樹・能登琴乃

「末広蘭陵王」（末広町、2016年

野菜や果物・穀物などの植物性素材でつくったオブジェ、「つくりもん」。その出来ばえをコンクール形式で競うのが、高岡市福岡町（旧西礪波郡福岡町）のつくりもんまつりである。毎年九月二三、二四日の二日間開催され、一〇万人以上の見物客を集める、福岡町でもっとも集客力のある行事である。自治会や職場を単位として制作されたつくりもんが三〇～四〇点、あいの風とやま鉄道（旧JR北陸本線）福岡駅を中心とする地区のあちこちに出展される（図1）。

二一世紀に入って、つくりもんまつりは全国的な賞を相次いで受賞した。二〇〇六（平成一八）年に、サントリー地域文化賞（サントリー文化財団主催）。二〇一三年に、地域再生大賞優秀賞（地方新聞社と共同通信社が選出）。そして二〇一七年には、ふるさとイベント大賞内閣総理大臣賞（一般財団法人地域活性化センター主催）。地域の特性を活かしたユニークな祭り、地域の活性化に貢献するイベントとして、つくりもんまつりは全国的にも注目され、高く評価されている。

つくりもんの風景

では、つくりもんの作品を見ていこう。写真1は、二〇一六年に制作・出展された「おもてなしTOKYO」という作品である。

図1　つくりもんまつりの舞台（●は2017年の出展会場）

中央に浅草の雷門、その左右に東京タワーと東京スカイツリー、背景には富士山と「2020 TOKYO」の文字を配し、周囲にビルやバス、新幹線、自動車、人などが並べられている。二〇二〇年に開催される東京オリンピックをモチーフに、東京の名所を集めた作品だが、これらはすべて農作物でつくられている。

写真1　「おもてなし TOKYO」
（旭町自治会 3・4・5 班合同、2016 年）

東京タワーや雷門の鮮やかな赤い部分は、トウガラシだ。雷門の屋根はコンブとズイキで、大提灯はカボチャ、「雷門」の文字はアズキで描かれている。東京スカイツリーの先端はダイコン、下部の網目状のところはカンピョウでつくられている。白ネギをさかさまにし、色の濃淡を活用することで、富士山山頂部を表現しているのもおもしろい。その富士山の五合目あたりから下の山肌には、びっしりとナスが貼りつけられている。

写真2　「おもてなし TOKYO」の女子レスリング選手

細部を見ていこう。「2020 TOKYO」の文字の0と0は、丸いカボチャをそのままとりつけてあるだけだ。スカイツリーの根元には、五輪の旗を背に勝利を喜ぶ選手の姿がある（写真2）。細長く絶妙に曲がったサツマイモで、腕と足をうまく表現している。いびつな形をしたサツマイモは、食材としては扱いづらいが、つくりもんでは身体のパーツを表現するものとして、むしろ重宝されている。手はミョウガ。手のひらと指先の感じがよく出ている。カボチャでつくられた顔の表情、ピーマンとパプリカでつくられたユニホーム、足元に倒れた選手がいることから、これは女子レスリングの選手のようだ。高岡市出身で、リオデジャネイロ五輪の女子レスリングの金メダリスト・登坂絵莉選手がモデルだと思われる。背後の五輪は、白が白豆、黄がトウモロコシ、黒が黒豆、緑がシシトウ、赤がトウガラシでできている。

祭りからイベントへ

もともとつくりもんは、「地蔵祭り」に付随するもの、いわば余興だった。地蔵祭りとは、地蔵菩薩の縁日である二四日を中心におこなわれる祭りのことである。近畿地方では「地蔵盆」と称し、現在も京都の町中などで、八月二三、二四日に、子どもの行事としてさかんにおこなわれている。福岡町の各集落でも「地蔵祭が盛んで、お盆から八月中に各村々でおこなわれ、青年団や子供達が村の地蔵を一軒の家に移して、お餅、野菜、果物、菓子などをお供えし、夜になると心のある人々でご詠歌を唱えた。また夜は盆踊りをしてたのしんだ」（福岡町史編纂委員会編一九六九：八〇八）という。この地蔵祭りの供物として、「ナスやキュウリにマッチ棒を刺して牛や馬に見立てた」（これは、福岡町のあちこちで耳にする、なかば定型化した語りである）もの、いわゆる「精霊馬」が、つくりもんのルーツとされている。

地蔵祭りのつくりもんは、次第に多くの見物客を集めるようになっていった。そして、福岡町、観光協会、商工会、青年団、婦人会などが共催する「観光地蔵祭り」として、「作り物コンクール」のほかに、夜店、宝さがし、民謡踊り市中流しといった関連行事がおこなわれるようになるのが、一九六一（昭和三六）年[1]ごろのことである。一九六九年に発行された『福岡町史』には、「伝統三〇〇年、五穀豊穣を感謝して毎年九月二三日を中心に、旧福岡地区の地蔵祭に合わせ催される「つくりもの」行事は、今では県下に知られる観光名物となった。／野菜・果実・自然の草花を利用し趣向をこらしたその作品は、素朴でユーモラスな人情味溢れる庶民芸術である。近郷近在はもとより遠くからこの特異な「つくりもの」を見に集まる人は多く、展示された家から家へ夕暮れより夜の更けるまで人波が続く」（同書：八〇九―八一〇）と記述され、すでに今日のつくりもんまつりに近いものとなっていたことがわかる。

観光地蔵祭りの転機となったのが一九六八年である。この年の九月二四日、朝のNHKテレビ情報番組「スタジオ102」で、「作りものコンクール」が全国に紹介されたのだ。この年の新聞記事には「小矢部署の調べでは両日ともざっと一万四、五千人と昨年の二倍の人出でにぎわった」（『富山新聞』一九六八・九・二五）とあり、テレビで紹介された影響の大きさがうかがわれる。

そして翌一九六九年から、祭りの名称は「つくりものまつり」となる（「作りものまつり」と表記された年もあった）。名称変更の理由についてふれた資料は見つからないが、おそらく前年のNHKでの放送がきっかけとなったものだろう。テレビというメディアに取り上げられることによって、「つくりもの」が祭りの看板となり、地蔵は背景へとしりぞくことになったのである。

その後、一九七五年には、祭りの名称は「つくりもんまつり」となり、現在にいたっている。そこには、方言というローカル性を名称に込めることによって、祭りの地域色を強く打ち出そうとする意図を読み取ることができるだろう。

祭りとイベントの間には、明快な一線が引けるものではない。しかし、地蔵の祭祀よりつくりもんによる集客が中心となり、名称も観光客の目を意識したものへと変遷していった、ここ五〇年あまりの歴史から、祭りからイベントへの変容の過程を跡づけることができよう。ただし現在もなお、人目にはつきにくいが、つくりもんまつりの期間中には、町の人たちが花や菓子を供えて地蔵をおまつりしていることも、付記しておきたい。

つくりもんの大型化と素朴性

祭りの主役になることによって、つくりもんそのものも、変化していった。

もっとも大きな変化は、作品の大型化である。嚆矢となったのは、一九七六年につくられた西町の作品「維新よも

写真３　最初の大型作品
「維新よもう一度」（西町、1976年）

う一度」だった。これは、土台を含めると高さ四メートルにもなる巨大な西郷隆盛像である。木材で骨組みを作り、その上から包帯を巻いて顔をつくった。肌はタマネギの皮、目玉はナス、鼻はニンジン、頭髪はトウモロコシの毛。衣装は、不要になった蚊帳を下地にして、上からそばがらを貼った。また、土台には車輪をつけ、祭り当日は町内を引いて回したという（安田二〇〇二：一九五～六）（写真３）。この年「維新よもう一度」は、見事優勝した。

　翌年から、『富山新聞』の記事によれば「ナス七二五一個を使用した恐竜」（七六年）、「高さ三メートルもある山車」（七八年）、「ジャンボ獅子頭」（七九年）、「四メートル近い大作・末広えびす」（八二年）、「三メートルのエリマキトカゲ」（八四年）、「高さ約六メートルの海賊船」（八六年）など、大型作品が目につくようになる。最盛期には四、五点の大型作品が出展されたという。コンクールの優勝作品も、一九八六年から、大型作品と小型作品の二部立てで選出されるようになった。

　作品が大型化する一方で、「つくりもんの原点に帰れ」という動きも出てくる。精巧な技術や見た目のインパクトを競うより、「ナスやキュウリにマッチ棒を刺して牛や馬に見立てた」古きよき時代のつくりもんこそ、評価すべしという動きである。そして、一九八一年から、コンクールの審査で「素朴性」に力点が置かれるようになった。一九八一年九月二五日の『富山新聞』には、次のように書かれている。「ことしは、〝つくりもんの原点に帰れ…〟と素朴さに力点を置く審査が加味され、生野菜をそのまま生かした「ふる里」（中央通り）「山水」（中島町）の上位入賞が目立った」。

参加する

つくりもんの制作・出展は、自治会を単位とすることが多いが、小学校や婦人会などの団体、銀行や郵便局などの職場、老人ホームやデイケアセンター、キリスト教会、あるいは有志で制作する例もある。また、自治会名で出展されていても、じっさいに制作したのは有志ということも少なくない。

団体によってさまざまだが、多くは八月後半から九月初めにメンバーが集まってテーマを決め、祭りの一〇日ほど前から制作を始める。昼間に仕事をしている人が多いため、制作は夜に行われる。夕食をすませて、連日七時ごろから一〇時ごろまでが、制作時間である。車庫や空き地に建てられたテントなど、制作場所はそのまま展示場所となることが多い。

腐りやすい野菜は、あまり早くから制作に使用することはできない。大まかでも設計図を描き、木材や針金などを使って土台・骨組みを作るところから始め、並行して、カボチャやサツマイモ、トウモロコシ、豆類などの、比較的腐りにくい野菜を集める。車で五分も走れば田畑が広がっており、つくりもんに使用するといえば、無償で野菜を提供するなど、協力してくれる農家は多い。飾りカボチャ、ジャンボカボチャなどの特殊な野菜は、種や苗から育てる人もいれば、近くの農家と契約して毎年譲ってもらう団体もある。そして、九月二〇日あたりからの三日ほどで、腐りやすい野菜も含めて、一気に仕上げていく。祭り前日は徹夜で制作するという団体も少なくない。

末広町の大型作品づくり

今日まで二〇年近くにわたって、駅前に大型作品を出展し、毎年優勝してきた末広町の場合、出展の母体は末広町自治会だが、制作の中心はつくりもん制作のために結成された「末広会」が、になっている。末広会は、当初は二〇代から三〇代の若者二〇人ほどのグループで、年齢順に会長（＝その年のつくりもんの制作責任者）を担当し、一定の年齢になると卒業するという、年齢階梯制の若者組に近い仕組みになっていた。その後、新規に加入する若者が少なくな

写真４　末広町の制作風景（2014年「末広藤娘」）

写真５　フォークリフトでパーツを合体させる（2014年「末広藤娘」）

ったため、卒業せずに残ったメンバーが二度目の会長を務めるようになり、現在に至っている。ただし、大型作品の制作には人手も資金も必要なため、自治会役員や末広会会員家族も制作に参加するし、末広町自治会から材料費の補助も出ている。

　末広町の大型作品制作は、その年の末広会長がテーマを決めるところから始まる。テーマにしたがって、イラストのうまい人がデザインを描き、粘土でミニチュアを作る。ミニチュアを作らずに、既製品の置物をそのまま使うこともある。それをもとに、ＣＡＤでつくりもん作品とした場合の実寸を割り出し、土台を設計する。土台は、たとえば人間の形状をした作品であれば、頭部、胴体、手足といったパーツに分けて、主に角材とベニヤ板で制作し、後で合体できるように接合部も設計しておく。各パーツの骨組みは、ボンドを塗った新聞紙でサンドイッチしたラス網（壁などの下地に用いる金網）で覆って張りぼて状にし、その上から野菜をつけていく。豆やトウモロコシの粒などの細かな野菜は、一度A４のコピー用紙にボンドで貼りつけたシートを作り、それを張りぼてに貼る。カボチャやヒョウタンなど大きな野菜は、張りぼてにドリルとビスで止める。

パーツごとにそれぞれ担当者が決められていて、どこにどのような野菜を使うかは、裁量にまかされている。そして、豆やトウモロコシの粒をコピー用紙に貼りつけたり、カンピョウで網を編んだりといった、パーツのパーツのような作業は、末広会のメンバー以外、とくに女性が人海戦術的に担当する（写真４）。

九月二二日の夜には、フォークリフトを使用してパーツを合体させ、細かな仕上げをする（写真５）。仕上げは二三日の朝方まで続くことが多く、観光客が見に来る時間になってもまだ作業をしていた年もある。

大型作品の制作が可能になるのは、末広会のメンバーに、工事関係の会社員や自営業者が多いからである。ＣＡＤは建設会社の社員が担当する。骨組みに必要な木材は町内の建材店から仕入れる。高所での作業は建設業の人が、配線は電気業の人が担当する。フォークリフトは建材店から借り、免許を持つ人が操作する。作業中のまかないは、駅前食堂の店主や調理師免許を持つ人がする。末広町にはこうした人材が豊富で、かれらが技能を持ち寄って、一つの作品制作に投入するのである。駅前の商業地という末広町の立地条件は、この点でも有利だ。

野菜を見立てる

「見立て」とは、『広辞苑』によれば「対象を他のものになぞらえて表現すること」である。つくりもんでは、この「他のもの」が野菜である。ただしそれは、「足のような大根」とか、「おしりにそっくりな桃」のような、単体での見立てではない。他の素材と組み合わせ、ひとつの作品として、見立てる。大根は、人間の胴体（たとえばトウガン）の下に二本つけられてはじめて、足になるのである。

では、素材をどのように見立てるか。ナスを例に考えてみよう。

まずその形。標準的なナスは、下ぶくれの楕円形だ。この形から、人間の鼻や動物の胴体が表現できるというのは、だれでも思いつくことだろう。あるいは、ヘタまで生かして人間の顔にする（ヘタが頭髪）こともできる。丸いナス、細長いナスなど、特殊な形状のナスは、その形を生かし、丸いナスであればボール、細長いナスであれば組み合わせて文字を描く、といった表現が可能である。

それから色。ナスは、濃い紫というか、ほとんど黒といってよい色をしている。その色からは、人間の眉や目として使うことができる。

それから質感。ナスは表面につやがあり、黒光りしている。この質感を生かせば、たとえば剣道の胴のような、プラスチック素材を表現することもできる。

そしてナスは、同色、同形のものがスーパーや八百屋で大量に売られており、質と量を揃えやすい。同色、同形のナスを規則的に並べることで、たとえば屋根瓦など、大量の規格品をうまく表現することができる。もちろん、いくら質が揃っているといっても、やはり大きさ、形にはばらつきがある。そのばらつきのあるナスを、いかにすきまなく瓦として屋根の上に並べていくかが、制作者の腕の見せどころなのである。

逆に、屋根瓦という作品の部分に何を使うかと、考えてみよう。必要なのは、大量に集めることができる、黒っぽい同形の素材だ。それらを何列かにきれいに並べて、屋根に乗せる（貼る、止める）ことができればよい。立体感があれば、なおのぞましい。とすれば、先述したナス以外に、シジミやハマグリなどの貝殻、黒豆、干し椎茸、昆布などが候補になる。その中から何を選ぶか。そこには、屋根そのものの大きさもかかわってくる。一メートル四方の屋根には、貝殻や黒豆よりナスだろうが、点景のような民家の屋根なら、ゴマや海苔のほうがいい。

つくりもん制作の現場では、このように、どのような素材を使用して見立てるのか、ある程度の見通しを立てつつ、試行錯誤しながら、作品にしていく。したがって、よい作品をつくるためには、野菜は実際に使用するより以上、大量に余るぐらいに集めないといけない。

きそう

つくりもんは、コンクール形式で出来ばえが競われる。結果は祭りの二日目に発表され、表彰式が行われる。表彰式では、順位に応じて賞状やカップ、盾だけでなく、賞金も授与される。つくりもんまつりには、競争と賞金という、参加者を「あおる」仕掛が組み込まれているのである。

審査は、つくりもんまつり実行委員会が指名する審査員五名程度が、審査基準に従って、すべての作品を見て回っておこなう。審査員の仕事は点数をつけるまでで、順位は、審査員のつけた点数を実行委員会が集計し、もっとも点数の高い作品から順に決まる。なお例年、審査員の間での評価には、あまり大きな差はないという。

順位は、上位から順に、優勝が二作品（大型作品の部と小型作品の部）、次勝が四作品、参勝が一〇作品。つまり、次勝だから二位、参勝だから三位というわけではない。また、ここ二〇年ほど、大型作品は末広町の一作品だけなので、大型作品の部では末広町が連続で優勝している。参勝以下は、技能賞が一〇作品、そして、それ以外の作品は、すべて努力賞である。つまり、努力賞まで含めると、全作品が何らかの賞を受賞し、賞金をもらえることになっている。(2)

ここで問題になるのが、先ほどもふれた「素朴性」という審査基準だ。審査員が作品を評価する基準は、全体的構成の魅力効果三〇点、着想一〇点、材料技術の評価三〇点、制作努力の評価三〇点、素朴性の評価一〇〇点の合計二〇〇点。実に「素朴性の評価」が全体の五〇パーセントを占めている。ということは、どれほど見事で、観光客の注目を集めた作品でも、素朴性に欠けるとなれば、高得点は望めないのである。

ただ、素朴性という審査基準はわかりにくい。審査員に対しては、「野菜をカットしたり、彫刻したりするのではなく、いびつな形の野菜をそのままの形で工夫して使うこと」といった説明がなされている。具体的には、ハロウィンのカボチャランタンのような、くりぬいて細工した作品や、青色の野菜がないからといって、表面を絵の具やペンキで青く着色した作品は、「素朴性の評価」は低いということのようだが、明快な基準とはいえないだろう。

ましして、制作する側はもっとわからない。そもそも素朴が「人為がなく、自然のままであること」（『広辞苑』）と定義されるとすれば、つくりもんを制作すること自体が人為である。ただ、より「自然な」ものが「素朴」であるという共通理解のようなものはある。けれどもその「自然な」は、「人の手を加えない」のではなく、「人の手を加えたことを、できるかぎり目立たなくする」ことと、読み替えられる。たとえば、野菜を土台に取りつけるさいに、ビスを使用しないのではなく、野菜を土台に取りつけたビスの頭を隠すために、上からボンドで豆や麩を貼りつけるといったことだ。これは、「人の手を加えたことを、できるかぎり目立たなくするために、さらに人の手を加える」ことだ。素朴性というわかりにくい評価基準は、こうした「意図的にねらって表現する素朴性」という、いささか語義矛盾的な対応を生んでいる。

ただ、それが悪いというわけでもない。むしろ、素朴性という難題を投げかけられ、出展団体のメンバーが知恵をしぼりあった結果、つくりもん独特の作風が生まれているともいえる。

二日目の一七時からおこなわれる表彰式には、全出展団体の代表者が集まる。そして、上位入賞団体が壇上にのぼり、表彰を受ける。栄えある瞬間だ（写真6）。表彰式を終えると、自分たちの作品の展示場に戻り、賞状やカップを作品の前に並べる。コンクールの結果は、翌日の地元紙朝刊にも大きな写真入りで紹介される。

写真6　表彰式（2010年）

みる

つくりもんは展示場に飾られているだけで、そのものに動きはない。制作した人たちは、連日の深夜におよぶ制作作業のため、祭り当日は疲れて寝ていることさえある。だから、観光客にとっては、つくりもんをただ見て歩くだけの祭りにすぎない。しかし、ただ見て歩くだけで充分におもしろいのが、つくりもんまつりである。

つくりもんは、自治会の作品であれば、町内のガレージや空き地に建てたテントの中に展示される。一方、小学校、老人ホームなど、町の中心部から少し距離のあるところに拠点がある団体や、明確な活動拠点を持たない有志団体などは、駅前に設置されたテントの中に展示される。こうした結果、つくりもん作品は、駅前にある程度集中するが、全体的には町のあちこちに分散して展示されることになる。それが、「つくりもんを見ながら町を歩く」楽しみを生む。

写真7　「末広蘭陵王」の仮面部分

町を歩けば、軒先に吊された赤い提灯と人だかりが見える。近づいていくと、まず目に飛び込んでくるのは、つくりもんの全体像だ。ここで、手元にある「つくりもん作品展示図」と照合して、なるほど、この作品はこういうテーマなのかと納得する。

作品のテーマには、大河ドラマ、イベント、その年の有名人や流行といったタイムリーなものもあれば、昔話や伝説、アニメやゆるキャラ、地元の名所や行事などの定番もある。バラエティに富んだつくりもんは、見て回るだけで楽しい。

たとえば、二〇一六（平成二八）年の末広町の優勝作品「末広蘭陵王」[3]（章扉写真）。福岡駅前の展示スペース中にそびえ立つ、高さ五メートルの蘭陵王の巨大さに、まず圧倒される。オレンジと白と緑を基調にした雅楽の衣裳と、目を見開き、歯をむき出した仮面（舞楽面）。

目をこらすと、次第にパーツが見えてくる。足はジャンボカボチャ。衣裳は、オレンジ色の小さな豆のようなものと、ニンジンと、ゴボウと、白豆と、ジャンボカボチャと、ズイキと、パプリカと……、中央の白い部分はトウモロコシの皮のようだ。それにしても、ニンジンや白豆が、見事なまでにすきまなく並べられている。仮面はトウモロコシとヘチマ。目はカボチャで、ヒゲはススキ、歯は麩だ（写真7）。

横には、作品のどこに何が使われているかを書いた「お品書き」がある。これを見ると、ナスが使われているようだが、それはどこだろう。ああ、衣裳の黒い部分がそうだ。細長く曲がった形をうまく利用している。レンズ豆って何だろう。衣裳に使われているオレンジ色の小さな豆のことか。カンピョウは……、白ネギは……。

こうして、つくりもんを全体から細部へと見ていくのは、だまし絵を解読するようなおもしろさがある。

さらに、いくつもの作品を見て回ると、制作団体の作風やこだわりの技術が見えてくる。それらを「見比べる」のも楽しみのひとつである。昭和時代へのノスタルジーをかきたてる、ほのぼのとした作品。静謐で奥行きのあるジオラマ風の作品。一見ゴチャゴチャしているようで、躍動感あふれる作品。話題のニュースに人気のキャラクターを登場させた作品。競合した同じテーマが団体ごとにどのように表現されているか、同じ素材がどのように使い分けられているかを、見比べるのもおもしろい。だれしも、コンクールの審査員になったつもりで、心の中で順位をつけて回る。

リピーターになる

つくりもんまつりには、何年も継続して見るリピーターの楽しみ方もある。保存がきかない野菜でつくられ、まったく同じ作品は二度と見ることができないからこそ、「今年はどんな作品が出展されているのか」「その出来ばえはどうか」と期待し、毎年のように足を運ぶ人は少なくない。

リピーターになると、「あの団体の今年のテーマは何か」という楽しみ方も生まれる。たとえば末広町は、毎年「末広〇〇」というテーマで、駅前に大型作品を作る。〇〇の中には、藤娘、不動尊、宝船、曳山、獅子舞など、日本の伝統的なモチーフが入ることが多い。大型作品の圧倒的迫力に、駅前という好立地もくわわり、作品の前は黒山の人だかりだ。細い路地の角で展示される中島町の「コイ○」も、ここ一〇年ほどは優勝か次勝と、常に上位に入っている。水を流したり、メリーゴーラウンドを回したりと、動く仕掛けを組み込み、細部までこだわった精巧な作り込みがすばらしい。作品のどこかにひそんでいる、福岡名産のコイを探すのも、ひそかな楽しみである。

「野菜や果物・穀物などの植物性素材を使ってオブジェを制作する」というルールは不変だが、完成したつくりもん作品そのものは毎年ちがう。しかも、腐りやすい野菜でつくられた作品の命は短い。九月二三、二四日のたった二日間しか、この世に存在しない。どれほどの傑作が生まれようと、保存されることはない。なまものゆえに、祭りも終盤に近づくと、作品から異臭が漂いはじめ、二四日の夜には解体されてしまう。「つくりもんはパッと咲いてパッと散る桜のようなもの」。末広町で大型のつくりもん制作の中心となっている男性はこう語る。

見事なつくりもんにも、祭りが終わればすぐに解体されるはかなさがつきまとっている。しかし、そのはかなさこそが、毎年つくりもんをつくり続ける原動力であり、つくりもんにひかれて祭りに通うリピーターを生んでいる。それは、あっけなく散ってしまうからこそ美しいと、桜を愛でる日本人の思いにつながるものかもしれない。

二〇一六年、福岡駅前の再開発によって建てられた「高岡市福岡にぎわい交流館」には、大型作品の展示スペースが併設された。これで、つくりもんまつりで大型作品を毎年作り続けることは、福岡町の人びとにとって使命となった。後戻りのできない道に、みずからを追い込んだわけだ。少子高齢化が進む中、つくりもんまつりを観光まちづくりの中心にすえる決断をした福岡町の人びとは、そのプレッシャーとどのようにつきあっていくのだろうか。

注

(1)「観光地蔵まつり」という名称については、一九六五年九月二五日付『富山新聞』記事に、「第五回福岡町観光地蔵まつり」とあることから、一九六一年から使われるようになったと推測される。

(2)以上の他に、通算三回優勝、五年連続参加の団体に与えられる奨励賞がある。さらに、特別賞的扱いとして、サントリー賞(二作品)と「あなたが選ぶつくりもん」がある。サントリー賞は、二〇〇六年のサントリー地域文化賞受賞をきっかけに設けられた賞で、サントリー文化財団関係者が選出する。「あなたが選ぶつくりもん」は、北日本新聞社主催で、観光客の人気投票で選ばれた上位二作品が表彰される。

(3)福岡町には雅楽が江戸時代末期から現在まで継承されており、高岡市無形文化財に指定されている。

参考文献

福岡町史編纂委員会編、一九六九『福岡町史』福岡町役場。
安田宏美、二〇〇二「町の人から見る「つくりもんまつり」」鵜飼正樹編『つくりもんまつり2』京都文教大学人間学部文化人類学科。
『富山新聞』一九六五年九月二五日
『富山新聞』一九六八年九月二五日

邑町《むらまち》のサイノカミ

邑町のサイノカミは、富山県東部、下新川郡入善町上野の邑町地区で行われる小正月の火祭りである。二〇〇〇（平成一二）年まで一月一五日に行われていたが、現在は一月一五日に近い日曜日に行われている。

行事の起源については諸説あり、江戸時代にコレラが流行した際、地区を流れる川に上流から木製人形が流れ着いたので同じ人形を作って燃やすようになった、あるいは上流の地区で疫病除けとして川に流した人形が流れ着いたので同じ人形を作って燃やすようになったなどといわれている。

行事は、七歳から一二歳までの子どもたちが中心となって行う。当日早朝、子どもたちは邑町公民館に集った後、地区内の家々を一軒一軒訪問して正月飾りなどを集めてまわる。このとき先頭に立つ最年長の子どもは、オヤカタ（親方）と呼ばれ、手にはデクサマという男女一対の人形を持つ。デクサマは、一寸角のハンノキで、男は長さ九寸、女は長さ八寸五分ある。墨で顔が描かれ、胴にもそれぞれ「男神」「女神」と書かれる。

子どもたちは訪問先の家に着くと横一列に並ぶ。そしてオヤカタがデクサマを拍子木にして二回打ってから玄関の戸を開けて中に入り、全員でサイノカミの唄を歌う。この唄を聞きつけると家人は玄関にでてくる。やがて唄が終わると、正月飾りや書初めを子どもたちに手渡す。続いて、祝儀や菓子、餅なども渡す。祝儀は、オヤカタに次ぐ年長の子どもが受け取る。祝儀の少ない場合はオヤカタがデクサマを家の中に放り込んでもよいとされ、デクサマが放り込まれるとその家に災難が舞い込むと伝えられる。

子どもたちが家々をまわっている間、大人たちは、地区の東境の田に巨大な円錐形の作り物を作る。この作り物もサイノカミと呼ばれる。サイノカミの作られる場所は、かつては傍らに川が流れており、上流からデクサマが流れ着いたと伝えられる。作り物は、モウソウチクを五本ほど円錐状に組み、これに藁束をかけ、最後に藁縄で縛りつけて固定したもので、下部に一m四方の穴を開けておく。

子どもたちが家々を訪問し終えて、サイノカミの場所に来ると、デクサマを穴に安置する。そしてデクサマに豆や米を入れたおひねりを供え、正月飾りや書初めなどで穴を塞ぐ。次いで子どもたちはサイノカミに火をつける。火が勢いよく燃え上がると、子供たちは田の畔に並んでサイノカミの唄を大きな声で歌う。唄の途中で竹の節が弾けると最初から歌いなおさなければならないとされ、子どもたちは節が弾ける前に歌い終えようと早口になる。また、この竹の節の弾ける音が大きいほど災厄が祓われるといわれる。

やがて火が下火になると、燃え尽きたサイノカミの中を探ってデクサマの燃え具合を確認する。デクサマが残っていると再び燃やして完全に灰になるまで焼く。

正月飾りなどを燃やす小正月の火祭りは全国にみられる。新潟県から長野県を中心とした東日本の広い範囲で、人形の登場するサイノカミがみられる。この行事もその一つである。年頭に災厄を徹底的に祓うことでその年の無病息災や家内安全が約束される。

（石垣悟）

写真１　燃え上がるサイノカミと唄を歌う子どもたち

湊橋（お助け橋）を渡る曳山

第十二章

放生津（新湊）曳山祭

―曳山囃子を楽しむ

島添貴美子

曳山祭における曳山囃子

曳山祭にいって目にするのは、なんといっても曳山の造形の美しさや威勢の良い曳き子だろう。確かに、曳山祭は見た目の華やかな祭りである。その中で「音はすれども姿は見えず」、なのが曳山囃子である。富山県内の曳山の多くの囃子は幕や御簾に囲まれた曳山や屋台の中で演奏されるため、演奏する囃子方が見えない。中には車輪が動く時にわざと軋み音を出す仕掛けを付ける所さえある。そうすると軋み音で囃子の音すらかき消されてしまう。

本論で取り上げる放生津八幡宮秋季例大祭、通称、放生津（新湊）曳山祭（以下、新湊曳山祭とする）は、曳山の数が富山県内最多の一三町一三基を誇る祭りだが、曳山囃子も各町二〇曲前後と曲数の多さでも際立っている。

私は二〇〇九（平成二一）年より、射水市教育委員会の依頼で新湊曳山祭における囃子の調査に入ったのをきっかけに、新湊で曳山囃子方の練習に加えていただいてきた。その中で時々耳にするのが、「山は曳き子が動かすのか、囃子が動かすのか」という問いである。まるで哲学的な問いか、禅の問答のようだが、要するに、曳き子からみると「山を動かしているのは自分たちだ」というのに対し、囃子方からみると「囃子方が囃しているからこそ、曳き子は力を合わせ、疲れにくく、楽に曳くことができる。囃子がなければ、早朝から深夜まで一日中、曳き子が山を動かすことなどできやしない」ということらしい。確かに、曳山を物理的に動かすのは曳き子たちである。しかし、曳山囃子は、目立たない縁の下の力持ち的な存在だけに、一般にはあまり知られていないが、実は、単なる祭りの彩ではない。それでは、「囃子が山を動かす」ために、囃子方にはどのようなこだわりがあるのか、新湊の曳山囃子の世界をみてみよう。

新湊と新湊曳山祭

新湊の旧町部は、かつて放生津といい、伏木（高岡市）や岩瀬（富山市）と同様に、北前船の寄港地として栄えた港町である。現在は新湊漁港で水揚げされる白エビの人気があり、水産加工場も多い。町の真ん中には内川が流れ、いくつもの橋が架かっている。橋の上から見える美しい内川の景観は、日本のベニスと呼ばれるようになり、映画やドラ

写真2　提灯山

マや観光ポスターでよく使われている。新湊の町は内川の両岸に広がる。細い路地が張り巡らされ、まるで迷路のようである。お寺や神社が多いだけでなく、通りの角々にはお地蔵さんの小さな祠もある。祠にはお花が供えられ、夜は小さな明かりが灯される。早朝、道行くおじさんが、湊橋（通称、お助け橋）から海に向かって手を合わせて拝んでいく。海の神様に挨拶しているのだという。

　新湊曳山祭は、毎年一〇月一～二日に射水市新湊地区で開催される。動く山（曳山、地元では「やま」という）と動かない山[1]（築山、地元では「つきやま」という）の両方が奉じられる全国でも珍しい祭りであるとともに、高岡に次いで県内で二番目に古い曳山祭である。

　新湊曳山祭は、昼は花山、夜は提灯山と曳山のしつらえが変わる。花山は、高岡と同様に、髭籠《ひげこ》のついた花傘に前人形と呼ばれるからくり人形と王様といわれる神様の人形が乗る。からくり人形を乗せる点は、富山―飛騨―愛知に連なる南北のラインにみられる曳山の特徴といえる。夜の提灯山は、花傘を取り外し、提灯で囲んだもので、伏木や海老江（射水市）の曳山と同じである。

　曳山は新湊の町の狭い路地や内川に架かる橋を渡る。特に夜は提灯山が橋を渡るとき、提灯の明かりが水面に映るのが美しい。

新湊な人々

このように書くと、まるで映画や小説のように美しく幻想的な風景を思い浮かべられるかもしれない。実際に新湊の風景は美しい。が、私が出会った新湊の人々は、総じて個性的で強烈である。地元では、祭りのことを、「まっつん」という。春のまっつんが獅子舞で、秋のまっつんは曳山である。まっつんにかける彼らの情熱は並々ならない。

偏見なのかもしれないが、新湊の人はイベント好きだ。年がら年中、まっつんだ、催しだ、運動会だ、映画の撮影だ、と言っては連絡を取り合い、準備にいそしみ、飲んで楽しんでいる（ように見える）。以前、新湊のおじさんたちに「春に獅子舞があって、秋に曳山があればそれで充分でないですか？」と尋ねると「それ（まっつん）とこれ（イベント）とは別！」と言われる始末である。

そんなわけで、マラソン大会のコースが新湊の町中を通ろうものなら、小旗の代わりにハタキを振り（ハタキは曳山でも必須アイテムの一つ）、曳山を出してお囃子付きでマラソンランナーを熱烈に応援する。地元の新湊高校が甲子園に出場した時は、何台も車を連ねて富山から甲子園へ行き、ブラスバンドの野球の応援曲の定番「アフリカンシンフォニー」に合わせて「イヤサーイヤサー」と気勢を上げる。今の時代、ここまで自分以外の人間に関心をもてて、実は応援している当の自分も楽しんでいる人たちがどこにいるのだろうか。

こんな新湊な大人たちの中で生まれ育った子供たちも、小さいころからなかなかの武勇伝を持っている。曳山囃子の囃子方は、近年女性が入っている町もあるが、基本は大人の男性である。しかし、曳山囃子が好きすぎて、小学生の時に囃子方の練習に行って弟子入りを志願したり、近所の水産加工場から発泡スチロールを持ってきて小さな曳山をつくり、「提灯山巡行」と称して動かして遊んでいたら、提灯の火が燃え広がり家が火事になりそうになったりと、笑えるような笑えないような話がある。そこまでではなくても、まっつんの準備の季節になると、囃子の音に誘われて、子供たちが吸い込まれるようにやってくる。囃子の練習にちゃんと通えば、まっつんの日に曳山に乗せてもらえるからだ。赤ん坊のころから親や祖父母に背負われて、まっつんを見聞きしている彼らの中には、誰が教えたのでもなく、太鼓をたたきたいというので、たたかせてみると、すでにリズムを覚えていて難なくたたける子や、ちょっと教えただけで難なく笛を吹けてしまえる子など、こちらが驚くような能力を発揮してくれる。彼らは彼らで、学校行事や塾やアルバイトや母親の目をかいくぐって、囃子の練習にやってくるツワモノたちである。

写真２　囃子の練習（東町）

祭りの運営と巡行の役割

曳山祭は曳山を所有する町にとっては、一大行事であるため、祭りの運営は真剣だ。曳山の巡行は、曳山を所有する一三町から選出された総代と、役員、事務局で構成された新湊曳山協議会（以下、協議会と略す）が統括している。新湊の曳山全体に関わる案件は「総代会」で検討されるが、定例の総代会は奇数月、その他に臨時総代会もある。当然、役員会もあるので、協議会のメンバーは、年がら年中、曳山のことを考えている。

祭り当日は、曳山がどこかにぶつかりそうになったり、電線にひっかかりそうになったり、角を曲がりそこなったり、もたついたりしていると怒号が飛ぶ。富山県内の曳山祭はのんびりとした雰囲気のところが多いのに比べると、新湊の祭りは、かなり緊張感が漂っている。その理由は、新湊の曳山巡行路が、他のところに比べて、細い路地や角を曲がるところが多く、橋を渡ったりもするからである。祭りとしては見どころが多い一方で、どうしても曳山が破損したり、怪我人が出やすくなる。そもそも、どんな曳山でも動かすのは容易なことではないだろうが、殊に、新湊で曳山を動かすのは傍から見ていても大変なことだと思う。

そんな訳で、曳山は巡行の度に消耗する。そのため、曳山を所有する町にとって、曳山の修理と維持はかなりの負担である。祭りの最中に破損すればその部分の修理はもちろんだが、勢いをつけて角を曲がる際に車輪をひきずるので車輪の摩耗も激しい。一三基もあれば、毎年のようにどこかの町が曳山を修理したり、新調したりしている。

曳山は、かつてはどの町も、祭りの度に組み立て、解体していた。解体された部材や用具は、町内の富裕者の持ち蔵や商店・銀行の倉庫などで分割保存され、車輪や車軸は、乾燥によるひび割れを防ぐために内川や寺社の堀に沈められていた。古新町で聞いた話では、曳山の中心部にあたる心柱を内川に沈め、その他の部材は火事に強い土蔵で保管していたという。このような保管方法は、一旦、火事になると海風に煽られ、狭い路地に燃え広がってしまう地元ならではの知恵である。

新湊では、戦後、各町で全解体せずに済む背の高い山蔵が作られるようになり、現在では全町が全解体せずに山蔵で曳山を保管している。祭りの度に組み立て、解体していた時よりは作業負担は減っているとはいえ、一年を通して、定期的に山蔵の風通しや曳山の点検、調整が行われている。

新湊の曳山は、下から、地山、下山、中山、上山からなる（図1）。地山は車輪と車軸と長手《ながて》の部分で長手に曳き子が連なって曳く部分である。長手の付け根の上には「中山」担当の曳き子が乗り、拍子木やハタキをもって曳き子に指示を出す。下山は、幔幕や御簾に囲まれた小さな空間で、囃子方と楽器が入る。中山は上山を囲む高欄の部分で、担当の大人が電線を持ち上げる竿を持って立つ。上山は王様と前人形が安置され、子供や大人たちが前人形のからくりを操作する。

囃子をやる楽しみ

囃子方がいる下山の広さは、曳山によって異なるが、広い曳山だと大人が五人入る程度で、狭い曳山では大人四人でぎりぎりくらいである。囃子の編成は笛複数人と、太鼓一人、鉦一人で、町によってはさらに三味線一人が加わる。囃

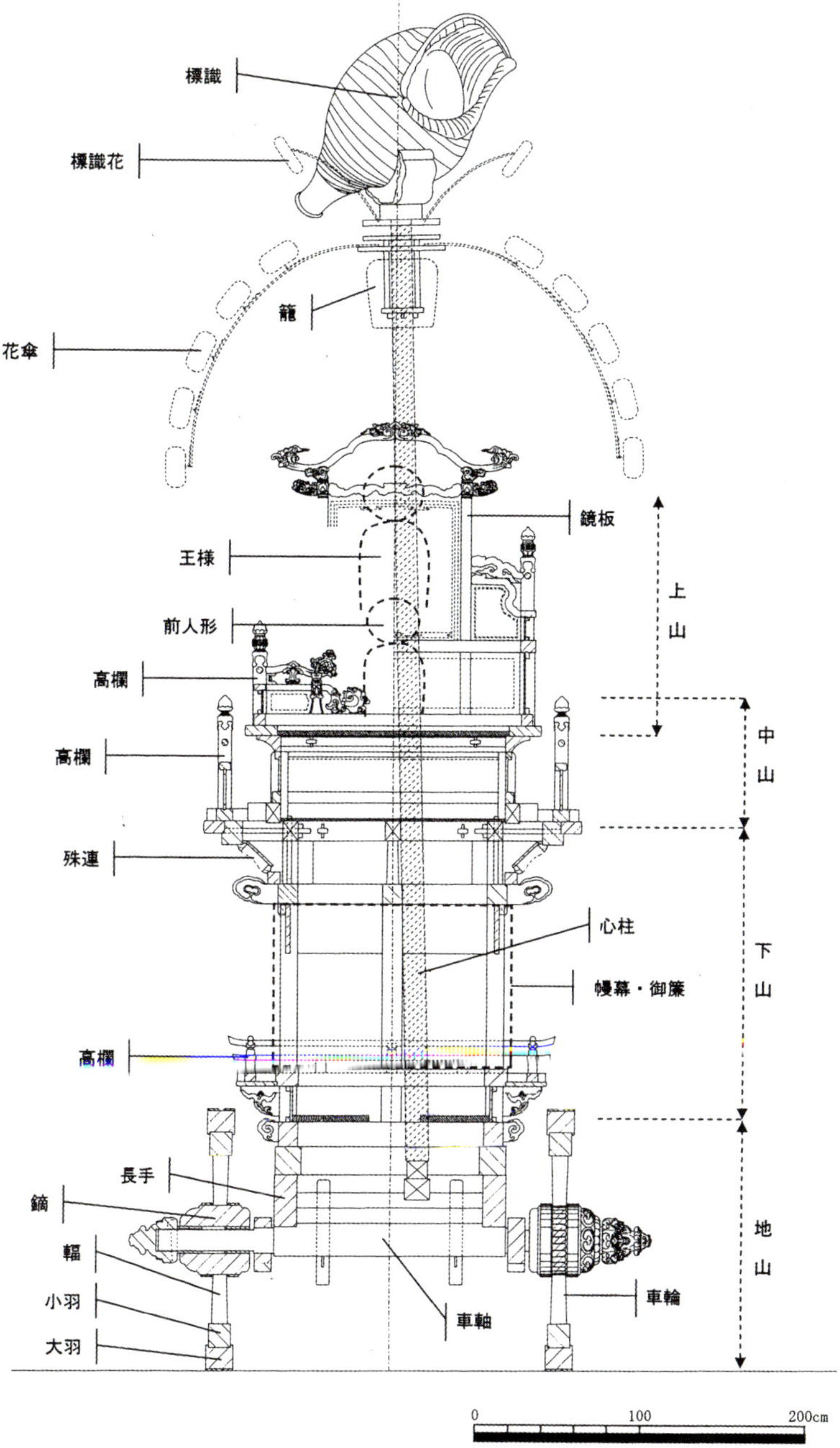

図1　曳山車の構造と各部の名称（新町）（射水市教育委員会編　2013）

子に必要な人数が最低でも四～五人であることを考えると、下山の中はかなり手狭だ。そこでいろいろな工夫が考えられたと想像される。その一つが、太鼓である。高岡（高岡市）や大門（射水市）の曳山[2]では大太鼓一つを梁に吊り、小太鼓一つを床置きする。それに対して、新湊の太鼓は大太鼓一つに小太鼓が三～四個あり、大太鼓の上に小太鼓を並べ木枠に固定する。この形は、伏木や海老江の曳山と同じである。これだと、小太鼓を大太鼓の上に持ってくることで、太鼓が床を占める面積を減らせるだけでなく、大太鼓と小太鼓の距離が床置きの場合よりも短いので、太鼓をたたくときの腕の使い方に無駄が少ない。さらに、頭の高さの空間は床よりも余裕があるため、小太鼓の数を増やせたと考えられる。小太鼓は皮の張り具合で、高・中・低音となるよう音の高さが調節されている。大太鼓と小太鼓を合わせて、四～五の異なる高さの音が出せるので、太鼓はリズムを刻むだけでなく笛の旋律の高低に合わせて、太鼓の音の高低も叩き分けられる。つまり、狭い空間を合理的に使うだけでなく、より複雑な演奏ができるようにしているのである。このような太鼓の枠をいつ、どこで、だれが考案したのかは今となっては不明だが、きっと囃子方の誰かが工夫を重ねたこだわりの結果なのだろうと思う。

太鼓へのこだわりが機能的な工夫にあるとすれば、笛へのこだわりは音色にある。新湊では曳山と獅子舞の両方を伝承している町が多いが、曳山と獅子舞で、笛を持ち替える傾向がある。持ち替える町では、曳山用の笛は音が低く、獅子舞用の笛は音が高い。笛は音の高低によって、音色も変わる。おそらく、獅子舞は高めの華やかな音色が、曳山は低めの優雅な音色が求められているのだろうと思われる。興味深いことに、新湊の曳山囃子の笛は、近隣の曳山囃子の笛と比べても音が低い。理由の一つは、囃子方を自前でやるか、外部委託するかの違いからきていると思われる。高岡やかつての大門は、囃子や曳き子を周辺の農村に頼む外部委託方式である。外部委託方式のところで曳山囃子を引き受ける農村には、曳山はないが獅子舞があることが多い。そのため、獅子舞で使う笛をそのまま曳山に持ちこんでいるのである。新湊では外部委託方式から自前方式に切り替わる時期が早かったか、あるいはもともと自前方式だったために、囃子方が音色にこだわって、曳山と獅子舞で笛を使い分けているのではないかと想像される。

曲へのこだわり

楽器に対する工夫やこだわりが自前方式にあるからだとすれば、外部委託方式との違いは曲にもある。外部委託方式の高岡や外部委託方式から自前方式に切り替わって三〇数年程度の大門[3]では、曳山囃子は数曲しかないが、新湊は多くの町が二〇曲前後の曲を伝承している。

新湊の曳山囃子の曲は、地元では本囃子と雑曲に分類されている。本囃子は「本」が付くだけに、新湊の曳山囃子の特徴になっている。本囃子の曲は、伝承が一時期途絶えて復活した一部の町を除くと一〇～一三曲あり、通して演奏すると小一時間かかる大曲である。

本囃子は、曲数が多くて、一曲が長いだけでなく、習得するのが難しい。油断すると別の曲に行ってしまったり、いつまでも終わらなかったりして、実に迷路のようなのである。やっかいなことに、譜例に指摘するような音の分岐点は一つではなく、一曲の中でよるで地雷原のように広がっている。地雷を一つ乗り越えても、すぐに次の地雷があり、生半可に旋律を記憶しているだけでは、つい、踏んでしまうのである（譜例1と2）。

その理由は、ある曲の旋律の一部が他の曲の旋律の一部に使われていたり、同じ曲の中でも旋律の一部が変形しながら繰り返されていたりするからである。そのため、笛の旋律を分析すると、反復され、転用され、変形される旋律の破片がまるでパッチーワークのようで、その曲にしか出てこない旋律は意外に少ないことがわかる。

そもそも、曳山囃子の曲は作者不明で、楽譜に書かれることなく耳から耳へと伝承されるものである。そのため、どのように曲が作られたのか、その成り立ちを誰かに尋ねたり、文書でたどることでわかるようなものではない。しかし、譜面におこして分析する

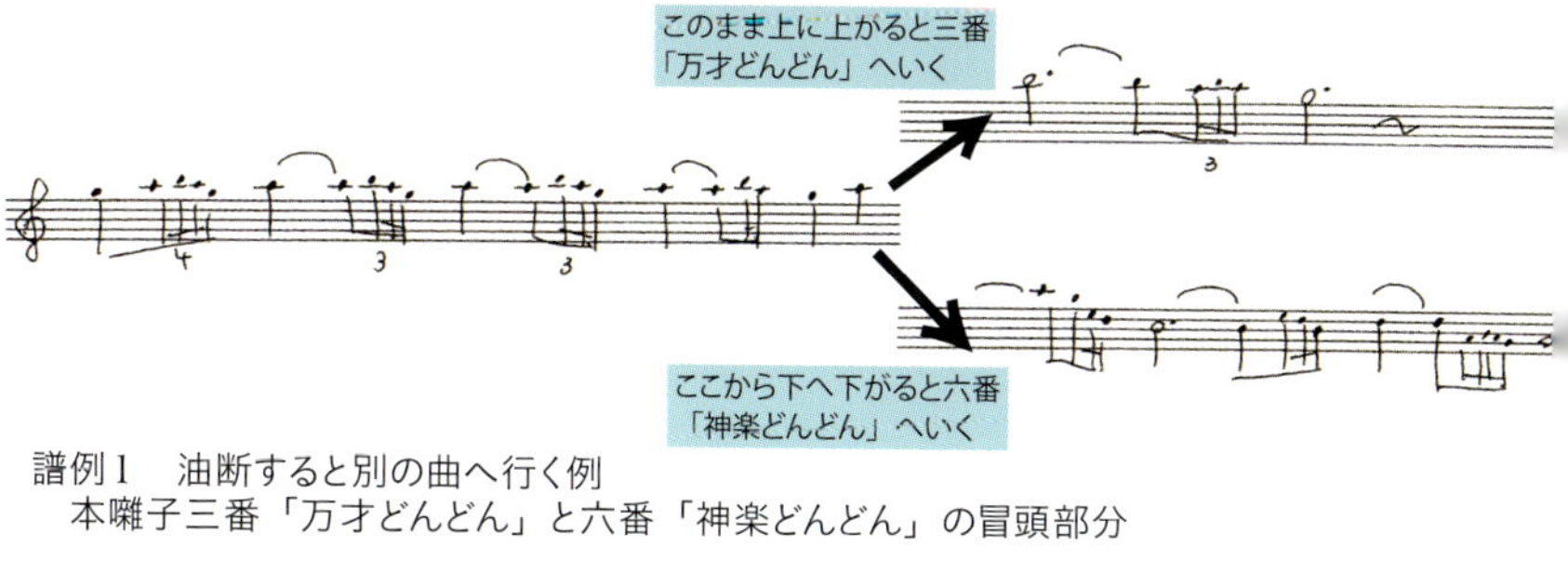
このまま上に上がると三番
「万才どんどん」へいく
ここから下へ下がると六番
「神楽どんどん」へいく

譜例1　油断すると別の曲へ行く例
本囃子三番「万才どんどん」と六番「神楽どんどん」の冒頭部分

と、おそらく、いくつかの旋律のパーツを組み合わせて徐々に曲が派生し、しまいには一〇数曲もの大曲になったのかもしれない、と想像されるのである。

分析すればそれだけの話なのだが、実際にやってみると、ここで音をのばす、ここは音をのばさず下の音へいく、という具合に、要所、要所を確実に覚えておかないと笛がふけない。お世話になっている古新町の囃子方の方々に尋ねると、一通り覚えるまでに三年、マスターするのに一〇年かかり、そうしてマスターして半世紀近く経っても、囃子の練習が始まる季節になるとCDを聴いて復習しておかないと間違えるという。このように、こだわらなければマスターできないような仕組みになっているのは、自前方式だからこそで、いくらでも自分たちの責任のもとに工夫し、こだわれるということなのかもしれない。

囃子を聴く楽しみ

地元では、本囃子以外の曲を「雑曲」と総称する。雑曲もまた、本囃子とは別のこだわりがある。雑曲も各町とも一〇曲足らずある。ここでは、大きく分けると特定の場のための「機能的な曲」とそれ以外の「余興の曲」に分けて説明しよう。

機能的な曲は各町共通している。神社や山宿の前で演奏する「お神楽」、ご祝儀をもらった家の前で演奏する「チンチコ」、角を曲がる時の「弥栄《いやさか》」、内川にかかる橋を渡る時の「見渡せば」、曳山をバックさせる時及び（あるいは）、町へ帰る戻り山の時に演奏する「戻り囃子」の五曲である。これらの曲は、本囃子と同様

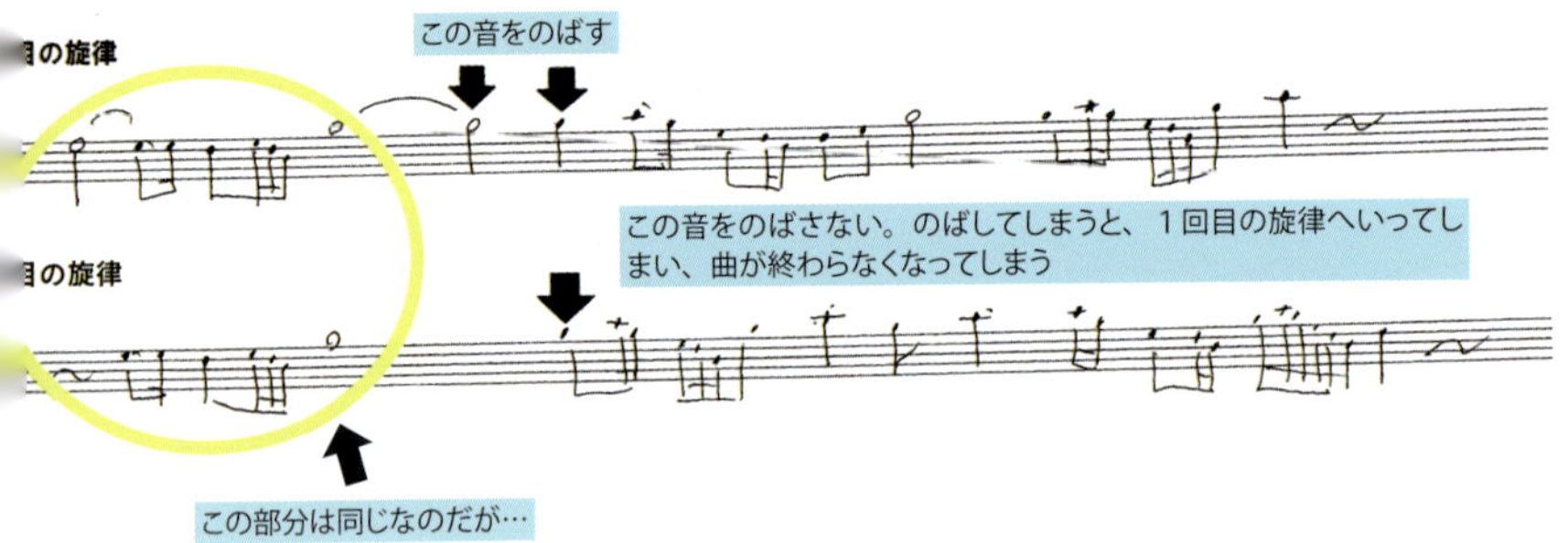

譜例２　油断すると永久に曲が終わらなくなる例
　一番「嘉和楽恵比寿」で二回でてくる旋律の使い分け

に曳山囃子固有の曲と考えられているが、同地の獅子舞の曲や近隣の曳山や獅子舞の囃子にも類似した旋律がみられる。おそらく、近隣の曳山や獅子舞の曲と比較すれば類似する曲の分布は広そうである。

機能的な曲は、町のランドスケープを音で表現する（図2）。先に述べたように、新湊は曳山の巡行路に、狭い路地や角を曲がる、橋を渡るといった起伏が多い。もしかしたら、起伏の多さが囃子の曲数を増やしたのかもしれないほどだ。なので、祭りの時に配布されるタイムテーブル付きの巡行地図がなくても、土地勘があって囃子の曲を知っていれば、遠くから聞こえるお囃子が機能的な曲のうち何を演奏しているかによって、曳山が今、どの辺を巡行しているかが分かる。

囃子が曳山を動かすもっともわかりやすい例は、「弥栄」だろう。角を曲がる時に演奏される「弥栄」は、車が勢いよく角を曲がるところで一気にテンポを上げ、曲がりきると一気にテンポを落とす。これでうまく角を曲がらせ、曲がり終わった勢いで曳山が暴走しないように曳き子を導いている。テンポを調整するのは太鼓だが、太鼓は下山の奥にいるので外は全く見えない。しかし、経験豊かな太鼓の叩き手は時間でだいたいの場所を把握しており、どこの角をどのように曲がるかが頭に入っている。なので、角の曲がり方に合わせて太鼓のテンポの調整を変えている。太鼓が上手ければ、他の楽器が演奏しやすいだけでなく、曳き子も曳山が曳きやすいのである。

新湊で知った曳山囃子の最も通な聴き方は、祭り当日朝の放生津八幡宮前で行われる曳山のお祓いの際に演奏される「お神楽」の聴き比べである。お神楽は、神事の際や神社や山宿の前で演奏される特別な曲で、神社の神事で演奏される神楽を模倣している。新湊ではこの曲だけは、笛一人と太鼓一人で演奏するのが基本なので、旋律やリズムのパターンはいちおうあるものの個人差が非常に大きい。個人差が大きい曲だと演奏する人の個性が曲に出るので、聴く方も「このお神楽はうまい」「このお神楽はいまいち」などとウマヘタを評価している。囃子方はそれを知っているので、祭り当日はの放生津八幡宮前で演奏される「お神楽」は町の威信をかけて囃子の名手たちがこぞって囃す。この時のお神楽は、一種の競演会なのである。囃子の通はこれを聴き比べて楽しむのだという。

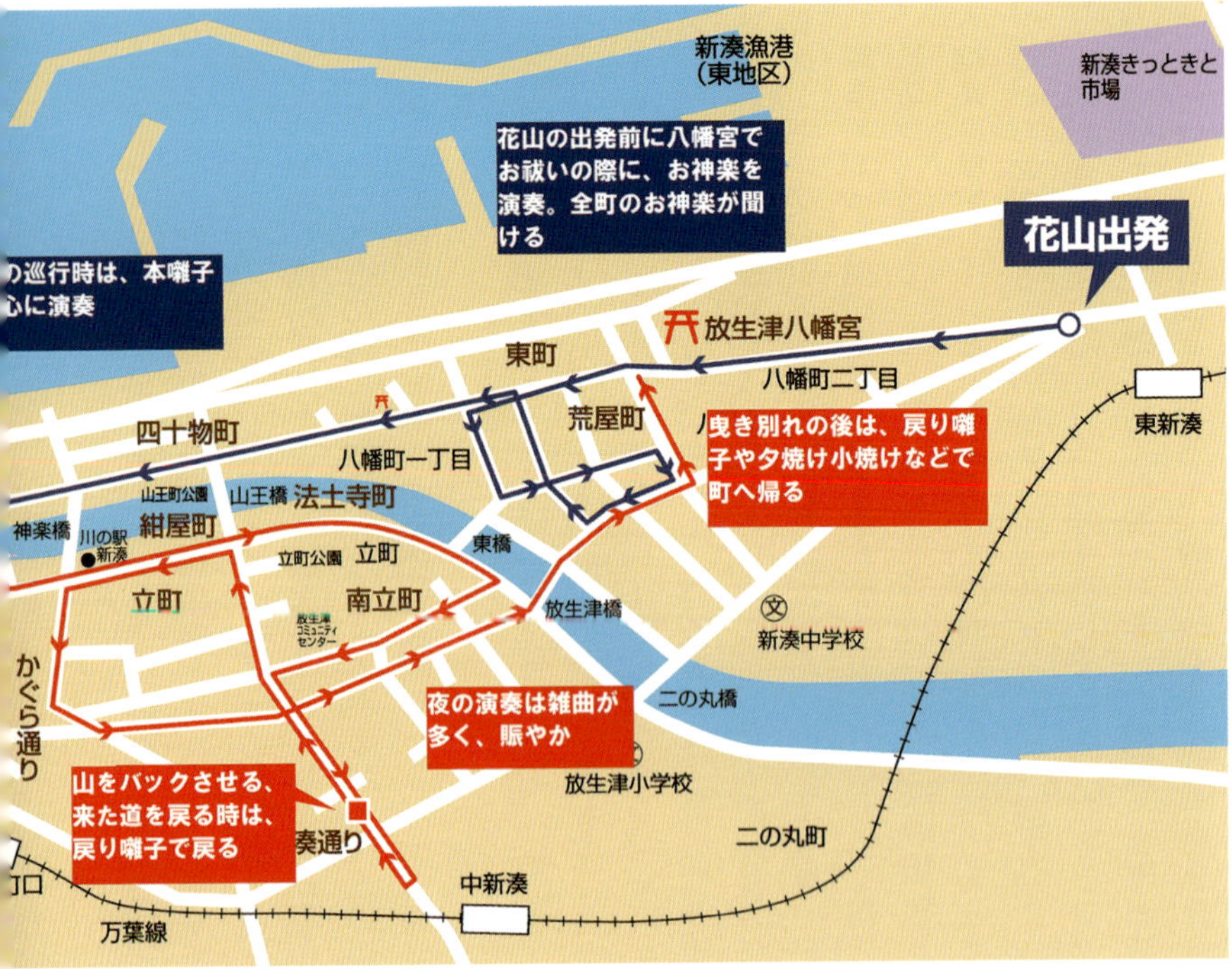

時代と世相を聴く

これに対して、余興の曲は時代と世相を反映する。現在、演奏される余興の曲の多くは、童謡や流行歌《はやりうた》や民謡から取り入れられている。

比較的どの町の囃子にもあるのが、幕末や明治時代の流行歌だった「宮づくし」や「ノーエ節」である。中でも「宮づくし」は、もともと明治時代に作られた軍歌を借用したわらべ歌で、「一番はじめは一の宮」などの名称で明治後期から昭和にかけて日本中で大流行した。それが、地元では曳山囃子に取り入れられ、今では、これらの曲が始まると曳き子たちが歌いだし景気がつく。囃す人も歌う人も曳山の曲だと思っているほど定着しているのである。

一方、ひと昔前は軍歌もレパートリーにあったが、今では耳にすることはほぼなくなった。その代わりに「もしもしカメよ」や「夕焼け小焼け」といった童謡や、コキリコといった富山のご当地民謡の演奏が増えている。私が知る限り現行の曳山囃子に取り入れられた最も新しい曲は、立町によるJ-POPグループWhiteherryのヒット曲「夏

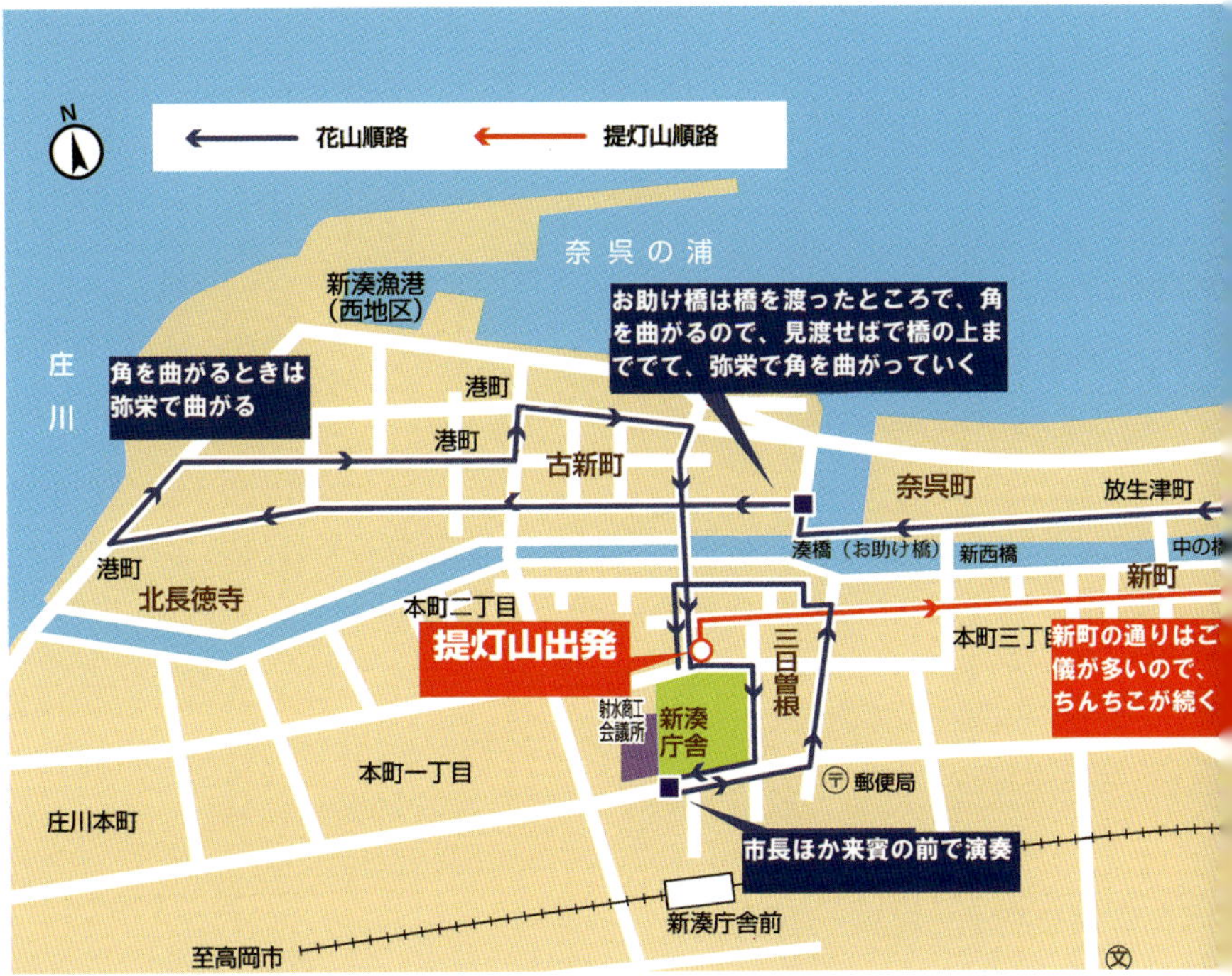

図２　曳山囃子聴きどころマップ（2016年の巡行路をもとに作成）

祭り」（二〇〇〇（平成一二）年）である。笛の構造上、J－POPであっても五音音階（一オクターブを五音で構成する音階）であれば、演奏は可能である。このように、余興の曲は、時代にあった曲が取り入れられると同時に、時代遅れになると捨てられ、現在でも柔軟に変化し続けていることがわかる。

そもそも、余興の曲は曳山囃子の曲ではないのだが、日本人なら誰もが知っている「もしもしカメよ」や「夕焼け小焼け」さえも、囃子方の手にかかると、見事に曳山囃子化する。それは曳山囃子の楽器を使っているから、ということもあるが、むしろ、新湊の曳山や獅子舞の囃子で使われる定番の奏法をうまく使っているからである。新湊の囃子の笛の特徴はチャリという装飾技法にある。この技法は息を吹き込んだままで指をわずかに動かし、指孔を開閉させることで旋律にトリル[4]のような装飾がつく。余興の曲では、旋律の原型が分からなくなるくらいチャリをつけて華やかに演奏する。すると、どんな曲でも新湊の曳山囃子っぽく聴こえてくるのである。チャリの入れ方は人それぞれで、上手い人だと、ほとんど指を動かしているように見えないのに、チャリが笛の穴先からコロリと出てくる、という。

おわりに

新湊とその周辺地域の祭りは、高度経済成長期以降、人手不足に悩まされているところが少なくない。それは新湊でも例外ではない。近隣の町の曳山囃子がCDやカセットテープになっているところも少なからずある中で、現在の新湊の曳山囃子は一三基すべてが生の音である。もちろん、「(新湊の) 他町の曳山の囃子は人がやっているのに、自分の町だけがカセットテープでは恥ずかしい」ということもあると思うが、囃子とその使い方が複雑であるがゆえにカセットテープでは代替しにくいのも事実である。しかし、それ以上に、「囃子方が山を動かしている」という自負が囃子方にあるからこそ、囃子は生の音であり続けているように思える。

囃子方のこだわりは、楽器の音色と一昼夜ではマスターできない複雑な曲を作り上げた。本囃子は全曲を通すと小一時間かかる大曲で、要所、要所を正確に覚えなければ他の曲にいってしまい終わらなくなってしまう。しかも、いったんマスターしたと思っても、油断をすると間違えてしまう厄介な構造である。そのため、本囃子の演奏は個人差があっても根本的なところは「変えられない・変えてはいけない」こだわりが囃子方にある。逆の見方をすれば、音楽自体が、そこにこだわりがなければ、違う曲にいってしまうので、合奏にならなくなってしまう構造なのである。

この複雑で厳密な音楽構造をマスターした先輩囃子方の演奏を、初心者囃子方たちは、何度も何度も耳にしながら習得していく。曳山囃子方への道は、囃子の練習に参加し、マスターするまで練習を重ね、覚えた時の喜びから始まり、一通り覚えて一人でも演奏できるようになると、その先のよりよい演奏=自分自身のこだわりの囃子の世界を目指す。

新湊ではどの町も曳山囃子の練習は二週間から一か月程度、公民館でほぼ毎日行われる。練習に集まるのは囃子方だけはない。各山町にある曳山委員会の役員さんたちも諸々のお世話で公民館にやってくるし、音に誘われて町の人達も子供を連れて見に来る。このような時間と場の共有が、イベント好きで熱烈な新湊の人々の「まっつんがやってくる」

気運を盛り上げていく。こうして新湊の曳山は今年も動くのである。

注

（1）築山とは、曳山のような車輪がついていない山である。築山台といってステージのようなものを組み立て、幕を取り付け、人形を飾る。富山県内ではかつて、氷見、高岡、今石動にもあったというが、明治以降は、二上山、放生津、石動山のみとなり、壇上に飾る主神の姿から「二上の手無し、放生津の足無し、石動の口無し」と呼ばれたという。
（2）囃子方がいる空間を高岡では「地山箱」、大門では「屋台」という。
（3）大門では、一九八〇年代に外部委託方式から自前方式に移行している。
（4）短いビブラートのような奏法。

参考文献

射水市教育委員会編、二〇一三『富山県射水市放生津八幡宮　築山行事・曳山行事調査報告書』射水市教育委員会。

射水市教育委員会編、二〇一五『富山県射水市海老江加茂神社秋季祭礼の曳山行事　大門神社・枇杷首神社秋季祭礼の曳山行事調査報告書』射水市教育委員会。

島添貴美子、二〇一四「新湊曳山囃子の音楽：『演奏する』視点からみた楽器と曲の特徴」『富山大学芸術文化学部紀要』八。

高岡市教育委員会編、一九九八『木舟町御車山』（重要有形・無形民俗文化財高岡御車山調査報告（五））高岡市教育委員会。

下村加茂神社の祭事

富山県の西部、射水市加茂中部に鎮座する下村加茂神社は、平安時代に下鴨神社（京都市左京区）の荘園・倉垣庄がおかれた際、その総社として勧請されたといわれており、玉依姫命《たまよりひめのみこと》、賀茂《かも》建角身命《たけつのみのみこと》、賀茂別雷命《かもわけいかづちのみこと》の三神を祀る。神社には年間を通じて様々な祭事が伝承されており、その中には地域の人々が中心となって持ち伝えてきた祭事も少なくない。そのいくつかをみてみよう。

氷見ブリがブランドとして全国に知られるほど、富山にとってブリは重要な魚である。毎年元旦、神社の拝殿では鰤分け神事が行われる。氏子域の各地区からブリが奉納され、氏子の代表が地区名を読み上げながら奉納された塩鰤を一尾ずつ高々と掲げて神に捧げる。その後、その塩鰤と鏡餅を一定の作法に基づいて切り分ける。切り分けられた塩鰤と鏡餅は、氏子に配られて食される。神と人が共食してその年の無病息災や家内安全を祈願する。

毎年五月四日には春の例大祭「加茂祭」が行われる。この行事はヤンサンマとも称される。ヤンサンマでは牛乗式と流鏑馬《やぶさめ》がある。牛乗式は牛つぶしとも呼ばれる。弓を手にして牛に跨った武者姿の若者が境内に現れ、おもむろに拝殿の屋根に向かって矢を

写真1　鰤分け神事（射水市新湊博物館提供）

放って立ち去ろうとする。そのとき周囲にいた若者たちが駆け寄って牛を半ば力ずくでその場に座らせる。この牛に乗った若者は神を具象化しており、牛を座らせる行為はその神をこの地に留めて豊作を祈願するためとされる。

流鏑馬は牛乗式に続いて行われる。ヤンサンマの名称も流鏑馬の訛ったものであるとされる。三頭の馬が登場し、各馬が三回、計九回、流鏑馬を行う。放たれた矢を持ち帰って神棚に供えると縁起が良い、厄払いになるとされる。

ヤンサンマの一か月後、毎年六月初卯の日には御田植祭がある。玉依姫命を迎えた御旅所の前に、周囲に砂を敷いて畦とした仮田を設える。そして神職が後退しながら糯米の稲苗を仮田に並べて田植えをする。田植えを演じることで豊作を祈願するのである。田植えを終えると、神職は拝殿に安置していた人形「大男」を空高く投げ上げる。この人形は真菰を束ねて作った五〇センチほどの背丈のもので、柳の小枝を腰にさした男神と、榊を背にはさんだ女神が抱き合った形をしている。この人形を神棚に祀ると豊作になるといわれ、集まった人々は人形を奪い合う。

春の豊作祈願を受けて秋には収穫感謝の行事がある。毎年九月四日に秋の例大祭が行われ、拝殿前に組み立てられた舞台で稚児舞が行われる。一〇歳前後の稚児四人が様々な舞を舞うもので、稚児は地面に足をつけてはいけないとされ、当番宅から拝殿まで大人の肩車に乗って移動する。舞は、鉾の舞、林歌、小奈曽利、賀古の舞、天の舞、胡蝶の舞、大奈曽利、蛭子の舞、陪臚《ばいろ》の九曲で、多くは二人で舞うが、天の舞は一人、林歌・胡蝶の舞・陪臚は四人で舞う。

下村加茂神社の祭事は、京都の下鴨神社などで行われてきた祭事の影響を受けているだけでなく、年頭の安全祈願、耕作時の厄払い・豊作祈願、収穫時の収穫感謝という一連の流れをもっている。これらを毎年、世代を超えて受け継ぐことで、この地域の人々の暮らしの安寧と豊穣は保たれてきた。

（石垣悟）

あとがき

編者の一人、阿南が、調査の打合せのために南砺市福野を初めて訪れたのは、二〇一一（平成二三）年三月一〇日のことであった。翌日、高岡まで送っていただく車内では祭り談義に花が咲き、東日本で大震災が起きたことなど知る由もなかった。新幹線ができる前だったが、富山駅で事態の深刻さを知り、途方に暮れたことを昨日のように思い出す。

それ以来、富山の祭りの魅力に惹かれ、毎年少しずつ富山の祭りを見始めて七年が経過した。福野夜高行燈のリヨン遠征や伊勢遠征にも同行させていただいた。そうしたこともあってか、今回、思いがけなく藤本先生からお話をいただき、富山大学に関係する方々とともに、富山の祭りの魅力を伝える本作りのお手伝いをさせていただくことになった。

私は学生時代に京都で文化人類学を学んだ。驚いたことに、当時の知人たちがそれぞれ富山のどこかで祭りを研究しており、本書を作る過程で再会し共同作業に取り組むこととなった。

富山の祭りは、知名度は高くないかもしれないが、祭りに関心のある人々を惹きつけ、虜にしてしまうようだ。今回、ささやかながら最初の成果を上梓することができたが、これは通過点にすぎないと思っている。いつの日か、本書の続編を作る日が来ることを願っている。

（阿南透）

もう一人の編者、藤本が富山大学に赴任したのは震災直後の二〇一一年四月だった。

藤本の所属する富山大学文化人類学研究室は、四〇年ほど前の研究室創設当初から地域の祭りの調査を学生とともに行い、俗に祭り研究室と言われてきた。学生たちが関心を抱くテーマは時代とともに変わるが、実習や卒業論文、修士論文で毎年どこかの祭りがとりあげられることは今も変わらない。

私自身、ここに来るまで祭りに特に関心があったわけでなかったが、学生たちと県内各地を回り、その祭りを見聞しているうちにすっかり魅了されてしまった。学生たちもフィールドワークのなかで祭りに出会い、祭り好きになって卒業していく。

見聞したことを学生たちは実習報告書や卒業論文、修士論文にまとめるが、その記述のなかにはそこで終わらせてしまうにはもったいないものが多々あり、もっと広く一般社会に成果を還元できないかと考えてきた。この本の出発点はここにある。今回でそれが十分果たせたわけではないが、ひとつのきっかけになればと思う。また祭り調査で関係者の方々に長時間おつきあいいただき大変お世話になっているのに十分お礼できていないのでないかという思いも常々あった。

とはいえ、この本はそれだけでできたのではない。県内の主要な祭りについては研究者が継続的に調べているものもあることがわかってきた。すでにお名前は存じ上げていたが、阿南先生とも二〇一五年五月に学生たちと一緒に調べていた福野夜高祭の現場で初めてお会いした。それぞれの方は自身の研究関心に基づいて祭りを調べ、論文にまとめられていたが、一般向けには多く書かれていないようだった。そこで一般向けにわかりやすく富山の祭りの魅力を伝える出版企画への参加を打診したところ、どの方も同様の思いを抱かれていたのか、全員快諾いただいた。富山大学関係者（教員、元教員、大学院生、修了生、卒業生）に比べると、数は多くないが、本書に幅をもたらし貴重な貢献をしていただいた。何より、祭り研究のエキスパートである阿南先生に編者に加わっていただき、専門的見地から数々の重要な指摘をしていただいた。

企画から出版まで二年近い時間をかけ、余裕を持って臨んだつもりだったが、入稿をたびたび延期せざるを得ないなど、思いがけず難事業となった。桂書房の勝山敬一さま及び川井圭さまには多大な迷惑をかけることになってしまったにもかかわらず、常に寛大に接していただき、頭の下がる思いである。

本書の執筆者は富山大学関係者も含めて大半が県外出身者である。各章の原稿は地元の方にも見ていただいており、基本的な点に間違いはないはずであるが、それでも祭りに精通する地元の方からしたら歯がゆい思いをする記述はあるかもしれない。それらはこちらの至らなさによるものであり、批判は甘んじて受けるつもりである。編者のせめてもの願いとしては、本書を通じて県内の祭りについて新たに知るところがあれば幸いである。

またもう一つことわらなければならないことがある。本書でとりあげるものの大半はいわゆるマチ（町）の祭りであるということである。富山ではもっと小規模なムラ（村）の祭りも各所で活発に行われている。その代表が獅子舞である。富山の人たちにとってもっとも親しみのある祭りは地元で春か秋に行われる獅子舞であることもじつは多い。富山大学五福キャンパスのある富山市五福でも毎年四月に地域で行われている。大学のすぐそばで獅子舞が行われているのは全国の大学でも多くないかもしれないが、ここではまったく日常風景である。この獅子舞についてはとりあげると紙幅が相当必要になるため、今回はあえてとりあげなかった。こちらも機会があればとりあげてみたいものである。

（藤本武）

〈ら行〉

〈わ行〉

〈な行〉

〈は行〉

〈さ行〉

索　引

〈あ行〉

末原達郎（すえはら・たつろう）
龍谷大学農学部教授、京都大学名誉教授。専門は農学原論、文化人類学。著書に『文化としての農業　文明としての食料』（人文書館、2009年）など。

土井冬樹（どい・ふゆき）
神戸大学大学院博士後期課程。専門は文化人類学。学部時代（富山大学人文学部）にたてもん祭りを調査。現在ニュージーランドの先住民マオリの文化を研究。

中井精一（なかい・せいいち）
富山大学人文学部教授。専門は日本語学・社会言語学。著書に『新日本言語地図―分布図で見渡す方言の世界』（共著、朝倉書店、2016年）など。

野澤豊一（のざわ・とよいち）
富山大学人文学部准教授。専門は文化人類学。訳書に『ミュージック・アズ・ソーシャルライフ』（共訳、水声社、2015年）など。

能登琴乃（のと・ことの）
北陸先端科学技術大学院大学職員。学生時代（富山大学人文学部）に福岡町のつくりもんまつりをはじめ、西日本各地の造り物文化を調査。

藤本武（ふじもと・たけし）
富山大学人文学部教授。専門は文化人類学。著書に『食と農のアフリカ史―現代の基層に迫る』（共編著、昭和堂、2016年）など。

森俊（もり・たかし）
富山民俗の会代表。著書に『猟の記憶』（桂書房、1995年）、『五箇山利賀谷　奥大勘場民俗誌』（同、2014年）など。

安カ川恵子（やすかがわ・けいこ）
元砺波市立砺波郷土資料館学芸員。『砺波市史資料編4―民俗・社寺』（共著、砺波市、1994年）など。

谷部真吾（やべ・しんご）
山口大学人文学部准教授。専門は民俗学、文化人類学。論文に「穢れの統御」（鈴木正崇（編）『森羅万象のささやき』、風響社、2015年）など。

米原寛（よねはら・ひろし）
元富山県立山博物館館長。専門は歴史学。著書に『山の世界―自然・文化・暮らし』（共著、岩波書店、2004年）など。

渡辺和之（わたなべ・かずゆき）
阪南大学国際観光学部准教授。専門は地理学、文化人類学。著書に『羊飼いの民族誌』（明石書店、2009年）など。

執筆者紹介

阿南透（あなみ・とおる）
江戸川大学社会学部教授。専門は民俗学。著書に『青森ねぶた誌 増補版』（共著、青森市、2016年）など。

石垣悟（いしがき・さとる）
文化庁伝統文化課文化財調査官。専門は民俗学。著書に『日本の民俗4 —食と農』(共著、吉川弘文館、2009年）など。

鵜飼正樹（うかい・まさき）
京都文教大学総合社会学部教授。専門は社会学。著書に『見世物稼業—安田里美一代記』（新宿書房、2000年）など。

浦辻一成（うらつじ・かずなり）
元利賀村史編纂室長。著書に『利賀村史2 —近・現代』（共著、利賀村、2004年）など。

栄多谷洋子（えたたに・ようこ）
同志社女子大学学芸学部音楽学科（音楽文化学）卒業。富山大学大学院人文科学研究科人文科学専攻（文化人類学）修了。

兼子心（かねこ・もと）
富山市売薬資料館嘱託学芸員。論文に「富山売薬の旅先における配薬の実態」（富山県立山博物館調査研究報告書、2003年）など。

萱岡雅光（かやおか・まさみつ）
リアス・アーク美術館学芸員。専門は民俗学、文化人類学。学部時代（富山大学人文学部）にとなみ夜高祭や輪島大祭などを調査。

小馬徹（こんま・とおる）
神奈川大学人間科学部教授。専門は人類学。著書に『「統治者なき社会」と統治』(神奈川大学出版会、2017年)、『「女性婚」を生きる』（同、2018年）など。

島添貴美子（しまぞえ・きみこ）
富山大学芸術文化学部准教授。専門は民族音楽学。2015年よりNHKラジオ第二放送「音で訪ねるニッポン時空旅」の解説役として出演中。

白岩初志（しらいわ・はつし）
前滑川市立博物館館長。専門は民俗学。「『祭礼の飾りもの』—滑川の軒飾りについての考察」（北陸三県民俗の会発表、2015年）など。

富山の祭り　—町・人・季節 輝く

2018年３月４日　初版発行
2022年５月20日　３刷発行

定価1,800円＋税

編　者　阿南透・藤本武
発行者　勝 山 敏 一

発行所　桂　書　房

〒930-0103
富山市北代3683-11
電話 076-434-4600
FAX 076-434-4617

印刷／モリモト印刷株式会社

ISBN 978-4-86627-045-6

地方小出版流通センター扱い